感情と心理学

発達・生理・認知・社会・臨床の
接点と新展開

高橋雅延・谷口高士 編著

北大路書房

【執筆者一覧】

高橋 雅延	編者	3章
谷口 高士	編者	4章, 6章
遠藤 利彦	東京大学	1章
大平 英樹	名古屋大学	2章
川口 潤	名古屋大学	4章
神谷 俊次	名城大学	5章
池上 知子	大阪市立大学	7章
松井 豊	筑波大学	8章
濱野 清志	京都文教大学	9章

・ JCOPY 〈(社)出版者著作権管理機構 委託出版物〉
本書の無断複写は著作権法上での例外を除き禁じられています。
複写される場合は，そのつど事前に，(社)出版者著作権管理機構
（電話 03-3513-6969, FAX 03-3513-6979, e-mail: info@jcopy.or.jp）
の許諾を得てください。

まえがき

　産業革命以来，特に20世紀後半からの科学技術の発展には目を見張るものがある。私たちの暮らしを助けてくれるものから，一歩まちがえば人類，いや地球そのものを滅亡に導きかねないものまで。新しい知識も飛躍的に増加し，膨大な量になっている。そして，当然のように科学的思考，論理，理性といったものが重視されてきた。人類が致命的な過ちを犯さないためには，パトス（情）をロゴス（知）で制御しなければならない。そのおかげで私たちはより快適な生活を追い求めることができるのだし，破滅をまぬがれることができる……。しかし，その一方で，私たちの内面，人生そのものは，それ以前に比べてどれだけ「幸福」になったといえるだろうか。感情は理性に劣るのだろうか。人が激昂に駆られて犯罪を犯すのは，本当に理性が感情に負けてしまうからなのだろうか。家庭や学校，あるいは社会に不適応を起こすのも，感情のせいなのだろうか。

　知性が重視される現代においても，内戦，国際紛争，テロ，殺人はいっこうに減らない。むしろ，2001年9月にニューヨークで起こった同時多発テロとその報復に象徴されるように，ますます大規模かつ頻繁になってさえいる。そうした「滅びの道」を踏み出すかどうかの判断は，普遍的な論理に基づくものではないが，かといって加害当事者にとってはけっして「でたらめ」なものでもなく，政治的，宗教的，民族的，あるいは感情的，個人的な動機に基づく，きわめて「論理的」なものであるといえる。問題は，その「論理」が，一方の当事者にとってのみの「真」であって，被害を受けるもう一方の当事者や第三者にとってはまったくの「的はずれ」である点にある。

　感情の問題は，まさにこの，本人にとっては論理的必然性のある行動を生じさせるのに対して，本人以外にとってそれが理解できない場合がある，ということだ。主観と客観のズレと言い換えてもよい。そもそも感情とは何なのだろうか。そして，知と情，あるいは知情意を分ける西欧の伝統は，正しいのだろうか。

　一世紀以上も前に，ジェームズは，心理学書の感情の章が同義語辞典に過ぎ

まえがき

ず，うんざりすると述べている（James，1890）。その状況は今日でもあまり変わっていない。もしみなさんが感情の記述を読みたいのなら，心理学の本を読む必要はない。恋愛小説や怪奇小説を読めばよい。そこには，歓喜から絶望まで，あるいは恐怖から平静まで，人が経験しうる限りのあらゆる感情が細やかに，かつ，生き生きと描写されている。

多くの感情研究では，特定の感情がどのように生起し，表出されるかについて大きな関心がもたれてきた。一方，実際には感情が大いに関係すると思われる他の領域では，その理論化の中で感情をほとんど無視してきたか（知覚心理学，認知心理学），せいぜい動機づけという概念が利用されてきたに過ぎない（学習心理学，社会心理学など）。感情の発露や異常に深いかかわりをもっているはずの臨床的分野においても，感情の扱いは非常に曖昧で，多分に哲学的な議論に終止しているように見える。発達心理学でも，母子関係において感情的交流や分離による不安が研究されてきたが，その場合の感情アプローチは進化論的な立場にかなり制約されている。心理学の諸領域における感情に関する研究は，それぞれの領域の中にとどまり，相互利用されることはほとんどなかった。

しかしながら，たとえばイザード（Izard，1991）は，単なる感情の表出や状態の次元的体系化ではなく，個別の感情の特徴や機能，それらの間の相互作用，そして，感情と認知や行動の間の関係を描こうと試みている。彼の著作は網羅的かつ組織的であり，そこから得るものは大きいが，それらが個別感情の機能に基づいているために，横のつながりはやや見えにくい。また，コーネリアス（Cornelius，1996）は，膨大な感情研究を，行動（進化）・生理・認知・社会という4つの理論的観点からとらえ，それぞれの研究の流れ，対立点，複数の立場にまたがり混乱している議論を整理している。最近では，心理学における比較的新しい感情への取り組みは，感情心理学や一般心理学のテキストよりも，むしろ，認知心理学や社会的認知のテキストでより早く，詳しく紹介されている。

このように，心理学における感情の扱い方を振り返るならば，各専門分野の中で，それぞれ異なったアプローチで感情が研究され，専門分野が少しでも異なると，その分野における感情研究の現状を理解することがむずかしくなって

いる。このことは，人間をトータルに見た場合，総合的な感情モデルの構築ないしは感情の位置づけが行なわれていない原因の1つにもなっている。また，しばしば指摘されるように，研究において扱われる感情と日常生活の感情との間に大きなズレも存在している。

そこで，本書では，感情に対する積極的な評価を軸にして，発達心理学，認知心理学，生理心理学，社会心理学，臨床心理学のそれぞれの分野における感情にかかわる研究の現状と今後の方向性を明らかにすることを目的とした。また，各章では，卒論や修論で感情を研究しようとする学部学生，大学院生が，研究のノウハウを理解できるような記述にも心がけた。

本書が企画されてから5年の歳月が経過した。お忙しい中，編者の無理な願いを快諾され執筆していただいた先生方には，心より感謝したい。また，企画から出版にいたる間，編集事務上のあらゆる側面で編者らを支えていただいた北大路書房編集部の薄木敏之氏に心より感謝したい。

これらの方々の助力によって完成した本書が感情研究に少しでも役に立てば，これにまさる編者の喜びはない。

        2002年3月 編者 高橋雅延／谷口高士

CONTENTS

まえがき

感情と心理学の基礎

1章　発達における情動と認知の絡み　2
1．はじめに：情動と認知の相互補完的関係　2
2．認知的評価から見る情動の発達　5
　(1) Zajonc – Lazarus論争　5
　(2) 情動"らしき"表出と情動そのもの　7
　(3) 各種情動発達のタイムテーブル　9
3．"情動に関する認知"の役割：情動的コンピテンスの発達　17
　(1) 情動的知性・情動的コンピテンスの重要性　17
　(2) 情動制御の発達　18
　(3) 情動理解の発達　21
　(4) 状況に応じた情動表出の調節　26
4．パーソナリティ発達における情動と認知の交絡　29
　(1) オーガナイザとしての情動　29
　(2) 情動がもたらす知覚・認知のバイアス　31
　(3) 情動と愛着　32
　(4) 情動的スクリプトの構成・活性化　36
5．終わりに　37

2章　感情の生理的指標　41
1．はじめに　41
2．表情筋筋電図による表情の分析　41
3．皮膚電気活動による感情の研究　43
　(1) 感情的刺激に対するSCR　44
　(2) SCRと脳　45
4．事象関連電位による感情―認知研究　47
　(1) P300による特性形容詞の感情価の分析　47
　(2) 後期陽性成分による感情語の記憶の分析　48

5．自発性瞬目による感情—認知研究　50
    (1) 分離試行パラダイムによる感情価の検討　50
    (2) 自発性瞬目による閾下感情プライミングの研究　52
6．驚愕性瞬目反射による快—不快の評価　54
    (1) 感情による瞬目反射量の変化　54
    (2) 注意説と感情マッチング説　55
7．神経イメージング技法による感情の研究　57
    (1) 感情の体験　57
    (2) ブロック・デザインのfMRIによる感情制御の研究　58
    (3) 事象関連的・デザインのfMRIによる閾下感情プライミングの研究　60
8．生化学的指標によるストレスと感情の研究　61
    (1) コルチゾールによるストレスと感情の評価　61
    (2) 感情と免疫機能　62
    (3) 不快感情と免疫機能　64
9．最後に　65

3章　感情の操作方法の現状　66

1．はじめに　66
2．特性としての感情の操作方法　68
    (1) 抑うつを測定する質問紙　68
    (2) 不安を測定する質問紙　69
    (3) 特性としての感情の操作方法の注意点　71
3．状態としての感情の操作方法　72
    (1) 言語的操作法としてのヴェルテン法　73
    (2) 非言語的操作法としての音楽　74
    (3) 状態としての感情の操作方法の注意点　75
4．状態としての感情をチェックする尺度　76
    (1) 感情をチェックする尺度　77
    (2) 感情をチェックする尺度の使用上の注意点　79
5．終わりに　79

4章　感情と認知をめぐる研究の過去・現在・未来　81

1．はじめに　81

2. 感情をどのようにとらえるか　81
　(1) 感情の起源についての議論　81
　(2) 適応システムとしての感情―進化論的な立場から―　82
　(3) 社会的機能としての感情―社会的構築主義の立場から―　83
　(4) 状態または特性としての感情　83
　(5)「感情」は不要であるとする立場　84
3. 感情へのアプローチ　84
　(1) 表情表出研究からのアプローチ　84
　(2) 次元的観点からのアプローチ　85
　(3) 生理的視点からのアプローチ　86
4. 感情への認知的なアプローチ―認知的感情理論をめぐって―　89
　(1) 認知的感情理論の始まり　89
　(2) Lazarusの感情先行処理説（Affect primacy theory）　90
　(3) Zajoncの認知感情独立説(Cognition-feelings independent theory)　92
　(4) LazarusとZajoncの根本的な違いは何か　93
　(5) 知覚的流暢性と感情への誤帰属　94
5. 終わりに　97

日常的素材と感情

5章　感情とエピソード記憶　100

1. 研究デザイン　100
　(1) 研究方法と研究素材　100
　(2) 研究テーマ　102
2. 感情喚起的エピソードの記憶　103
　(1) 公共的出来事の記憶　103
　(2) 自伝的記憶　104
　(3) シミュレーション研究　108
3. 感情状態と記憶　110
　(1) 感情状態依存記憶　110
　(2) 感情一致記憶　112
　(3) パーソナリティ特性としての感情：抑うつ，不安　113
4. 感情と記憶の相互作用の説明論　115

　　　　(1) 注意の役割　115
　　　　(2) 感情ネットワーク理論　116
　　　　(3) スキーマ理論　118
　　5．終わりに　119

6章　音楽と感情　122
　　1．はじめに―人間の音楽行動の諸側面―　122
　　2．音楽聴取の生理学的研究　124
　　　　(1)「音楽＝右脳」説の根拠はどこに？　125
　　　　(2) 感情も音楽も右脳か　127
　　　　(3) 音楽による覚醒水準の変化　128
　　3．音楽によって喚起される感情　129
　　　　(1) 音楽による感情と絵画に対する反応　130
　　　　(2) 音楽による感情とことばの認知　131
　　　　(3) α波音楽とか1/f音楽というのは何だろうか？　133
　　4．音楽を用いた心理療法　135
　　　　(1) 音楽の有効性についての逸話　135
　　　　(2) 現代的音楽療法事情　136
　　5．最後に　138

7章　対人感情の認知理論―もう1つの理論的視座―　140
　　1．対人感情の認知基盤　141
　　　　(1) カテゴラルな知識と対人感情　141
　　　　(2) 個人的記憶と対人感情　143
　　2．対人感情の精緻化　147
　　　　(1) 認知的評価次元と対人感情　147
　　　　(2) 文化的自己観と対人感情　150
　　3．対人感情の自動性　152
　　　　(1) 感情反応の瞬発性　152
　　　　(2) 感情の源泉に対する無自覚性　154
　　　　(3) 対人感情の抑制とリバウンド効果　159
　　4．対人感情の適応機能　161
　　5．まとめ　165

目 次

感情とともに生きる

8章 援助行動と感情 168

1. 覚醒と気分の効果 169
   - (1) 覚醒の効果 169
   - (2) ポジティブ気分の効果 170
   - (3) ネガティブ気分の効果 173
   - (4) 気分と援助状況との関係 175

2. 共感の背後にある動機 176
   - (1) 共感の定義とあいまいさ 176
   - (2) 共感と援助の関連 178
   - (3) 共感しているときの心理過程 180

3. 認知と援助を結ぶ感情 186
   - (1) 原因をさぐる気持ちと感情 186

4. 終わりに 190

9章 心理臨床における感情 192

1. はじめに 192
2. 「感情的」―個体性と集合性のはざま― 192
3. 内奥の個性をあらわにするものとしての感情 195
4. 感情と情動―ひととひとをつなぐ力― 197
5. 感情的にさせているのか―個人の責任と主体性― 201

文　献　204
人名索引　241
事項索引　245

【編集部注記】
ここ数年において、「被験者」（subject）という呼称は、実験を行なう者と実験をされる者とが対等でない等の誤解を招くことから、「実験参加者」（participant）へと変更する流れになってきているが、執筆当時の表記のままとしている。文中に出現する「被験者」は「実験参加者」と読み替えていただきたい。

感情と
心理学の基礎

1章

発達における情動と認知の絡み

1．はじめに：情動と認知の相互補完的関係

　熱情（passion）と理性（reason）の対比・対立的構造を基軸とする西欧哲学の伝統の中で，情動（emotion）は，いわば人の心の影の部分，すなわち，あいまい模糊とした無秩序で非合理きわまりない動物的な部分の象徴として扱われ，長く，その本質を見落とされてきたといえるかもしれない。人を人たらしめるのは，あくまでも理性，すなわち人の心の認知的機能であり，暗黙裡に，人の発達とは，動物的要素たる熱情を排し，人間的要素たる理性を高めていく過程であると見なされてきたといえるだろう。そして，西欧哲学の延長線上にある心理学もまた，つい最近まで，熱情の最も直截的現われである情動に対して，同様のスタンスを採ってきたといわざるを得ないのである。

　しかし，そうした非合理性を前提視する情動観は現在大幅に揺らいできている。今や情動は，理性あるいは認知との対立的図式の中で語られるものではなく，むしろ，多くの場合，それらと不可分かつ協調的に結びつき，人間の生物学的あるいは社会的適応を高度に保障する合理的な心的装置であると特徴づけられるにいたっているのである。逆にいえば，情動に支えられない知性では，時に，まったく乗り切れないような事態があるということが明らかにされつつあるのである。

　Johnson-Laird & Oatley（1992）は，人が，完全無欠の知性を備えた"神"ではないとした上で，人においては，情動が（もともと不完全なものとしてある）知性の欠落部分を補う役割をはたしているのだということを強調する。彼らによれば，情動とは，昆虫にみられるような固定的・反射的な行為のパターンと，完全無欠の知性（正確なメンタル・モデルによる環境の完全なる予測・操作）との間を埋める，ほどよく柔軟な生き残りシステムなのだという。人が

住まう現実の環境世界はあまりにも複雑すぎて完全なメンタル・モデルを構築することはかなり困難である。つまり，十分に時間をかけたメンタル・モデルによるシミュレーションを通して，事象やそれに対する行為の結果をあらかじめ正確に予測できるということはそう多くはない。そうした，時間や処理能力に限界があり，思考レベルでは，最適な選択がうまくできない時に，あるいは個体が一度に多くのゴールを抱え，それらに容易に優先順位を付すことができない時などに，各種の情動がとっさに生起し，確率論的に最も合理的な行為へとわれわれを駆り立てるというのである（詳細は遠藤，1996，2001a）。別の言い方をするならば，ほとんど知性を働かせる間もなく切羽詰まってとっさに発した情動およびそれに続くふるまいが，結果的に，十分に練りあげられた知性よりもはるかに人の適応性を高めるようなことも少なくはないということである。

　脳神経科学のテキストにしばしば登場するPhineas Gageの症例も，こうした情動の適応的役割およびその本質について多くのことを示唆するものといえる。19世紀の半ば，Gageは作業中に，ダイナマイト爆発によって吹き飛んだ鉄棒が前頭葉を突き抜けるという惨事に見舞われ，几帳面で穏和だったその人格を一変させてしまう。何よりも際立っていたのが，場違いで不適切な情動の生起と場当たり的・衝動的なふるまい，そして，社会生活の中でのごく日常的な計画や決定に支障を来すようになったということである（今すべき重要なことに無頓着である一方で，ささいなつまらないことに拘泥するようなことが多くなった）。Damasio（1994）は，Gageと同じ前頭葉の，ある特定部位に損傷を受けた患者の症例を複数検討し，その損傷が，ほとんどの場合，情動とプランニングの障害に結びついていることを見いだした。そして，情動の本質的な機能の一部が，一連の行為のプランニングの中にあるのではないかと仮定するにいたっている★1。ここで注意すべきことは，思考や記憶といった認知能力そのものに関しては，あまりその落ち込みが認められないような症例も少なからずあったということである。つまり，純粋に認知とよばれる機能をかなりのところ無傷のまま保持していながら，通常の社会生活を営めなくなってしまった患者が複数存在していたというわけである。怒りでも恐れでもいい，ある情動状態のただ中にある自分自身のことを思い浮かべてみよう。通常，われわれはその情動に関連すること以外に注意が向かなくなる。そして，その情動状態から抜

1章 発達における情動と認知の絡み

け出るべく（ポジティブな情動の場合はそれを維持すべく）その状況に必要な行為をいつの間にか組み立てている，すなわち知らず知らずの内に相応のプランニングをして，それなりに整合的な一連の行為をなしているはずである。プランニングとは，いってみれば，当面必要のない無関係な情報を意識から排除し，ある特定のことのみに選択的に注意や思考を配分することなしには成り立ち得ないものといえる。そして，情動は，時に，そうした注意や思考の選択的絞り込みおよびその持続にきわめて重要な役割をはたし得るものと考えられるのである。コンピュータ・サイエンスは，その目的の1つとして，人の"心"を機械に実現させることを掲げ，そのシステムの開発に躍起になってきたわけだが，その作業が進めば進むほど，そこに，超えがたい壁のようなものを見いだすことになったといわれている。そして，それこそが，"ただ何となく好きとか嫌いとか"いう理由で（なぜかある一連の情報だけに選択的注意を寄せて）とりあえず事を進めてしまう，この"情動に導かれたプランニング"であることを指摘する論者は少なくないのである（たとえばDamasio, 1999；Oatley, 1992）。

　上述したことは，熱情と理性あるいは情動と認知の，どちらかを合理的としどちらかを非合理的なものと見なす考え方がたぶんに的はずれなものであることを物語っている。むしろ，われわれの日常生活のレベルからすれば，それらは，それぞれ異なる機能性を有しつつも，多くの場合，相互補完的に絡み合い，生物学的にも社会的にも合理的な働きをするものと考えられる。また，そもそも，われわれの現実の精神生活の中で，純然たる認知あるいは純然たる情動なるものを探し出すことは至難のことといえる。ごく一部の例外的な場合を除き，情動の中には認知が潜み，また，認知の中には情動が潜むというのが実状であろう。一般的に，何らかの情動が生起する時，ほとんどの場合，それに先行して，事象に対する評価という認知活動が介在し，また，いったん生起した情動は，今度はその後の思考や記憶といった各種の認知活動にある種のバイアスをもたらすことになるのである（Lazarus, 1999）。

　しかし，こうした相互の関連性は，子どもの場合と大人の場合では微妙に異なっているかもしれない。本章では，特に発達的観点から，情動と認知の精妙な絡み合いの様相を審らかにしていきたいと考える。発達初期，記憶や思考といった認知的要素は最小限のものに止まる。それに対して，情動的要素は早く

からその機能をかなりのところはたしているかに見える。そうしたアンバランスは，子どもの発達にどのような意味を有するのか。あるいは，少し遅れて始まる認知の発達は，情動にどのような変化をもたらし得るのか。また，子どもは，発達の進行とともに徐々に，自他の情動そのものの特質を認知するところとなるが，そうした情動に関する知性およびそれを基盤とする種々のスキルは，子どもの社会的適応にどのような影響をもたらすのか。ここでは，そうした問題について，特に発達過程の早期段階に焦点を当てることで考究していくことにしよう。さらに，本章では，発達の比較的早期段階におけるさまざまな情動経験が，個々人のパーソナリティ発達を方向づけ，先導する可能性を提示し，その過程で各種の認知的要素がどのような役割をはたしているかについても言及することにしたい。

2．認知的評価からみる情動の発達

　この節では，本質的な意味で情動の中に潜む認知，すなわち各種の情動経験を導く先行事象の"評価（appraisal）"に焦点を当て，それとの関連で子どもの情動発達の様相・特質について考究することにしよう。

(1) Zajonc－Lazarus論争

　1980年代前半，情動と認知の関係をめぐって，Zajonc（1980，1984）とLazarus（1982，1984）の間で激しい議論の応酬があった。情動の発動に，ある種の認知活動，すなわち状況に対する評価が必要かつ十分条件として必ず先んじるとするLazarusに対して，Zajoncが真っ向から異を唱え，情動と認知は基本的に独立のシステムであり，認知の介在がなくとも情動は十分に発動し得る（認知は情動の十分条件であっても必要条件ではない）と切り返したのである。Zajoncおよび彼を支持する立場は，さまざまな論拠を示して自説の正当性を主張したわけだが，その1つに，認知能力の発達が十分ではない乳幼児（新生児）にも多様な情動が認められるということがあげられていた。確かに，新生児がどんな出来事があったかを"正確に知った"上で泣きわめいているとは考え難い。何が起きたかはわからないが，とにかくとっさに反応してしまって

しかし，生じた出来事が何であるかを正確に知ることと，それが自らにとって正負いずれの意味をもつか（危ないか危なくないかあるいはいいものか悪いものか）を評価することは必ずしも同じではないかもしれない。LazarusとZajoncの食い違いは，1つには，このいずれをもって認知とするかというところから発していると考えられる。Lazarusが情動生起の必要十分条件としているのは，後者ではあってもけっして前者ではない。Lazarusにしてみれば，事象に接して新生児が快・不快いずれかの情動反応を示すということは，それ自体（たとえ何かは正確にはわからなくとも）子どもが大ざっぱに自らにとっていいものか悪いものかといった，その事象に対する評価をなしているということの証なのである。Lazarusが半ば自動化された無意識レベルでの情報処理も含めて認知としていたのに対し，Zajoncは反省的で意識の介在する情報処理のみを認知としていたのである★2。認知という術語に関してLazarusはより広義の，Zajoncはより狭義の定義を採っていたことになる（Zajoncにいわせれば，Lazarusのいう原初的な評価とは，あくまでも知覚プロセスの一部でしかない）。

また，情動という術語に関しても両者のとらえ方は食い違っている。Lazarusの見方では，外的なものであれ，内的なものであれ（たとえば想起された過去の記憶など），とにかく先行する事象がなければいかなる意味でも情動は成立しないものである（情動はつねに"意味"に対する反応としてある：Lazarus, 1991, 1999）。そうした意味からすれば，情動とは，本質的に哲学でいうところの志向的なもの（intentional：ある何ものか"について"のもの）であり，結局のところ，それ自体が，事象に対する評価システムとして特徴づけられるものなのである。それに対して，Zajoncは，情動の発動に，先行事象は必ずしも必要ではないとする。事象に先導されない情動の生起もあり得ると主張するのである。たとえば，彼は，脳内血液温の高低によって，情動の変化が生じ得るといった理論（脳内血液温の上昇は不快な情動，逆に低下は快的な情動の生起につながる）およびその実証的な研究を展開している（Zajonc, 1985；Zajonc et al., 1989）。Zajoncの他にも，事象に惹起されない情動，すなわち顔筋の動きや身体姿勢および生理的変化に起因する情動の生起を仮定する研究者（たとえばIzard, 1993；Stepper & Strack, 1993；Strack et al., 1988）

は少なくない。日誌法に基づくある研究（Oatley & Duncan, 1992）によれば，人の日常経験する情動の約6％が，これといった先行事象の見当たらない"浮動性（free-floating）の情動"であるという。情動の中にこうした浮動性のものまで含めて考えるべきか否かについては議論が分れるところだが，一般に浮動性の情動とよばれるものは，たいがいは数時間から数日間続く持続的なものであり，そうした意味で，むしろ気分（mood）として扱われる方がより適切であるといえなくもない（たとえばIzard, 1991）。いずれにしても，情動の定義に関しては，認知の場合とは逆に，Lazarusがより狭義の，Zajoncがより広義の定義を採っていたといえるのである。

ここでは，いずれの立場を是としあるいは非とするかを議論することが主目的ではない。しかしながら，どちらの立場を採るかによって，おのずと，情動の発達およびそこに絡む認知の役割に関する考究の道筋が大幅に食い違ってくることは事実である。本章ではとりあえず，Lazarus寄りの視点，すなわち事象に対する評価システムとしての情動という観点から，情動の発達および情動と認知の絡みを記述してみることにしたい。

(2) 情動"らしき"表出と情動そのもの

当然のことながら，ものいわぬ乳幼児には，自己報告法など，大人における情動研究の方法論の多くを適用し得ない。たいがいは，その表出を通じて，情動の発達を推察しなければならないことになる。確かに，新生児段階からすでに，大人の目から見れば喜怒哀楽といえなくもない，多様な情動"らしき"表出が認められることは広く知られるところである。そして，「表出＝情動」という立場を採るならば，喜び，悲しみ，恐れ，怒り，嫌悪といった，ある種の情動は，発達早期から，ある明確な生得的基盤をもって存在しているということになる（たとえばAckerman et al., 1998；Izard, 1991）[★3]。これは，先述したように，外界の意味をまだほとんど学習していないはずの，あるいはそれを知る認知能力さえない新生児にすでに確固たる情動が存在することを示唆しており，表面的に考える限りにおいては，認知と情動の独立性および認知に依存しない情動の生起を自明視するZajoncの立場に有利であるということになろう。

しかしながら，それはあくまで「表出＝情動」という前提から出発した場合の話であることを度外視してはならない。たとえば，新生児段階から微笑のような表出は頻繁に認められるわけだが，その大半は，睡眠中に生じるものであることが知られている。すなわち，それは喜びを引き起こしそうないかなる事象とも結びついておらず，一般的には，REM睡眠時における神経の痙攣に由来するものだといわれている（たとえばMaurer & Maurer, 1988）。また，悲しみ（苦痛），嫌悪，怒りらしき表出についても同じことであり，明確な理由が見当たらないのにこれらの生起が見られたり，またある同一事象に対して，これらの情動らしき表出が一貫性なく入れ替わり立ち替わり認められるような場合も少なくはない（Camras, 1991）★4。

　これらの知見は，少なくとも乳幼児期においては，情動らしき表出が見られたとしても，それはいまだ明確な事象との有意味なつながりをもたない，かなり"でたらめで曖昧なもの"である可能性が高いということを示唆する（たとえばOster et al., 1992）。また，本来，情動には，主観的経験的側面（主観的情感），生理的側面，表出・行動的側面という3側面があり，多くの場合，それらが明確な対応性をなしていると考えられるが，発達の初期段階においてはこうした対応性がまだ十分にはでき上がっていないというべきかもしれない（遠藤，1995；Lewis, 1993a, 2000）。たとえ表出の要素が観察されたからといって，その背後にしかるべき主観的情感や生理的変化といった他の要素までもが存在しているとは確言しがたいのである。

　もっとも，Zajoncの立場は，事象によらない情動の生起を認めているわけであり，かつ，たとえば（何らかの表情を作った場合の）顔筋のパターンが脳にフィードバックされて，そこで情動経験が生じ得るという仮定（顔面フィードバック理論）を採るとすれば，情動らしき表出は，即，それに対応した情動（主観的経験）の存在を示す証左ということになる。しかしながら，こうした仮定についてはこれまでに必ずしも十分な裏づけが得られているわけではなく，特に乳幼児期に関しても同様のメカニズムを適用し得るのか否かについてはまったく推測の域を出ないものといえる。そうした意味で，現時点で「表出＝情動」の前提を安易に受け容れることはできそうにない。新生児段階からすでに，いずれある情動に組み込まれるであろう種々の下位要素が存在するのは確かだ

としても，それらの固まりとしての情動そのものの存在については訝しいところが多いといわざるを得ないのである（遠藤，1995）。

そうだとすれば，私たちはいかなる指標・基準をもって，さまざまな情動の現出を確たるものとして知り得るというのだろうか。そこで，多くの研究者が採る基準は，結局のところ，単に情動らしき表出が見られたか否かだけではなく，それに先行してしかるべき有意味な事象が存在したかどうかということになる（たとえばLewis, 1993a, 2000）。すなわち，先行事象とある情動の表出をセットにして見ようというのである。事象と情動の間にしかるべき対応性が認められるということは，個体がある事象の自分自身にとっての意味を評価し，それに整合した反応を組織化していることの反映と解すことができる。そうした意味で，事象と情動の対応性という視点から情動の発達を読み解こうとする立場は，事象に対する評価システムとして情動をとらえ，情動の本質を個体と環境の関係性の中に位置づけるLazarus寄りの観点により合致するものといえるだろう。"先行事象と表出のセット"に着目してみていくと，各種の情動はけっして新生児時点からすでに認められるというものではなく，発達過程に沿って漸次的に分岐・多様化し，それぞれのポイントで明確な形をなすにいたるものとなる。以下では，評価の複雑化・多様化という視点から（あるいは評価という観点から見た認知発達との絡みで）乳幼児期における情動発達のタイムテーブルを示すことにしよう。

(3) 各種情動発達のタイムテーブル
①評価の多次元化と事象の多様化

情動を事象に対する評価システムとして把捉した場合，個体が，遭遇した事象から自らにかかわる意味をいかにこまかく多次元的に抽出し得るかによって，そこで経験される情動は，その様相を大きく変容させることになる。もっといえば，ある意味を抽出し得る，新たな認知能力の現出によって，各種情動の分岐・構成が大きく進展する可能性があるということである（たとえばLewis, 1993a, 2000；Lewis & Michalson, 1983）。

また，情動の発達は，認知能力の高まりと同時に，各種運動の能力やスキルなどの発達とも密接な関連性をもつということがいえるかもしれない。なぜな

らば，つかむ・投げる，あるいは這う・歩くといった運動能力の現出は，子どもと環境の関係性を大きく変質させ，それまでには経験され得なかった，より多様な意味をもった事象の生起を潜在的にうながすことにつながるからである。つまり，乳幼児期における各種情動の発達は，事象に対する評価の多次元化（認知能力の高まり）という側面と，評価される対象，つまりは子どもが遭遇するであろう事象そのものの多様化という側面の両方から，検討される必要があるということである（同じ事象に対して認知的にそれまでとは異なる評価をなし得るようになるということと，それまでにはなかった新種の出来事を多く経験するようになるということの両方から，情動の発達を考えることができる）。

②生後1年目における各種情動の現出と認知的評価

ある情動の現出を事象との対応性の観点から判断するLewis（1993a, 1999, 2000）のモデルによれば，子どもは誕生時，一方を（泣きやいらだちという形で現われる）苦痛（distress）とし，他方を（充足のようすや環境に対する注意といった形で現われる）快（pleasure）とする双極的な情動反応を示すという。もっとも，環境に対する注意，すなわち興味・関心（interest）については，それが，こうした双極的構造とは独立の次元をなしていると考えることも可能であり，見方によっては，充足，興味，苦痛という計3種類の情動があらかじめ子どもに備わっていると考えることもできるらしい。このことは，（身体的・生理的な観点からの）大ざっぱな正負いずれかの意味判断と，事象の新奇性に対する原初的評価のような認知能力が生得的に準備されている可能性が高いということを意味する。

生後3か月ころまでに，快の情動から分岐する形で喜び（joy）の情動が現出するといわれている。先にも述べたように，乳児は，確かに，誕生後間もない時期からすでに微笑を発している。ただし，それは睡眠時などにみられる，いわゆる生理的微笑であることがほとんどであり，人の顔などの，親近性の高い事象・対象を認めて，微笑したり，全身で快的興奮を示したりするという所作は，少なくとも生後2～3か月ころにならないと観察されない。また，このころになると，母親との相互作用の中断などに随伴して悲しみ（sadness）の情動も現われてくるとされている。すなわち，この時期には，好悪の評価が，単なる身体的・生理的刺激を超えて，各種の人とのかかわり，すなわち社会的

刺激に対しても及ぶようになると考えられる。さらに，だいたい時を同じくして，口中の異物や不快な味のするものを吐出することと結びついて，単なる苦痛の表情とは違った，嫌悪（disgust）の表出が認められるようになるともいわれている。

　生後4〜6か月ころになると，怒り（anger）が，腕や足の自発的な動きが外的な力によって抑止されるなど，各種のフラストレーション状況と明確に結びついて，観察されるようになるという（もっとも，怒りに関しては，より早期の生後2か月ころからすでに認められるという報告もある★5）。怒りは，一般的に，ゴールとそれを阻む障害の認知およびその状態を何らかの形で克服しようとする心的努力を基礎として，別の見方をするならば手段と目的の関係に関する知識を前提として，成り立ち得るものといえる。評価という観点からいえば，苦痛や悲しみの生起に際しては，ある事象が自らに関係すること，およびそれが負の意味をもっていることの評価のみが必要となるが，怒りの場合は，それらに加えて，何らかの形でその事象を克服し得るという見込み（およびそれを可能にする自らの力量に対する気づき）がかかわっていると考えられるのである（Smith & Lazarus, 1993）。

　恐れ（fear）の情動の現出は，怒りよりもさらに少し遅れるといわれている。それは，望ましい，好ましい，あるいは安全な状態に関する表象と現在直面している状況との比較を基礎にして初めて生じ得るものと考えられる。たとえば，生後半年以降に顕著にみられるようになる子どもの人見知り現象は，母親などの身近な対象に関する内的表象や顔の記憶などの成立を前提とし，それと今子どもの目の前にいるストレンジャーとの比較を通して初めて惹起されるものと一般的には解釈されている（たとえばSchaffer, 1974）。恐れの情動は，少なくともこうした相対的に高次の認知処理が必要とされる分，多少とも遅れて現われてくるのであろう。驚き（surprise）もまた，生後6か月前後までに現われるとされている。それはより早期からあった興味から分岐してきたものと解釈でき，期待していたもの（表象）と現事象との間にズレが生じた際に，あるいは新たな発見があった際などに生起する。たとえば，このころの乳児が，背の極端に低い大人に対して（子どもという期待が裏切られて）（Brooks & Lewis, 1976），あるいは，随伴性探索の学習過程（たとえば，腕の動きにあわ

せてそれと糸でつながっている玩具などが動くことを発見するなど）において（うまくその規則性が発見できた段階で）（Lewis et al., 1984），驚きの表情を見せたりするということが観察されている。

　なお，Hiattら（1979）は，1歳前の乳児を対象に，喜び，恐れ，驚きといった情動を引き起こすであろうとおぼしき状況を設定し，そこにおいて乳児が期待された表出をどれだけ示すかを実験的に検討している。その結果は，まだある種のでたらめさを残してはいるものの（つまりは期待された表出がいつも見られるとは限らないものの），乳児が生後1年目の終わりごろまでに，こうした基本的な情動をほぼ備えるにいたることをある程度，立証するものになっている。

③移動能力の発達から見る情動経験の多様化

　上述したように生後1年目における情動の発達は，ある種の認知活動の現出とともに，分岐・多様化するといってよかろう。ただその一方で，こうした情動の発達に，この時期に急速に進む移動能力の発達が密接にかかわっていると考える研究者も少なくはない（たとえばBiringen et al., 1995）。先に述べたように，移動能力は，個体と環境の関係性の意味，もっといえば外界に対する評価の構造を大きく変質させる可能性があるといえるからである。事象をいかに知覚し，また評価するかということは，それに対して個体が潜在的にどのような行為をなし得るのかということ（たとえばそれに自ら近接できるのか，それから遠ざかることができるのかといったこと）と本質的に切り離せないものなのである（Adolph et al., 1993）

　自ら移動できない段階では，乳児は，多くの場合，いわば受動的に環境を受け容れるだけだといえるかもしれない。しかし，ハイハイをしたり，歩行したりすることができるようになると，自発的・能動的に環境とかかわるようになる。行動半径は飛躍的に拡大し，多くのものを探索できるようになり，それに伴い興味や喜びといった情動はおのずと増すことになるだろう。しかし，それと同時に，思い通りにならないさまざまなフラストレーションや，またつまずいたり転んだりする経験も多くもつことになろう。すなわち，そこで怒りや恐れといったネガティブな情動をより多く経験するようになることも想定されるのである。

こうした移動能力と情動の関係を示す証左を，いわゆる視覚的断崖の実験に見て取ることができるかもしれない。もともと，一定の深さのある溝の上に透明なガラス板を渡した視覚的断崖の装置は，乳児における奥行き知覚の存在を確かめるものとして開発されたものである。実のところ，生後2か月くらいの子どもでも，すでに奥行きが知覚できる（3次元的に世界をとらえ得る）ことがCamposら（1978）の実験によって確かめられている。子どもをその視覚的断崖のすぐ近くに置くと，その深い方をのぞき込んで，明らかに心拍数を低下させるというのである。しかし，より興味深いのは，同じくその断崖に対して特別な反応を見せるものの，生後9か月くらいの子どもになると，生後半年くらいまでの子どもとは逆に，心拍数の増加を示すようになるということである。一般的に心拍数の低下は，興味と密接な関連をもつことが，また心拍数の増加は，ネガティブな情動反応，特に恐れと密接な関連をもつことが知られているが，Camposらはこうした心拍数の違いの背景に，ハイハイによる移動の経験が関与している可能性を示唆している。すなわち，自発的な移動がままならない段階では，断崖は奥行きをもったものとして知覚されはするものの，それとつまずいて転ぶといった経験はいまだ結びついておらず，恐れを誘発するものではない。しかし，移動の経験は，深さがしばしば身体のバランスを崩す経験に結びつくこと，そして，それが時に自らにとってマイナスの意味をもったものになり得ることを乳児に学習させることにつながり，結果的に恐れの情動を喚起するものに転化するといえるのである。

　また，移動能力の高まりは，その当然の帰結として，子どもと養育者の間に物理的距離をもたらすことになり，より明確で分化した情動の表出をしないと，子どもは養育者から適切なかかわりをしてもらいにくくなることが想定される。離れたところで単に漠然と不快や苦痛の表出をしても，その現場を見ていない親には，子どもの身に何が降りかかったのかわかりにくいだろう。子どもは，自らの置かれた状況や自らの内的状態をより明確に伝達すべく，シグナルとして情動を使う必要に迫られ，結果的に，各種情動の現出や分化に拍車がかかると考えられる。さらに，子どもが移動できない段階（だいたい生後8か月以前）では，親は怒りや恐れといったネガティブな情動を子どもに対してあまり表出しないが，子どもの移動が始まると状況が一変することが知られている

(Zumbahlen & Crawley, 1996)。親は時に,あちこち動き回る子どもの危険を察知し,また子どもの移動を制止しようとして,頻繁にこうしたネガティブな情動を表出するようになるのである。親の情動表出の様相は,情動伝染あるいはモデリングといったさまざまなメカニズムを介して子ども自身の情動表出に影響を及ぼす。また,情動を介した親の制止や禁止は,子どもの意図としばしば衝突し,そこに新たなフラストレーションがもたらされることも想定されよう。少し要約していうならば,子どもの移動能力の発達は,親の側に喜びや誇りといった肯定的情動を多くもたらすようになる(Bertenthal et al., 1984)一方で,多様な否定的情動をも頻繁に誘発し,子どもは,親が提供するそうした濃密な情動的雰囲気の下で,大人に近い情動の構造を急速に獲得していくと考えられるのである。

④自己意識の成立と社会的情動の発達

生後2年目以降の情動の発達は,それ以前とは様相を大きく異にする。Lewis (1993a, 1999, 2000) は,上で見た,生後1年目(0歳代)の後半くらいまでに現われる,喜び,興味,驚き,悲しみ,嫌悪,怒り,恐れといった情動を一次的な情動とし,一方この後に現出してくる情動を"二次的な情動"として,両者の間に一線を画している。その大きな違いは,一次的な情動が,その生起に自己意識(self-consciousness)あるいは内省(introspection)を必ずしも必要としないのに対し,二次的な情動は,自己意識の関与,あるいは自己および他者(そしてまたその社会的関係)という観点からの事象の評価がなければ,いかなる意味でも生起し得ないという点である。

自己の起源と発達についてはさまざまな議論がある(詳細は遠藤,1997,1998)が,1つの有力な見方(Kagan, 1998 ; Lewis, 1997)によれば,自己発達の大きな転換点は,1歳半前後にあり,その時期を過ぎたころから,自己に焦点化した行動(自己言及的言語の使用を含む)や客体としての自己の特徴の認識(鏡像認知などに現われる)などが飛躍的に増大するという。より具体的にいえば,自分と他者との異同,または他者あるいは社会的基準から見た自分といったものを徐々に意識するようになるというのである。Lewisは,こうした自己意識の萌芽を待ってまずは1歳半前後に,(自分が他者に注目されていることを意識して)てれ(embarrassment)★6, (自己と他者の別を理解し

た上で他者の窮状および内的状態を意識して）共感（empathy），そしてまた（他者にはあって自分にはないことを意識して）羨望（envy）といった情動が現われてくると仮定している。

　ここで自己意識の成立とてれとの関係を検討したLewis自身による代表的な研究（Lewis et al., 1989）を見ておくことにしよう。一部，単に鏡の物理的性質に対する理解あるいは空間認知の能力を問うているにすぎないといった批判（たとえばRobinson et al., 1990；Rochat, 1995）もあるが，発達心理学の文脈においては一般的に，客体的な自己意識成立の指標として，鏡像認知，すなわち鏡に映った自らの姿を見てそれがはっきりと自分だとわかることが問題にされる場合が多い。具体的には，子どもの鼻の頭にこっそり口紅をつけておき，子どもが，その姿を鏡を通して見た時に，鏡像ではなく，自身の実物の鼻の方に手を伸ばし口紅を拭き取ろうとすれば，客体的な自己認識が成り立っていると判定するのである（自身の身体的特徴を認識し，鏡像が自分の映しとわかるからこそ，口紅でおかしくなっている鼻を直そうとするのだというロジック）。

　Lewisらは平均22か月の子ども44人にまずはこの口紅課題を実施し，この課題を通過できたグループとそうでないグループ，すなわち客体的自己意識の成立群と未成立群に分けた。そして，見知らぬ女性と対面する場面，自分を鏡で見る場面，ほめそやされる場面，踊ってくれるよう依頼を受ける場面，計4場面における子どもの情動反応に，これら2つのグループ間の差異があるかどうかを検討した。その結果が，表1-1である。見知らぬ女性との対面場面は，もともとてれではなく恐れあるいは用心深い態度を惹起するものとして設定されているが，そこでは両グループによる違いはほとんどなく，多くの子どもがその見知らぬ人を少し怖がる構えを見せたことがわかる。このことは恐れといった一次的情動に関しては自己意識の成立が問題にならないことを示唆するものといえるだろう。一方，他の場面，特にほめそやされる場面とダンスの依頼を受ける場面においては，両グループ間に大きな違いを見て取ることができる。自己意識成立群の方で明らかに，てれの情動の生起をより多く認めることができるのである。ちなみに，すべての場面を通して，てれを見せた子どもは，自己意識成立群の方で26人中19人，未成立群の方で18人中5人であった。こうした結果を見る限り，てれという情動の現出には，自己意識の成立が，ある重要

1章 発達における情動と認知の絡み

表1-1 自己意識の成立と恐れおよびてれとの関係（Lewis et al., 1989）
（各群被験児において恐れあるいはてれを示した子どもの％）

	見知らぬ人と対面		鏡に映る		ほめそやされる		ダンスの依頼	
	恐れ	てれ	恐れ	てれ	恐れ	てれ	恐れ	てれ
全体	55%	5%	5%	25%	10%	32%	5%	32%
口紅課題成功群 （自己意識成立）	54%	8%	4%	31%	4%	42%	8%	44%
口紅課題失敗群 （自己意識未成立）	56%	0%	6%	17%	18%	18%	0%	13%

な鍵を握っていると結論していいのかもしれない。なお、羨望についてはいまだ研究が見当たらないが、共感については自己意識との関連性がある程度確かめられているようである（Halperin, 1989）。

てれ、共感、羨望が現出した後の情動の発達は、自己の異なる側面の発達を背景として、また少し様相を変えるらしい。Lewisによれば、てれ、共感、羨望などの生起には、確かに"自己意識"（自己に対する注視）が関与するものの、"自己評価（self-evaluation）"（あるルールや基準からして自分はいいのか悪いのかという評価）は介在していないという。ある種の社会的な基準やルールなどを内在化し、また他者による賞賛や叱責などに敏感になるのは、少なくとも2歳（生後3年目）以降とみられる。Lewisは、こうした基準の内在化およびその基準に沿った自己評価の現出が、誇り（pride）、罪（guilt）、恥（shame）などの新たな情動発達の素地をなすと考えるのである。2歳の後半にさしかかると、子どもたちは、自らの基準からして自分の行動が失敗したと感受した場合には罪や恥を、一方、成功したと感受した場合には、誇りを経験するようになる★7。たとえば、トイレット・トレーニングの状況を考えてみると、こうした情動の出現をより明確に思い描くことができるかもしれない。トイレまで我慢しきれずに途中でおもらししてしまった時の気まずい表情、逆に自分1人でうまく用が足せた時の誇らしげな表情などは、まさに子どもが、何が望ましいかの基準を自分の中に取り込み、それによって自分の状態を評価していることの現われと解すことができるだろう。

ここまで見てきたように、Lewisは、生後3年くらいの間に、各種認知能力

の発達に伴い，子どもの情動生活がこまかく分化し，情動のレパートリーという点からすれば，ほぼ大人のそれと同様の様相を呈するようになると考えている（図1-1にLewisの情動発達のモデルを示した）。もっとも，認知と情動の絡みは，こうした側面のみに現われるわけでは当然ない。両者の交絡は，特に情動的知性あるいは情動的コンピテンスの発達において，重要な意味をもってくると考えられる。以下では節を改めて，その問題について考えてみよう。

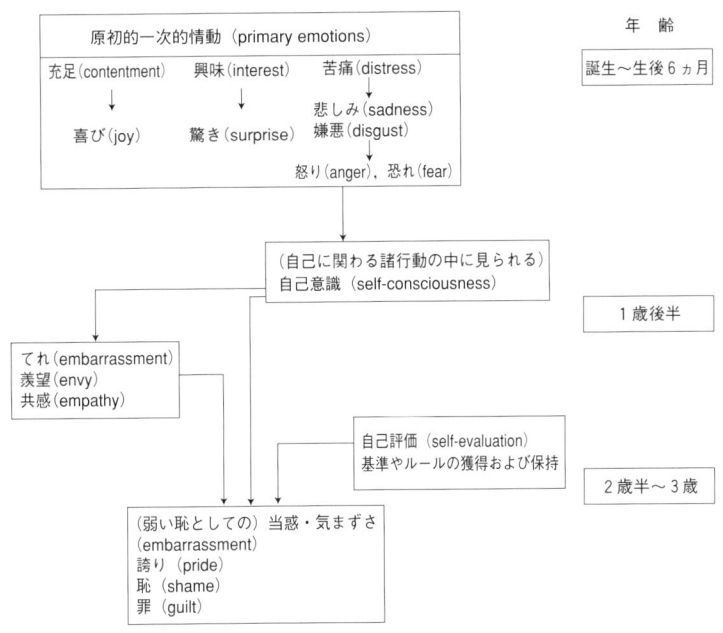

図1-1　生後3年間における情動の発達（Lewis，1993a，2000）

3．"情動に関する認知"の役割：情動的コンピテンスの発達

(1) 情動的知性・情動的コンピテンスの重要性

近年，いわゆる知能テストをもって測られるような各種知的能力が，現実の社会的適応性をあまり予測し得ないという，ある意味であたり前の事実が再確認されつつある。種々の対人場面において実際に機能する"社会的な"知性は，

1章 発達における情動と認知の絡み

知能テストによって取り出される言語や論理数学などの知性とは明らかに別種のものだということが，心理学の領域（たとえばGardner, 1983, 1993；Sternberg, 1997）はもとより，一般的な社会状況の中でも，半ば当然視されるにいたっているのである（たとえばGoleman, 1995；Mayer, 2001）。元来，発達心理学の中では長く，こうした社会的な知性が情動的知性（emotional intelligence）あるいは情動的コンピテンス（emotional competence）という術語をもって検討されてきたという歴史がある（たとえばDenham, 1998；Saarni, 1990, 1999）。

　前節で見たような各種情動を備えるにつれて，子どもは，それらの遷延が時に自らにネガティブな作用を及ぼすことを知るようになる。そこで，子どもは自らの情動状態に適切な制御（低減あるいは増幅）を加える必要に迫られる（情動制御）。また，子どもは，各種情動が他者との社会的関係の確立や崩壊にきわめて重要な意味を有することも知るようになる。自己および他者の情動状態を精確に理解し（情動理解），それに応じて，また自他が置かれた社会的文脈にあわせて，情動の表出を微妙に調整する（情動表出の調節）必要にさらされる。結果的に早くから子どもは，自らが住まう社会的世界に順応するために，情動にかかわるさまざまな知識やスキル，すなわち情動的コンピテンスを高めていかなくてはならないと考えられるのである（Denham, 1998；Saarni, 1990, 1999）。以下では，その概念規定からしてまさに情動と認知の界面ともいえる，こうした情動的知性あるいは情動的コンピテンスの発達について，大きく情動制御，情動理解，情動表出の調節という3側面に分けて，簡単に概観してみることにしよう。

(2) 情動制御の発達

　いかに情動が子どもの発達において重要な役割をはたすとはいっても，それが瞬時の経験に止まらず長く引きのばされるような場合，それは多くマイナスのものに転化する。たとえば，泣きやぐずりといったネガティブな情動状態の遷延は，それ自体，子どもの心身の活動にさまざまな支障をもたらす可能性がある。情動の制御不全が慢性化すると，そこに小児性抑鬱や攻撃的行動障害といったかなり困難な問題が生起しやすいということも指摘されている（Dodge

& Garber, 1991)。そうした意味で，情動制御は，子どもが人生初期から遭遇する発達上の大きな課題の1つといえるだろう。

　乳児は発達早期，空腹，寒さ，疲労，痛みなどの身体的・生理的要因によってもたらされる不快や苦痛に対して自発的に対処することができないと考えられる。たいがいの場合は，養育者が配慮し，慰撫や環境の調整を行なうことを通じて，初めて情動の静穏化がもたらされることになる。その後，子どもは，偶発的に起こした行動，たとえば，頭を回す，手を口にやる，指や身近にあるものを吸うなどの行動が，適度な気晴らしとなることをいくたびか経験し，徐々に，これらの行動を半ば自発的に用いて自らの情動を制御することが可能になっていく（Kopp, 1989）。また，さらに発達が進めば，自分の不快な情動状態を変え得る存在としての養育者に焦点化し，そこに微笑，泣きをはじめとする種々の社会的シグナルを送出することで，自らの情動制御をより効率的に図ろうとし始めるといわれている。たとえば，養育者とのアイコンタクトを執拗に求めて（養育者の注意を自らに引こうとして）むずかったりするようになるらしい。しかしながら，こうした情動制御のあり方は，子ども自らが身に降りかかった状況および各種情動の意味を十分に理解した上で起こしたものとはいい難く，結局のところ，子どもからすれば（自らが解決するというよりも，養育者の巧みな配慮のもと）"いつの間にか解決されてしまっているというもの"にすぎないのだろう。

　状況に応じた適切な情動制御を子ども自らがある程度行ない得るようになるためには，生後2年目以降に急速に進むといわれている表象や喚起記憶といった各種認知能力の発達，および自ら外界に効果的に働きかけるための運動能力の発達を待たなくてはならないのだろう（Kopp, 1989）。たとえば，一連の認知発達の一部として，因果関係の理解が正確になってくると，子どもは，制御すべき情動の原因が何であるかを認識し，時に，その原因に対し直接的に何らかの働きかけを行なうこと，あるいは養育者にその原因そのものに対する何らかの対処を求めることを通して，情動の静穏化を図り得るようになることが考えられる。

　それまでたいそう気に入って遊んでいた玩具がふたのある箱の中に突然しまい込まれてしまうという状況を想定してみよう。その箱は子ども1人では開け

ることができない。そのフラストレーションは泣きという形をとって現われるだろう。しかし，発達の進んだ子どもは，このような時，もはや，ただ母親とのアイコンタクトによって，あるいは母親の身体的慰撫によって，簡単になだめられるわけではなくなる。あくまでもふたが開かずに玩具が自由にならないことが不快の原因であることに執着し，母親から箱を開けるための具体的援助をもらえなければ，子どもはほとんど泣き止まないだろう。

　Lazarus & Lazarus（1994）は，ストレスに対する対処・制御様式として2種類のものが存在するとしている。1つは"情動に焦点化した対処様式"（何が原因かということにかかわらず，気晴らしをしたり，注意を逸らすことを通して情動の静穏化を直接的に図る様式）であり，もう1つは，"問題に焦点化した対処様式"（ストレスの原因となった問題の解決を通じて結果的に情動の静穏化を図る様式）である。このLazarusらの考えに従うならば，後者の対処様式は，原因の特定とそれに対応した解決手段の見通しが可能でなければならない分，発達的に見ると前者よりもかなり遅れて現出してくると見てよかろう。もっとも，Lazarusらは，情動に焦点化した対処様式がさらに2つ，すなわち"回避（avoidance）"と，状況の意味の"再評価（reappraisal）"とに分けられると述べている。回避とは，気晴らしや身体的慰撫などを通じて，今あるネガティブな情動状態を直接低減しようとする試みのことであるのに対し，再評価とは，情動を引き起こした事象の意味をそのネガティブな度合いが減じるよう再解釈することで，情動の静穏化を図る試みのことである（たとえば，大事なものをなくして悲しい時に，じつはそれは大したものではなく，もっといいものを自分はたくさんもっていると思い直すことで，おちつきを取り戻そうとするようなこと）。ここで，問題に焦点化した対処様式よりも発達的に先行するといったのは，回避タイプの制御方略ではあっても，再評価タイプのそれではない。再評価を通した情動制御は，より高次の認知処理を必要とすることが考えられ，発達的により後になってから初めて現出してくるものとみられる。

　そして，生後2年目以降の発達に関して度外視できないのが，言語能力の急速な発達である。言語は，他者とのかかわりにおいて，子どもが自身の主観的感情経験を伝達する上で，重要な術となる。それは，非言語的な信号と同時に送出されることで，伝達される情報の精度をいっそう高め，養育者をはじめと

する他者からより適切な援助を効率的に引き出すことなどを可能にする。また，言語の理解は，自身が経験している情動がどのようなもので，その状況においてどれだけ適切なものであるかといったことなどについて他者からより正確なフィードバックをもらうことを可能にする。さらに，言語は，情動を制御する方略についてさまざまな知識を得ることを，またそうした方略について自ら思考することを可能にする。かなり早い段階（1歳後半から2歳にかけて）から，子どもが，情動およびその他内的状態に関する語彙を理解し，またそれを用いて身近な家族成員との間で精妙な相互作用を営んでいるということが知られている（たとえばBretherton & Beeghly, 1982：Dunn & Brown, 1991, 1994）。子どもは，自分自身および他者の情動状態・内的状態に適切な言語的ラベルを付し，その状況の意味をより精細に理解することで，葛藤やフラストレーションなどにより効率的に対処し得るようになるのだろう。

(3) 情動理解の発達

　子どもがいつごろからどのような形で自他の情動に対して適切な理解を示すようになるかについては必ずしも十分な知見が得られているわけではない。それは1つに，発達早期の子どもの言語能力および内省能力が乏しいため，その情動理解の性質を直接，インタビューや実験などを通して把捉することがむずかしいからである。われわれは，多くの場合，他者の情動に巻き込まれた際の子どもの日常的な反応から，その理解の様相を間接的に窺い知るほかはない。一般的に，一言で情動理解とはいっても，その意味範疇にはさまざまなものが含まれる。Saarniら（1998）は，発達早期に認められる情動理解の下位要素として，(a)情動の快・不快の次元に対して敏感であること，(b)各種情動表出・シグナルを弁別できること，(c)各種情動表出のそれぞれ固有の意味を理解できること，(d)情動表出（の意味）が何に対してのものであるかを理解できること，(e)情動反応が主観的なもの（人によって異なり得るもの）であることを覚知していること，の5つをあげ，これらが揃った時に，子どもは，日常接する情動および情動的コミュニケーションに対して，かなり適切なかかわりをもつことができるようになるのだろうと述べている。

　(a)の快・不快の次元に対する敏感性ということに関していえば，人間の乳

1章 発達における情動と認知の絡み

児が出生後間もないころからすでにそれをかなり明確な形で示すという証左がある。それは，非常に早期段階から，乳児が，他児の泣きに引きずられるように自らも泣き出したり，母親のいらだちや不安などに反応してむずかり出したりする，いわゆる"情動伝染（emotional contagion）"現象の存在が認められるということである（たとえばHatfield et al., 1994）。Sagi & Hoffman（1976）は生後30時間ですでに多くの子どもが，シンセサイザーによる擬似的な泣き音声などよりも，実際の他児の泣きに特異的に反応して自らも泣き出すということを見いだしている。乳児は生まれながらにして，他者を自らの情動に巻き込むだけではなく，他者の情動に巻き込まれる存在でもあり，そしてその意味で"双方向的な"関係性の中にあって，他者と能動的にコミュニケートする存在であるといえるだろう。もっとも，この情動伝染という現象は，ほぼ時期を同じくして現出する"共鳴動作（co-action）"や"動作的模倣（motor mimicry）"と同様，他者の内的過程に関する複雑な認知活動を介したものとはいい難い。それは，ほぼ純粋に身体動作レベルの同調作用（人だけではなく多くの生物種にも認められるような原初的共感性の機構）と解すべきものかもしれない。また，この情動伝染の現象は，乳児が早くから，快・不快の次元に対してある程度敏感であることを示しても，たとえば怒り，悲しみ，恐れといったそれぞれの情動を明確に識別し得るということの十分な証左にはならないと考えられる（Saarni et al., 1998）。それでは，上述した（b）の要素，すなわち各種情動間の明確な識別が可能になるのはいったいどれくらいの時点からなのだろうか。

　Haviland & Lelwicka（1987）は，生後10週の乳児が，母親の怒り，悲しみ，喜びの各表情に対して特異的な反応を示したことを観察している。母親の喜びには快の表情，怒りには怒りらしき表情あるいはじっと固まった表情，そして悲しみに対しては口をもぐもぐいわせるような，あるいは何かを噛んだり吸ったりするような表情を見せたという。ここで注意すべきことは，これらの反応が，他者の表情をそっくりまねるという原初的な模倣，すなわち身体動作レベルの同調，とは明らかに異なっていたということである。たとえば，眉をひそめて悲しみを表わした母親に対して，乳児は眉の動きをもってではなく，（悲しみの別種の表出形態である）口の動きをもって反応したのである。この研究者らは，こうした結果をもって，乳児が，単に他者の表出の形態上の差異に対

して弁別的に反応したというよりも，むしろ他者の情動状態そのものの違いに対して弁別的に反応した可能性が高いと結論している。しかし，こうした知見が得られている一方で，発達早期の乳児の情動識別が必ずしも十分ではないことを示す証左も少なくはない。たとえば，生後4～9か月児を対象にしたある実験（Caron et al., 1982）は，乳児が歯をむいた喜びの表出（笑い）と同じく歯をむいた怒りの表出を弁別できないことを示している。また，生後4か月児を対象にした別の実験（Oster, 1981）は，乳児が悲しみと歯をむいた微笑に対しては弁別的反応を示すのに，悲しみと歯をむかない微笑に対しては反応の差異を見せないということを明らかにしている。しかしながら，これまでになされているさまざまな実験および観察の結果を総括すると，乳児は，だいたい生後1年目の後半くらいまでには，他者の情動表出をかなりのところ識別できるようになると考えられる（たとえばNelson, 1987）。特に，顔の表情のみならず声の情感的調子も同時に知覚できるような，より日常的状況の下では，かなりの精度で他者の各種情動を弁別できるということがいえそうである（Saarni et al., 1998）。

　(c)各種情動がどのような意味をもつかの理解と(d)情動が何に対して向けられたものかの理解に関しては，いわゆる"社会的参照（social referencing）"（Klinnert et al., 1983）の現出がそれらの成立を示唆するものといえる。社会的参照とは，一般的に，子どもが，初めて経験するような意味の不確かなものあるいは人などに遭遇した際に，まわりにいる，多くの場合母親など親密な他者の情動表出を参照し，手がかりにすることで，その対象の潜在的な意味を知り，自らのその対象に対する態度を決定しようとする一連の所作を指していう（詳細は遠藤・小沢，2000；小沢・遠藤，2001）。これに関する具体的な実験は，たとえば，乳児に，音を出しながら動き回る奇妙な形の玩具を呈示するところから始まる（たとえばCamras & Sachs, 1991）。そして，母親には，その玩具に対して，顔や声を通じて快情動，嫌悪，恐れなどの各種情動を表出するよう教示する。ここで問われることは，乳児が，母親の情動表出の違いに応じて，自らのその玩具に対するその後の態度を変えるかどうかということである。これまでにすでに多くの研究が行なわれているが，その大半は，生後12か月ころまでに，乳児が，母親の快情動に接した場合はその玩具などに近接し遊び，一

方母親の恐れなどに接した場合には回避するというような，各種情動の意味に応じた特異的な反応傾向を示すようになることを明らかにしている（たとえばMumme et al., 1996）。実のところ，その解釈に関してはさまざまな議論がある（遠藤・小沢，2000）のだが，比較的多くの研究者が，この結果をもって，乳児が危機や愉悦といった各種情動の潜在的意味を知り，当該の対象に対する近接可能性などの判断を行ない得るのだろうと考えているようである。

　もちろん，社会的参照の実験それ自体が，ある意味で情動がある特定対象に結びついたものであることの理解を問題にしているといえるわけだが，Hornikら（1987）は，精細にこの問題を審らかにするための実験を行なっている。それは，母親が各種情動を直接的に向ける特定の玩具と，部屋に放り散らかされてある複数の玩具に対して，子どもが母親の情動表出の前後で態度の変化を見せるかどうかを問うものである。もし，子どもが母親の情動表出に接することでその気分を大きく変えてしまい，それが遊び全般に対する動機づけの高低などにかかわるということが，社会的参照のメカニズムとして，より真実味のあるものであるならば，子どもは両方の玩具に対してさして異なる反応を示さないかもしれない。しかし，結果は，母親の情動表出の前後で，子どもの反応が直接ターゲットになった玩具に関してのみ変化を示すというものだったのである。これは，少なくとも生後1歳を超えるころには，子どもが，情動がある特定の対象に結びついて発動されることを知り，また情動の種類に応じて，その対象の意味をある程度明確に理解できるようになるということを示唆するものといってよいだろう。

　(e)の情動の主観性の理解に関しては，他者の情動に接した際の共感的反応から間接的に窺い知ることが可能かもしれない。これまでに，乳児は，1歳以下の時点で，すでに，他者の苦痛・悲しみに対して何らかの身体的働きかけ，時には軽くふれたり撫でたりするなどの慰撫行動を示し得ることが明らかになっている（たとえばEisenberg, 1992；Zahn-Waxler & Radke-Yarrow, 1982）。しかし，生後2年目の後半にさしかかるより前の，そうした共感行動はしばしば自己中心的，自己投射的なものであることが指摘されている（Hoffman, 1984）。たとえば，悲しそうな表情をした他者に，自分のお気に入りの玩具を与えて慰めようとしたり，また友達が泣いているのを見て，そのすぐ隣にいる

その子の母親ではなく、わざわざ離れたところにいる自分の母親を呼びにいったりする。すなわち、早期段階の乳児は、他者の表情やようすなどからその背後にある情動状態を読み取り得るものの、まだその情動状態が個人によって異なり、さらに、仮に同じ情動状態であっても同じ方法では慰撫されないことがあるということをまだ理解できないということである。しかし、こうした様相は、生後2年目の後半から3年目にかけて徐々に変容していくといわれている。他者の内的状態を完全に推論できるわけではないが、少なくとも自分のそれとは時に異なり得ることを理解し、そしてある程度他者の立場に立った働きかけを行なうことが可能になるのである。具体的には、他児の苦痛や悲しみに対して、たとえば、自分のお気に入りの玩具ではなく、その他児が日ごろ愛用している玩具をもって慰めることができるようになるのである。

　もっと直接的に情動の主観性の理解を問題にしている研究もある（Repacholi & Gopnik, 1997）。この研究は、あらかじめ、乳児に実験者がブロッコリーが好き（快感情の表出）で、クラッカーが嫌い（露骨な嫌悪の表出）であるようす、あるいはその逆のようすを見せておく。それから、乳児に、実験者に対してブロッコリーかクラッカーのいずれかを分けてくれるよううながす。実験の結果は、18か月段階の乳児が、自らはクラッカーが好きであるにもかかわらず、実験者の好みに応じて、その分けてあげる食べ物を変え得るというものであった。すなわち、ブロッコリーが好きなようすを見せた実験者にはブロッコリーを、クラッカーが好きなようすを見せた実験者にはクラッカーを分けてあげることが有意に多かったのである。この結果は、子どもが、自分自身のある対象に対する情動状態とは独立に、他者の情動状態を理解し、かつそれに沿った行為を組み立てたということを示唆し、その意味で18か月段階の子どもがある程度、情動の主観性を理解していることを示すものだといえよう（ちなみに生後14か月の乳児はこの実験に成功することができなかった）。

　なお、日常生活における情動語の使用から、子どもの情動理解の発達を垣間見ることもできる。これまでに行なわれている複数の研究から、子どもが2歳になるころまでにかなり多様な情動語を自己および他者のふるまいに結びつけて用い得るようになることが知られている（たとえばBretherton & Beeghly, 1982；Dunn & Brown, 1991）。実のところ、そうした情動語は、外的に把捉

できる，ある典型的な事象そのものとの直接的関連において使用されており，必ずしも内的な情動状態を指示するものとして用いられていない可能性もある（Barstch & Wellman, 1995）のだが，少なくとも，こうした，ある心的事象と結びついた情動語の使用を通して，徐々に子どもが，自他の情動状態に対する気づきを増していくという側面があることは否めないように思われる（Dunn, 1988）。

(4) 状況に応じた情動表出の調節

　乳児は，日常の経験の中から，しだいに自らの情動表出が他者にある影響をもたらすことを知るようになる。そして，情動の表出をコミュニケーションあるいは他者操作の術として活用し始めると考えられる。その1つの証左として，生後10か月段階の乳児にすでに明確な"聴衆効果"が認められるということをあげることができるかもしれない。Jonesら（1991）は，乳児を魅力的な玩具で遊ばせておき，その背後の椅子に母親を座らせるという実験状況を作った。そして，母親がつねに子どもに注意を向け続ける条件と特別に注意を向けない（子どもに対して無関心を装う）条件を設定し，両条件下における子どもの微笑の生起頻度を比較した。結果は，母親が子どもを見ている条件での微笑（特に振り向いて母親に微笑みかけること）が無関心条件よりも有意に多くなるということを示すものであった。すなわち，子どもは，母親の存在を意識し，情動表出を通じて母親との間で何らかのコミュニケーションを確立しようとしたのだと解釈できる。

　これに関連していうならば，生後1年目の終わりころから，すでにステレオタイプ化したうわべだけの泣きがみられるようになるという報告もある（Fogel & Thelen, 1987）。また，このころの子どもたちは，養育者が今どこにどういう状態でいるかということにあわせて，情動の表出を強めたり弱めたりすることも可能であるという（Demos, 1986）。さらに，生後1年目からすでに，他者との対面状況において，額にしわを寄せたり，唇を固く閉じたり，噛んだりするといった，ネガティブな情動をそのまま表出することをこらえ，弱めようとするようなしぐさが認められるという報告もある（Malatesta et al., 1989）。こうした知見は，生後1年前後の乳児にすでに，ある明確な意図的プ

ランニングが存在していることを必ずしも意味するものではない（たとえば Lewis & Michalson, 1983）が，特に自分自身の利害が絡む状況では（他者の注意を操作すべく），この時期の乳児でも，自らの情動表出をそれなりに適切に変化させ得ることを示唆するものといえる★8。

　しかし，この時期の乳児には，自らの利害に応じた表出の調整はある程度できても，他者にとっての利害を共感的に理解し，それに応じて適宜，表出の調整を行なうということは，まだ困難なようである。また，自らを取り巻く社会文化の中に潜在する"社会的表示規則（social display rule）"（どのような対人的状況ではどの情動の表出を抑制すべきか，あるいは強調すべきかといったことに関する暗黙の社会的ルール）を内在化し，それに沿った表出の調整を行なうことも，もう少し後になって初めて生じてくるものと考えられる。Malatestaら（1989）は，3歳前後になれば，子どもも社会的表示規則にある程度敏感になり状況の性質に応じて，より社会的に望ましい形で表出の抑制を行なうようになるだろうと予測を立て，3歳児とそれよりも幼若な子どもとの比較検討を行なっている。しかし，その結果は，予測に反し，2歳児と3歳児との間に，発声，表情両面における表出（頻度）の差異は認められないというものであった（言語および発声による情動表出はむしろ増大傾向を示した）。この研究者らは，生後3歳前後では，まだ表示規則の運用は不十分であり，表出は自らの情動状態をより直接的に示すために用いられている可能性が高い（情動表出を抑制することはまだむずかしい）と推察している。

　もっとも，自然場面の観察では，この時期くらいになると，仲間との遊び場面においては，悲しみや苦痛よりも喜びや怒りの表出が多くなり（たとえばDenham, 1986），また，（顔の上部筋肉のみを動かす）"社会的"微笑の頻度が増す（Cheyne, 1976）ことが知られており，子どもが他者の存在や状況の性質にあわせて表出の一部を適切なものに調整し始めていることが窺える。そして，幼稚園にあがるくらいの時期になると，仲間関係の広がりと深まり，さらには，共感性の発達などとあいまって，他者への配慮・思いやりを基盤とする表出の調節が徐々に現われてくると考えられる。Cole（1986）は，このころの子どもを対象に，子どもがしたある行為に対して何かお礼の品物（玩具）を与えるという実験状況を設定し，その品物が魅力的なものではない場合に，子

どもたちがどんな情動表出を示すかを検討している。それによれば，実験者がいない状況でその品物の包みを開けるという条件では，その品物を目にした時に明らかにがっかりした表情を示したのに対し，実験者が眼前にいるという条件では，そうした表情は認められなかったという。つまり，子どもは，お礼をくれた実験者の"厚意"をある程度汲んで，あるいは社会的表示規則に従って表出を調整し得たということであろう。

　要約すると，子どもたちはかなり早い段階から，自分がおかれた状況の性質をある程度理解し，それにあわせて声や顔の表出を変化させることが可能なようである。しかし，どこまで，自分本位の視点から離れ，他者の視点に立ち得るか，そして，自分の潜在的情動状態を偽り，表出をその場に適切なものに調整し得るかということについては，かなり大きな発達差が存在するといえるかもしれない。

　以上，便宜的に，情動制御，情動理解，情動表出の調節の3つに分けて，早期段階における情動的コンピテンスの発達について見てきたわけだが，こうした情動的コンピテンスは，当然のことながら，この後も，種々の社会認知能力の高まりと並行して，確実に発達し続けるものと考えられる★9。別のいい方をするならば，そうしたコンピテンスを準備し得ないと，日々広がりと深まりを見せていく対人関係の中でうまく適応できないということがあるのだろう（Denham, 1998；Saarni, 1990, 1999）。いくつかの研究が，表情の読み取りなど，情動的コンピテンスの個人差が，社会的適応性，仲間からの受容，人気などに少なからず影響を及ぼすということを見いだしている（たとえばManstead & Edwards, 1992）。一方，発達年齢に見合った情動的コンピテンスを欠いていると，その現時段階においても，またその後の人生においても，さまざまな心理行動的問題あるいは何らかの精神病理に陥る危険性が高いということを指摘する向きもある（Zahn-Waxler et al., 1990）。情動そのものの発達と，情動に関する認知，そしてそれと不可分に結びついた各種スキルの発達とがバランスよく進行する時，われわれはかなりの確度で，子どもの健やかな未来を信じることができるのかもしれない。

　なお，ここで展開した議論は，いわゆる"心の理論（theory of mind）"

(Premack & Woodruff, 1978) の萌芽・発達という観点からも読み解くことができる ("心の理論" の詳細については子安・木下, 1997)。あたり前のことであるが, 欲求, 情感, 意図, 思考, 信念などの心の状態は直接見聞きできるものではない。したがって, それは, 外側に現われる客観的なふるまいや状況などを手がかりに, 多くの場合推測されなくてはならないものといえる (Humphrey, 1992)。あるものを手がかりにして, 正確な推論を導くためには, そのあるものと特定の心の状態とを結びつけるルールについて, また心というものの一般的な働きや性質について, ある程度, 体系的な知識, すなわち "理論" を有していることが前提となる (Astington, 1993；Hala,& Carpendale, 1997)。当然のことながら, こうした暗黙の理論の精度が高いほど, 私たちは自他の心の状態を適切に読み, 結果的に種々の対人関係を円滑に営むことができるようになると考えられるのである。かつて, この「心の理論」は4, 5歳以降に急速に発達すると考えられていたが, 今や, 子どもがこの世に生を受けて間もないころから, 他者との濃密な関係性の中で萌芽し漸次的に高次化していくと考えられるようになってきている (遠藤, 1997, 1998)。ここで見てきたように, 子どもは発達の早期段階から, 心の重要な一側面である情動に関してかなり高度なコンピテンスを有していると考えられる。情動理解はもとより, 情動制御にしても, 情動表出の調節にしても, それらがある程度, 可能なのは, 子どもがその時点からすでに, 自他の情動の性質や働き (各種情動はどのような顔の表情や声と結びついて発せられるのか, どのようなことに起因して生じ, またどのような対処方略をとればうまく収め得るのか, あるいはまた自分自身の情動は他者にどのような影響を及ぼすのかといったことなど) に関して, 何らかの知識や理論を多少とも形成しているからだと考えてもさほど大きな過誤はないのではないだろうか。

4. パーソナリティ発達における情動と認知の交絡

(1) オーガナイザとしての情動

　近年, 情動とパーソナリティ特性との関連性に特別な関心を寄せる研究者が多くなってきている。たとえば, John (1990) は, 私たちが, 日常, 素朴に人

のパーソナリティを語る時,実のところ,その人の際立った情動的特質(頻繁に表出する情動や逆にめったに見せない情動など)に言及している場合がきわめて多いということを指摘している。また,別の研究者らは,現に,各種パーソナリティ特性と情動経験に関する主観的報告(Watson & Clark, 1992; Larsen & Ketelaar, 1991)および実際の情動表出(Keltner, 1996)との間に特異的な関連性があることを見いだしている。Magai(1996)が,パーソナリティの5因子モデル,いわゆるビッグ・ファイブ仮説(McCrae & Costa, 1985)との関連で総括しているところによると,外向性は喜び・快感情と,神経症傾向(情緒的不安定性)は恐れと,敵対性・不従順(協調性のなさ)は怒りと,経験への開放(動機づけの高さおよび創造性など)は興味と,それぞれ緊密な関連性を有しているという。なお,勤勉性については,特定の情動との関連は見いだせないものの,ネガティブな情動経験一般に対する防衛的対処という性質を強く帯びている可能性があるという。

　実のところ,こうした情動とパーソナリティとの密接な結びつきを指摘する向きは今に始まったものではなく,心理学の歴史の中で,その連関はある意味,当然視されてきたといっても過言ではない。しかし,従来の,その関連性のとらえ方は,「あの人はAという性格だからA'という情動を表出しやすい」というもの,すなわち,ある人格特性が特定の情動経験を生み出しやすいという因果関係の仮定(A→A')であったように思われる。別のいい方をすれば,情動はもっぱら,その人の人格特性あるいは心的状態の帰結であり,またそれゆえに,それらを覗き見る"窓"としてとらえられてきたといえるのである。が,最近の研究者の視線は,むしろその逆の因果関係(A'→A),すなわち,ある種の情動経験の蓄積が,その個人が経験する関係性の展開を左右し,またある特異的なパーソナリティの形成を方向づけるという因果の方向性に注がれているように思われる。パーソナリティは,個人の発達過程における,情動経験の特定パターン(情動経験およびその制御の歴史)を中核として組織化されるというわけである(Izard, 1991; Magai, 1996; Tomkins, 1995)。

　以下では,このように,情動がパーソナリティのオーガナイザーとしての役割をはたす可能性を想定し,そこにおける情動と認知との絡みについて考察を試みることにしたい。

(2) 情動がもたらす知覚・認知のバイアス

　たとえば，子どもと養育者の関係性の中で，そのどちらかがある特定の情動を経験し，表出したという状況を考えてみよう。その情動の生起は，その後の関係性の展開にどのような影響をもたらすことになるだろうか。

　まず，想定される影響過程は，子どもであれ養育者であれ，情動を経験し発動した個人が，そこで相互作用する他者および事象をあるバイアスをもって知覚・認知し，そして結果的にある特定の行動をとりやすくなるということである（情動の発動主体における知覚・認知のバイアス：Forgas, 2000, 2001；Izard, 1991；Magai & McFadden, 1995；Tomkins, 1995）。ある種の情動状態は，他者が発した情動表出の知覚・認知に一定の選択性をもたらす（ある種の表出には敏感にさせ，また別の表出には鈍感にする）ことが知られている（emotion-specific perceptual blindness/readiness：Malatesta & Wilson, 1988）。たとえば，怒り・いらだちを感じている個人は，相対的に他者の怒りや不快といった表出に敏感になる一方で，ポジティブな情動表出にはあまり注意を向けなくなる可能性がある。あるいは，現実には中性的であったりいく分ポジティブな表出であっても，それをネガティブな表出と歪曲した形で認知してしまう傾向があるとされている。また，ある種の情動状態は，記憶や思考あるいは問題解決など各種の認知処理（Bower, 1981；Isen, 1984；Mathews, 1993）に影響を及ぼし（emotionally biased cognition；Malatesta & Wilson, 1988），結果的に愛他的行動や敵対的行動など種々の社会的行動の発動に関与するといわれている（Fogas, 2000, 2001）。たとえば，喜び・快感情は，創造性，問題解決の精度などを引き上げ，また他者に対する友好的な態度や愛他的行動を生じさせることが相対的に多いとされている（Isen, 1984）。その一方で，悲しみや怒りなどの情動は，多くの場合，学習や記憶の検索・再生などにマイナスの影響をもたらし，非社会的・反社会的行為を誘発しやすいという（Isen, 1984）（もっとも，怒りは否定的な情報の再生にはむしろ促進的に働くという報告もある：たとえばNasby & Yando, 1982）。

　もう1つ想定しておくべき影響の道筋は，関係性の中でどちらか一方に，ある情動の表出が見られた時に，それを知覚・認知する側にある一定のバイアスがもたらされ，結果的にある特定の行動がその情動の発動主体に対して向けら

れやすくなるということである（情動の知覚・認知主体におけるバイアス：Malatesta & Wilson, 1988）。たとえば，微笑など，ポジティブな情動の表出は，それを知覚・認知する者に対して一種の社会的報酬として働き，養護行動などの向社会的行動を直接的に導きやすいといわれている（情動の行為喚起機能：Haviland & Walker-Andrews, 1992；Keltner, 1996；Keltner & Haidt, 2001）[★10]。また，情動表出や情動的な行為は，それを知覚・認知する者に，情動の発動主体の意図やパーソナリティに関する情報を迅速に付与し，あるいはそれらに関する推論を可能にし，知覚者はそれに基づいてある特異な行動パターンを情動の発動主体に向けることになるという（情動の情報付与機能：Keltner, 1996；Keltner & Haidt, 2001）。

　上述した情動の影響過程は，基本的に，その生起直後の自他の心的状態や関係性の展開にかかわる一過性・刹那性のものであるが，私たちはここで，種々の情動がある特定の関係性の中でけっしてランダムに生じるものではないということを確認しておくべきであろう。すなわち，気質などの子ども自身の生得的要因に起因して，あるいは養育者のパーソナリティおよび特異な養育実践などに起因して，ある特定の事象，そしてある特定の情動の生起頻度が高まり，また，ある別の情動の生起頻度が低くなるということが不可避的に生じてくるということである（たとえばThompson, 1990）[★11]。そうなれば，そうした最頻的な情動経験，あるいは最稀的な情動経験を通して，子どもはある対人認知および対人行動のパターンを徐々に固定化させていくことになるだろう（たとえばTomkins, 1995）。あるいは，養育者もまた，自らの子どもに対する認知・行動のパターンを確実に固定化させていくことになるだろう（Dix, 1993）。そして，関係性は，ある種の情動経験の蓄積に導かれる形で，持続的に一定の方向性とパターンを備え，その中で子どもはパーソナリティの原初的形態を徐々に形作っていくと考えられるのである。

(3) 情動と愛着

　やや抽象的な議論が続いたので，ここで少し具体的に例解してみることにしよう。発達早期におけるパーソナリティの原基を何に見いだし得るかということは厄介な問題であるが，1つの立場に，乳幼児が親密な他者に対して一貫し

て示す愛着のタイプをそれに相当するものだと考える論者がある（Ainsworth et al., 1978；Bowlby, 1988；Sroufe, 1996）。Bowlby（1988）は，愛着理論をパーソナリティの生涯発達理論と位置づけ，個々人が示す愛着の質が，パーソナリティの中核的要素として，かなりの確率で（誰との関係かということにかかわらず）"揺りかごから墓場まで"持続するものだと考えている（詳細は遠藤，2001b）。さて，愛着理論では，一般的に乳幼児期の愛着を，A）回避（avoidant）［養育者に対して泣きや微笑などの愛着シグナルを送ったり，近接しようとすることが少ない］，B）安定（secure）［養育者とのかかわりが全般的に安定しており，必要な時に適切な形で養育者を利用することができる］，C）アンビバレント（ambivalent）［いつも養育者がどこにいるかということに過敏であり，養育者との分離に際してはひどく混乱し，しかも再会後も容易に静穏化しない］，D）無秩序・無方向（disorganized/disoriented）［一貫したかかわりのパターンをもたず，時に近接と回避といった矛盾した行動が同時生起したりする］の4タイプに振り分ける（Ainsworth et al., 1978；Main & Solomon, 1990）がMalatesta & Wilson（1988），およびMalatesta（1990）はこれらの一部について，それぞれの組織化を特定の情動との関連で考察している。ここでは，特にA）回避型に焦点を当て，特定情動が（パーソナリティの原基たる）愛着パターンの固定化にいかに寄与するかということについて考えてみよう。

　この研究者らが仮定するところによれば，A）回避型の愛着は，恐れが中核となって（恐れの生起が優勢となって）組織化が進行したパターンであるという。Aタイプの母親は，少なくとも乳幼児期の早期段階においては，相対的に子どもに対して過剰な刺激を与えることが多い，あるいは侵害的な態度をとることが多い（子どものようすに応じて自らの行動を調整することが少なく自分中心に相互作用を展開することが多い）といわれている（たとえばBelsky et al., 1984；Isabella et al., 1989）。たとえば，顔を合わせた相互作用場面で，子どもの方が視線を逸らしてきても，働きかけを弱めるというようなことをあまりしない。結果的に，子どもはそこで恐れの情動を多く経験し，それに駆り立てられる形で，それを惹起した事象，すなわち母親との対面および相互作用から，撤退しようとすることになる。また，当然のことながら，その顔や声に現われる情動の表出は，恐れなど，相対的にネガティブな表出にかたよりがち

になる。一般的に，子どもから微笑などのポジティブな情動表出を引き出すことができれば，母親の働きかけは報われたことになり，それから喜びや自己効力感を得ることができるわけであるが，このタイプの母親はそうした社会的報酬をあまり受け取ることができず，しだいに子どもを避けてしまうようになる。場合によっては，こうした母親は，あまり笑わず自分に近づこうとしない子どもに対して，暗黙裡に，たとえば"気むずかしい子"，"かわいくない子"というラベリングをしてしまい，そうした思いこみの中，養育態度を拒絶的な方向に硬直化させてしまうことになるかもしれない。すなわち，このタイプでは，恐れの情動がドミナントになることで母子双方の回避傾向が固定化され，さらにこの関係性の特質を内在化した子どもは，一貫して，他の対象に対しても同様の回避的スタンスで接することになり，そこに一時的状態（state）に対する反応としてではない，安定した人格特性（trait）の基盤を準備することになるというわけである。

ちなみにC）アンビバレント型においては，その下位タイプによってドミナントな働きをする情動が異なっているらしい。Malatesta & Wilson（1988）およびMalatesta（1990）によれば，C１タイプ（抵抗型）の場合は怒りが中核となって，C２タイプ（受動型）の場合は悲しみが中核となって組織化が進行する可能性が高いという。また，B）安定型においては，養育者との間で，相対的に正負さまざまな情動がオープンに交わされるが，特にポジティブな情動を中核に組織化が進むのではないかとこの研究者らは見ている★12。

むろん，情動と愛着の関連性に関しては，愛着のパターンの組織化が先にあって，そのことによって，ある事象の生起頻度が高まり，結果的にある情動が優勢になるという因果の方向性も否定できない（というよりはむしろ，従来の研究者はもっぱらこうした因果関係の向きを想定してきたといえる）。しかし，上述したような形で，ある情動の生起頻度の高まり・増幅が，漸次的にその関係性の性質を方向づけていくという可能性もまた否めないように思われる。Isabella（1993）は，生後１か月段階からその後約１年間にわたって母子相互作用を観察し，それと生後12か月段階の子どもの愛着タイプとの関連性を検討している。それによれば，A）回避型とC）アンビバレント型の子の母親は，B）安定型の子の母親に比して，発達早期から一貫して応答性が低くまた拒絶的だ

ったのだが，ここで興味深いのは，むしろAとCの子の母親の比較結果である。生後1か月段階においてはAタイプの子の母親の方がCタイプの子の母親よりも応答性が高く拒絶の度合いが低かったのだが，生後9か月段階ではこの関係が逆転したのである。先述したように早期段階におけるAタイプの子の母親のかかわりの特徴として，過剰刺激，過剰関与というものをあげることができるわけだが，これは裏を返せば，このタイプの母親が，少なくとも当初それだけ子どもの存在あるいはその養育に対して高い関心を有していることを示唆している。しかし，それが，8か月後には，最も子どもに対して関心が低く，拒絶的なふるまいを見せる母親に変じるのである。このことは，関係性の性質が，養育者と子どもそれぞれが元来有している特性によって全的に決定づけられてしまうものではないことを如実に物語っているように思われる。おそらく，時間軸に沿って親子双方の要素が複雑に絡み合い，ある揺らぎの中から徐々に関係性の性質が固定化してくる中で，子どものパーソナリティの原初的形態が芽ばえてくるのだろう。そして，そうした関係性の展開に，オーガナイザーとしての情動が，ある一定の役割をはたしていることも，可能性として十分あり得ることではないかと考えられるのである。

　なお，ここではおもに子どもと養育者という2者関係の中で，そこで生起する情動のもつ意味を考えてきたわけだが，子どもの発達の現場を考えると，そこには別の形の情動の関与も想定される。それは，子ども自身が直接当事者としては参加しない（第三者間の）関係性からの影響である。たとえば夫婦関係の質を扱った種々の研究（たとえばCummings, 1994）は，そこでの情動的やりとりの質あるいは家庭全体の情緒的雰囲気が，子どもの発達に促進的あるいは阻害的に働く可能性を検証している。この章の中でもすでに部分的にふれたことであるが，子どもは他者の情動の影響をさまざまな形で受ける。たとえば，本来子ども自身には何ら関係のないものであっても，その背後における親どうしの頻繁にわたる葛藤およびそこでの怒りの表出は，確実に子どもの情動状態に影響を及ぼし，子どもを極端に不安定な状態に置くことが知られている（Davies & Cummings, 1994）。自分自身が発したものではなくとも，バックグラウンドとしてある情動が，やはり，子どもの他者や状況の知覚・認知に一定のバイアスをもたらし，結果的に子どものふるまいを左右するということが

確かにあるのだろう。

(4) 情動的スクリプトの構成・活性化

　上記 (3) では，発動された情動そのもの（ある特定情動の生起頻度の高まりおよび過少）が知覚・認知・行動，そしてまたパーソナリティの形成に対して潜在的にもち得る意味について見たわけだが，パーソナリティ発達における情動と認知の絡みを考える上で，もう1点忘れてはならない側面があるように思われる。それは発達過程の中で，同種の情動経験が習慣化されくり返されると，その前後の文脈を含めて，ある種，一般化された認知的構成体，すなわち"情動的スクリプト（emotional script）"なるものが形成される可能性があるということである（Oatley & Jenkins, 1996；Tomkins, 1995）（外傷体験など，きわめて強烈な情動体験は，例外的に1回でこうしたスクリプトを構成し得るかもしれない）。おそらく，事象－評価－情動経験－養育者の対応（感受性・応答性・情緒的利用可能性など），あるいはまた，そこで具体的に取られた対処ストラテジーなどが，一定の連鎖をなして個人の中に内在化される。そして，いったんこうしたスクリプトが内在化されると，それは特定の関係性の文脈を超えて，さまざまな状況に一般化され，個人特有の，ある意味，ステレオタイプ化された対人予測や対人行動を導くことになるのかもしれない。そうなれば，それはパーソナリティの一部といっても何ら過誤はないことになろう（たとえばMagai, 1995）。

　Patterson（1982）は，子ども自身だけではなく，他の家族成員も含めて，怒りの表出がある目標達成に最も効率的に働くような家族的雰囲気の中で生育した子どもが，家族外の対人状況でも，しだいに怒りや攻撃性をエスカレートさせ，最終的に自らの願望をはたそうとする傾向が強いことを見いだしている。これは見方によっては，怒りという情動にかかわるある種のスクリプトが，反社会的人格の形成に一役買っている可能性を示唆するものともいえるだろう。また，先ほど述べた，情動と愛着パターンとの関連性に関しても，実のところは，生起した情動そのものが知覚・認知・行動にもたらすバイアスという視点に加えて，その前後の文脈を含めた情動的スクリプトの構成・活性化という視点を取ることで，よりいっそう明確な理解が可能になるのかもしれない。

最後に，この情動的スクリプトの構成ということに関してけっして度外視できないこととして，子どもが固有の情動的スクリプトを構成する前に，その養育者は，すでに，自ら固有の情動的スクリプトを有する存在であるということを確認しておくことにしたい。子どもとの関係の中で，養育者は自らのスクリプトに従って，ある種の事象を引き起こす存在であり，その事象に対して評価を行なう存在であり，そしてまた，そこで生じた情動を制御・調整する存在でもある。別の見方をするならば，子どもの特定情動の経験を強化する者でもあり，情動表出・情動制御などに関して教示を行なうコーチでもあり，また子どもの情動経験の（観察学習における）モデルでもある。子どもの情動的スクリプトは，こうした養育者の下（場合によっては，複数の養育者の情動的スクリプトが複雑に絡み合う中で），徐々に形成されていくのだろう。Gottmanら（1997）は，親の情動的スクリプトの反映ともいえる"メタ情動構造（meta-emotions structure）"（親の，自分自身の悲しみや怒りなどに関する自覚的意識や子どもの悲しみや怒りなどに対する態度や反応の質）を問題にし，それが子どもの日常における情動経験の個人差に大きな影響をもたらすことを見いだしている。

5．終わりに

　本章は，情動の発達に，いかに種々の認知的要素が絡み得るのか，また，子どものパーソナリティの発達において，情動が認知的要素をどう巻き込みながら，オーガナイザーとしての役割をはたし得るのかということについて，筆者なりの観点から，これまでの知見を整理し，考察を試みたものである。これまでの発達の記述はとかく，認知的側面と情動的側面をはっきりと分けたものが多かったといえる。しかし，冒頭でも述べたように，ほとんどの場合，情動の中には認知が潜み，また認知の中には情動が潜むわけであり，その意味からすれば，両者の本質的絡み合いを真正面からとらえるような試みが，本来，もっと積極的になされてしかるべきものだといえよう。情動と認知の本質的絡み合いという視点を取ることで，子どもの発達のリアリティーがより明確に把捉され得る可能性があるということを最後に付言して，この章を結ぶことにしたい。

1章　発達における情動と認知の絡み

補　注

★1　近年, 自閉症発症のメカニズムに関する有力な仮説として, 前頭前野の特異性およびその結果としての執行機能 (executive function) の障害を中核に据えた考え方が提示されている (たとえばOzonoff et al., 1991)。この執行機能とは, あるゴールに向けて適切な問題解決の方略を立て, それを維持・実行する能力のことであり, 基本的にはDamasioの言うプランニング機能と概念的に大きな重なりを見せるものである。自閉症者は, 情動の表出・認知, および社会的コミュニケーションに障害を有し, かつ極端なこだわり・常同行動といった症状を示すわけだが, Damasioの仮説は, その仮定する, 脳の部位および障害の特徴からして, 自閉症者における, この執行機能仮説とかなりのところ通底するものといえる。

★2　何を認知とするかという概念規定の話は別として, 情動の発動に2種類の情報処理過程が絡むということは, 解剖学的な脳神経学研究の進展もあって, 今やかなり確定された知見になりつつあるといえる。その2種類の処理過程とは, ①大ざっぱできわめて迅速に生じる自動的評価 (事象刺激中に含まれる個体の危機・安全にかかわるある特定の情報のみを検出する最小の処理過程) と②高次な思考・記憶が絡む複雑で抽象的な, そして多くの場合意識の介在する評価 (事象刺激を詳細にわたって複数の角度から分析・統合する処理過程) である。前者は, 解剖学的にいうと, 身体内外の刺激情報が大脳皮質を経由せずに直接辺縁系に送出される回路 (皮質下性の視床-扁桃神経回路) にほぼ対応しているのに対し, 後者は刺激情報が大脳皮質を経由して辺縁系に送出する回路 (新皮質性の皮質-扁桃神経回路) にほぼ対応しているといわれている。神経解剖学的観点からこの問題に取り組んでいるLeDoux (1996) は, 上述した①を感情的 (affective) 計算処理回路, ②を認知的 (cognitive) 計算処理回路とした上で, 前者の発達は後者の発達に先行すること (情報の原初的利害評価に深く関与するとされる視床および扁桃体は, 記憶・学習に深く関与するとされる海馬そして大脳皮質よりも早い時期に成熟すること) を明らかにし, 原初的な意味での刺激評価およびそれに基づいた情動の発露が, 個体発生的に見てきわめて早期段階からすでに存在することを裏付けている。今になってみると, Zajonc-Lazarus論争とは, 前者が認知という術語をおもに上述した②を意味するものとして用い, また後者が①と②を含めて認知活動としたところに根があったと要約できるかもしれない。

★3　こうした, いくつか決まった数の情動を生得普遍なものと見なし, それらが, それぞれ進化の過程で準備された生物学的適応の単位であるとする考え方を一般的に基本情動理論 (basic emotion theory) あるいは分離情動理論 (differential emotion theory) という (詳しくは遠藤, 1996, 2001c) が, この立場では, 多くの場合, 情動そのものは発達しないという仮定が採られる (Ackerman et al., 1998)。すなわち, 情動とは, 発達の初期からすでにそこに自存するものであり, 発達するのは, 情動と他の周辺的な要素, たとえば, 特定の認知活動との結びつき (感情-認知構造：Izard, 1991) ということになる (認知の発達によって, ある情動がどのような事象によって引き起こされるか, あるいは, 個体がいかにその表出を抑制し得るかといったところに発達の変化は現われるものの, 喜び, 怒り, 悲しみ, 恐れといった情動経験そのものは, 一生涯不変のものとしてあり続ける)。これは, 本文中で述べる, 情動を一連のプロセスととらえ, その不可欠な要素として評価という認知活動を据える考え方, もっといえば情動はおのずと認知の発達の影響を受けて漸次的に変化せざるを得ないとする情動の発達観と著しい対照をなすものといえる (Mascolo & Griffin, 1998)。

★4　1つの極端な立場として, 子どもに限らず大人においても, そもそも表出を情動そのものの反映と見なすことを良しとしない論者がある。たとえばFridlund (1994) は, 表出を情動そのものの現われとしてよりも, 最初からそれが他者に伝わることを前提としたある"意図"の現われと解すべきだとしている。それは, 情動が自然と外に漏れ出てしまったものではなく, むしろ本質的な意味で, 意志や意図の伝達手段, もっといえば一種の他者操作の術としてあるという (詳しくは遠藤, 2000)。彼は, その論拠の1つとして, まわりに他者が存在する状況と存在しない状況で, 情動らしき表出の頻度にきわめて大きな差異が存在することをあげている。同じような事象に遭遇しても, 他者がいない状況では, 情動らしき表出が現われないままであることがきわめて多いというのである (→本章第3節(3)に乳児における"聴衆効果"の記述あり)。

★5　ある研究 (Lewis et al., 1990) は, 乳児が自らの腕に巻き付かれたひもを引っ張ると音楽がなるという実験装置を用いて, その随伴的な経験が中断された際 (引っ張ってももはや音楽がならない) の乳児の情動表出を観察している。それによ

れば，2か月児でも，そうした中断に対して，随伴的経験がもたらされる場合よりも有意に多く，怒りやむずかりの表情を示したという。これは，乳児が，自らのフラストレーションを覚知する能力をすでに有し，それに対応した情動反応を見せている可能性を示唆する。しかしながら，中断に際して，多く観察されるようになったのは，単に怒りやむずかりの表情だけではなく，恐れや悲しみらしき表情でもあったことから，生後2か月という早期段階からすでに，怒りが確固として存在しているとは必ずしもいい切れないところがあるのも事実である。

★6　一般的に心理学の文脈ではembarrassmentの訳語として"当惑"や"困惑"ということばを当てる場合が多いが，本章では，特に発達早期のそれに対して"てれ"ということばを用いることにした。実のところ，Lewis (1999) は，embarrassmentに，発達早期に現出する純粋に自己意識的な情動としてのそれと，自己"評価"的意識の成立を待って発達的にやや遅れて現出するmild-shameとしてのそれの2種類があると仮定し，両者を峻別する必要性を説いている。"当惑"や"困惑"は（ネガティブな自己評価を伴う）後者の訳語としては妥当と考えられるが，前者の訳語としてはやや不適切であり，日本の日常的養育の状況からすると，"てれ"の方がその意味をより正確に反映し得るように思われたので，ここではあえてそのことばを用いたということを理解されたい。

★7　Lewis (1993b) は，失敗が，自己全般に帰属される場合には恥が，自己の特異的・部分的な側面に帰属される場合には罪が経験されるとしている。すなわち，自分の身体的特徴や能力など，半永続的特性を否定し尽くしたり，自分という存在そのものが悪いという原因帰属をしたりするような時には恥が経験され，一方，ある状況下で起こした自分の特定行為などに失敗の原因を帰属するような時には，罪や悔い（regret）が経験されるということである。また，Lewisは，成功の帰属に関しても，自己全般への帰属と自己の部分的な側面への帰属の2種があるとし，それぞれに対応する情動として，順に驕慢（hubris）と誇り（pride）があるとしている。

★8　発達早期の乳児が情動表出をある程度調整し得るとはいっても，それは多く，情動の正負の方向性はそのままに，わずかに表出の強弱を変化させる程度のものに止まることに注意されたい。生後1〜2年目の乳児には，たとえば，苦痛で不快なのにポーカーフェイスを装うなど，自らの潜在的な情動状態を"中性化"して表出することは，まだあまりできないようである。そうした中性化のコントロールができるようになるのは幼稚園にあがるくらいの時期と考えられる（Cole, 1985）。また，完全なマスキング（潜在的な情動状態とはまったく対応しない表出を示すこと）ができるようになるのはさらに遅れて就学後くらいになるといわれている。就学前の子どもは，ネガティブな情動状態にない時には，求めに応じて容易に喜びの表情を作ることができる。しかし，ネガティブな情動状態にあるにもかかわらず，快の情動を示すということは就学前においてはまだかなりむずかしいらしい（Saarni, 1979, 1990, 1999）。

★9　この節では，生後3，4年間という比較的早期段階における情動的コンピテンスの発達について概観したが，ここで1つただし書きをしておくことにしたい。それは，ここでの議論が，多く，現実に子どもがある情動に巻き込まれた場合の諸反応に焦点を当てたものだということである。実のところ，ここで扱った時期より後になると，情動的コンピテンスの研究は，子どもたちの言語報告に依拠したものとなる。そこでは，今ここで"自分が"現にどうするかということよりも，ある仮想的状況において"人は"一般的にどうする傾向が強いかが問われることになる（子どもの情動に関する自覚的知識が問題にされる）。逆説的なことに，こうした実験室的・言語報告的研究から浮かびあがってくる，より年齢の高い子どもたちの情動的コンピテンスは，この節で見た発達早期の子どもたちのそれからすると，むしろ乏しいものに見えてしまうかもしれない。ここで注意しておくべきことは（情動の研究に限ったことではないが），適応上の難題が絡むまさにある現場に置かれ何ごとかをしてしまうという"オンライン"的処理と，ある仮想的状況を想像裡に作り上げさまざまなシミュレーションをめぐらすという"オフライン"的処理とを同列に扱ってはならないということである。ややもすると，私たちは，こうした別種の処理を通して取り出された子どもたちのパフォーマンスを，区別することなく，一本の発達ライン上に位置づけてしまうが，それは著しく整合性を欠いた発達の記述を生み出しかねないということを銘記しておくべきだろう。

★10　Fraiberg (1971) は，先天盲の子どもとその養育者との相互作用に関する研究の中で，養育者が子どもの情動表出および社会的反応性の乏しさに失望を覚え，徐々に，子どもに対する身体的・社会的刺激，さらには養育行動全般を減らしていくありさまを描き出している。しかし，研究者側が，養育者に，その先天盲の子どもの，指の動き

1章　発達における情動と認知の絡み

に種々の情動が表出されている可能性があることを指摘すると、養育者の子どもに対する養育的かかわりが、一転、ポジティブで豊かなものに変化し始めたという。こうした事例は、子どもの情動表出が、養育者の養護的かかわり、および養育者と子の関係性の展開に、一定の方向性を与え得ることを示唆するものといえよう。

★11　発達研究者の中には、子どもに備わった遺伝的要因、すなわち気質それ自体をパーソナリティの中核と考える向きもある。この立場では、子どもの情動経験および情動表出の特異性が、この気質傾向によって生み出されたもの、あるいは気質そのものの直接的反映であるという仮定がとられる（たとえばGoldsmith,1993）。確かに、気質傾向にかなりの時間的一貫性があり（たとえばCaspi et al., 1988；Kagan, 1992）、また一部の論者（たとえばPlomin,1990；Scarr, 1992）が主張するように、気質がそれに沿った環境を個体のまわりに呼び込む（環境は偶発的に個体に降りかかるものではなく、その気質傾向に沿うよう個体の能動的な働きかけによって形成されるものであり、その意味からすれば、環境も気質の延長物あるいは相関物に過ぎないということになる）という側面があることは否めない。こうした考えに従うならば、子どもは、自らの気質に沿った事象を多く自分のまわりに生起させ、そしてまた、気質に合致する情動を多く経験するのだということになるのだろう。しかし、遺伝論者・気質論者も認めているように、発達の早期段階においてはまだ、相対的に、個体自らが、能動的に環境を作りあげることはむずかしいといえる。やはり、子どもは、どのような事象に多くさらされ、結果的にどのような情動を多く経験するかということにおいて、養育者そしてまた環境側の影響をそれなりに強く受けざるを得ないものと考えられる（遠藤、2001b）。本論では、そうした意味において、情動経験および情動表出の個人差が、両要因の交絡によって生み出され、ひいてはそれがパーソナリティの形成につながっていくという立場をとっていることに注意されたい。

★12　より最近のMagai（=Malatesta）（1995）は、A）回避型を恐れとの関連よりも、むしろ抑圧された怒りとの関連で議論している。それによれば、AタイプとCタイプの組織化にかかわるのは両方とも怒りということになるが、両者の違いは、前者が（表面的な）怒りの過少・欠損という形で顕在化するのに対し、後者が怒りの過剰という形で顕在化する点にあるという。

2章

感情の生理的指標

1．はじめに

　感情は，内的で個人的な現象であり，言語化が容易でないという性質をもつ。そこで，言語報告などの主観的手段に頼らずに感情を測定・評価できる方法の1つとして生理的指標は有効である。また，感情には何らかの身体反応が伴い，重要な役割をはたすことが多い。そこでも生理的指標を測定する意義がある。本章では，心理学領域で感情研究に用いられるさまざまな生理的指標を，代表的な研究例をあげて紹介する。なお，本章では装置や測定技法などを詳細に記述する余裕はない。それらの技術的側面については藤澤ら（1998），日本生理人類学会計測研究部会（1996），Cacioppoら（2000）などを参照されたい。

2．表情筋筋電図による表情の分析

　情動は主として顔面の表情によって外部に表出される。表情には基本情動と対応した，限定された数の基本パターンが存在し，しかもそれは通文化的であると言われている（Ekman, 1989）。ヒトの顔には44の表情筋（または顔面筋：facial muscles）があり，それらの動きによりさまざまな表情が作り出される（Fridlund, 1994）。

　表情は，表情筋の筋電図（facial electromyogram：fEMG）を用いて測定することができる。FACS（Facial Action Coding System；Ekman & Friesen, 1978）のような外部からの観察に基づく表情分析法と比較した場合，表情筋筋電図法のメリットは，個々の表情筋活動の強度を定量的に評価できることと，外部観察では同定できないような微細な表情表出をも観測できることである（Cacioppo et al., 1990）。表情筋筋電図の測定のためには，顔面の筋に添って

2章 感情の生理的指標

1対の皿電極または針電極を装着して双極誘導する。得られたデータは，一定の期間内の電位変動を積分して指標化することが一般的である。Fridlund & Cacioppo（1986）は，100人以上の生理心理学者に対する調査に基づいて，表情筋筋電図測定のためのガイドラインを作成した。図2-1はそこで推奨されている電極装着位置である。

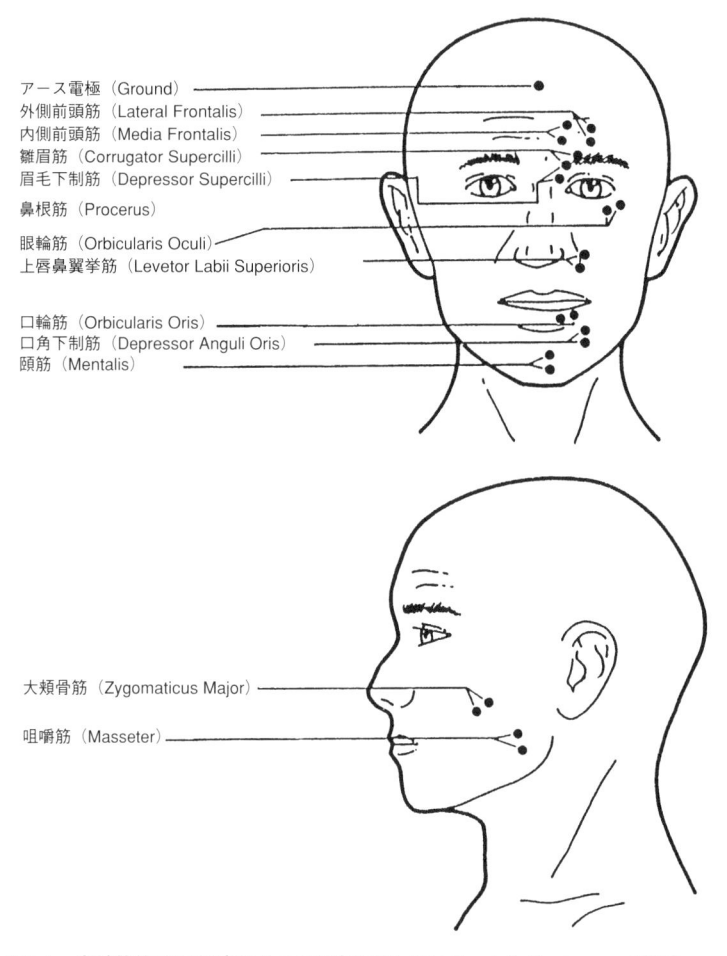

アース電極（Ground）
外側前頭筋（Lateral Frontalis）
内側前頭筋（Media Frontalis）
雛眉筋（Corrugator Supercilli）
眉毛下制筋（Depressor Supercilli）
鼻根筋（Procerus）
眼輪筋（Orbicularis Oculi）
上唇鼻翼挙筋（Levetor Labii Superioris）
口輪筋（Orbicularis Oris）
口角下制筋（Depressor Anguli Oris）
頤筋（Mentalis）

大頬骨筋（Zygomaticus Major）
咀嚼筋（Masseter）

図2-1　表情筋筋電図測定のための電極位置（Fridlund & Cacioppo, 1986）

一般に，悲しみや怒りといった不快感情では皺眉筋(すうびきん)活動の増加が，幸福感のような快感情では大頬骨筋(だいきょうこっきん)活動の増加が観測されている。一方，前頭筋のようにどちらの感情喚起時にも活動がみられない部位や，口角下制筋(こうかくかせいきん)のように快・不快いずれの感情でも活動が増加する部位もある（Tassinary & Cacioppo, 2000；大平，1991）。感情研究では，さまざまな手法を用いて人為的に感情を操作しようとすることが多い（3章を参照）。このとき本当に意図された感情が喚起されているかどうかを確認する手段は，一般には自己報告しかない。表情筋筋電図は，そうした場合の操作チェック手段としても有効である。

　表情筋EMGをうまく応用した研究例として，感情表出の模倣（mimicry）の現象があげられる。他者の怒りまたは喜びの表情写真を被験者に提示すると，怒り表情に対しては皺眉筋の，喜び表情に対しては大頬骨筋の活動増加が観測される（Dimberg, 1982；Lundqvist, 1995）。つまり，与えられた表情刺激と対応する反応が被験者の筋電図にもみられるのである。しかもこのとき，被験者の筋電図反応は左顔面の方が右顔面よりも顕著である（Dimberg & Petterson, 2000）。この知見は，他者の表情のような感情的刺激に対する表情反応は，おもに大脳右半球で制御されていることを示唆している。さらに，こうした反応は表情刺激を閾下で提示しても同様に観測される（Dimberg et al., 2000）。これは他者の表情に対して，われわれが自動的・無意識的に反応していることを示唆している。これらの反応は，外的観察では検出不能なほど微小なもので，表情筋EMGの測定によってはじめて観測可能になったものである。

3．皮膚電気活動による感情の研究

　感情反応には多くの場合，生理的な覚醒が伴う。そこで自律神経系の指標を測定して感情反応の強度を推測しようとする研究が古くから行なわれてきた。本章ではそのうち最も簡便で多用される皮膚電気活動（electrodermal activity；EDA：かつてGSR（galvanic skin reflex）という呼称も使われたが現在ではまれである）のうち，皮膚伝導度（skin conductance：SC）について述べる。

　われわれは，緊張時や情動経験時に，手掌や足底に精神性発汗を起こす。こ

2章 感情の生理的指標

のときの汗腺活動を電気的に測定するのが皮膚電気活動で，微弱な電流を，手掌部に配置した1対の電極間に流して，その抵抗を観測するのがSCである（Dawson et al., 2000）。

(1) 感情的刺激に対するSCR

Codispotiら（2001）は，Langら（1988）によって開発された標準的な感情喚起スライドを，ごく短時間だけ（500ms）呈示しただけで感情反応が生起するか否かを検討した。この研究では表情筋EMG，心拍，驚愕性瞬目反射（後述）とともに，SCが指標として測定されている。図2-2に示すように，快スライドと不快スライドは同様に，中性スライドに比較して大きな皮膚伝導度反応（SCR）を惹起している。この結果から，SCRが反映するのは快・不快という感情価に非特異意的な覚醒であることがわかる。また，SCRは刺激呈示から2秒程度遅れて立ちあがり，4秒程度でピークに達するという性質がある。

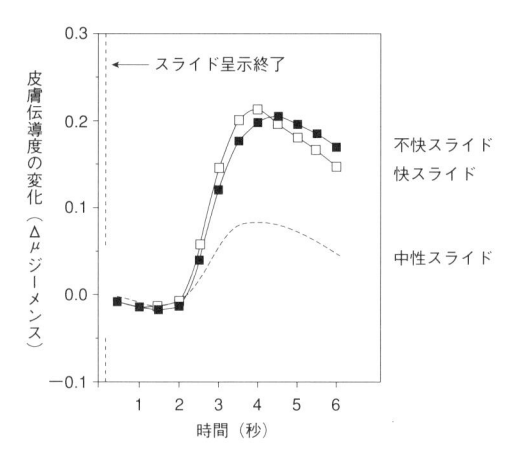

図2-2 感情スライドに対するSCR反応（Codispoti et al., 2001）

恐怖症患者に，恐怖対象（クモやヘビなど）のスライドを閾下に呈示した研究がある。すると主観的にまったく知覚できないにもかかわらず，中性スライドに比べて大きなSCRがみられた（Öhman & Soares, 1994）。彼らは，恐怖症患者では初期知覚分析過程が鋭敏になっており，恐怖対象の刺激映像の物理的

特徴が意識の介在なしに直接覚醒システムに影響したのだと解釈している。しかし，恐怖対象に関連した単語を閾下で呈示してもSCRが惹起することが示され（van den Hout et al., 2000），刺激の意味的成分も無意識的に分析され，覚醒を高めることが確認された。ただし，この研究でも同一刺激を2回目に呈示した際にはSCRは減弱しており，馴化の早い反応であることが示唆されているので，指標として用いる場合には注意が必要である。

SCRなどのEDAは自律神経系のうち交感神経系の活動を反映する指標と考えられるが，心拍や血圧などの心臓血管系の反応とは一般に相関が高くない（Gray, 1987）。SCRの反応パターンは血圧の反応パターンとはよく対応するが，心拍のパターンとは独立であると報告されている（Gendolla & Krusken, 2001）。また，心拍心臓血管系の反応は行動の動機づけに，EDAは行動の制止に関連が深いとも主張されている（Fowles, 1983；1988）。実際，感情，特に不快感情の表出を抑制させるとSCRが高まるという報告もある（Gross & Levenson, 1993；1997；Petrie et al., 1998）。こうしたことから，自律神経系の指標を用いる場合には，課題・刺激や測定・評価しようとする概念とよく対応しているかを熟考する必要がある。

(2) SCRと脳

SCRによって感情（またはそれに伴う覚醒）を評価するということは，中枢の活動を末梢反応から推測することに他ならない。そこで，SCR反応が脳のどの部位の活動と対応しているのかが関心となる。末梢の汗腺活動を直接制御するのは視床下部以下の脳部位であろうが，より上位の脳部位で担われる感情過程が，そこに修飾をかけていくのだと考えられる。Tranelら（1994）は，さまざまな部位の脳損傷患者におけるSCR反応を調べ，損傷するとSCR反応が消失するのは，前頭葉の両側腹内側面，右の下側頭領域，両側の前部帯状回であることを見いだした。一般に感情に関連が深いと考えられている扁桃体は両側に損傷しても正常なSCR反応がみられ，この反応には関連していないことが示唆されている。また，感情的スライドを呈示中のPET（positron emission tomography；後述）で可視化された脳活動とSCRの関係を検討した研究によると，不快スライドを見たときのSCR反応と相関するのは，右扁桃体と視床で

2章 感情の生理的指標

あった（Liberzon et al., 2000）。Tranelらの知見とあわせて考えると，扁桃体はSCRの発現自体を制御してはいないが，その反応強度を修飾する機能があるのだと思われる。

　上記の部位の中でも，最も重要なのが前頭葉腹内側面に位置する眼窩野である。この部位は感情反応，特に感情に伴う身体反応が表象され，それによって背外側前頭前野で担われる判断や意志決定に影響を及ぼす機能があると考えられている（ソマティック・マーカー仮説：Damasio, 1994）。正常者にギャンブル課題を課すと，リスキーな手を選択する場合にはSCRが頻発する。一方，眼窩野損傷患者では期待値計算など知的機能は保たれる一方，SCRが出現せず，平気でリスキーな手をとりつづける（結果として成績は悪い）ことが報告されている（Bechara et al., 2000）。この知見は，SCRは中枢で生起する感情の「影」を末梢で見ているだけではなく，末梢から中枢という方向のフィードバック機能をも反映する指標であることをうかがわせる（Tranel, 2000）。さらに，事象関連的fMRI（後述）とSCRを同時計測した巧妙な実験によると，こうしたSCRが求心的に表象されるのは右の左前頭前野内側部であり，一方，刺激によるSCR反応の生成にはおもに左前頭前野内側部が関連していることが明らかになっている（図2-3：Critchley et al., 2000）。

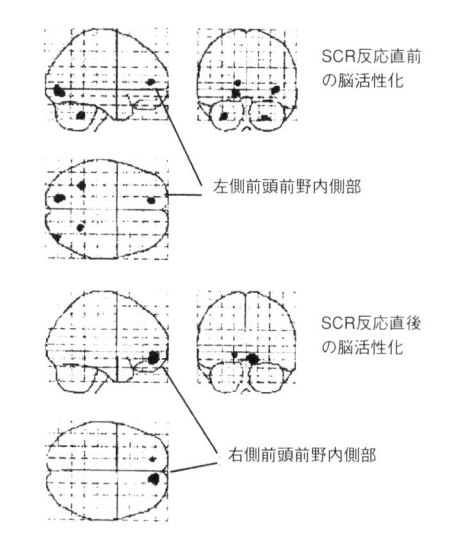

図2-3　SCR反応生成とSCR反応の内的表象に関連する脳部位（Critchley et al., 2000）
　SCR反応が生起する直前には左側の前頭前野内側部に活性化がみられる。この部位がSCR反応の生成に関与していると考えられる。一方，SCR反応が生起した後には右側の前頭前野内側部が活性化する。この部位に，末梢におけるSCR反応がフィードバックされて表象されるのだと考えられる。

4．事象関連電位による感情―認知研究

　事象関連電位（event related potentials：ERPs）とは，刺激提示およびその処理に同期して観測される脳電位（脳波）である（Fabiani et al., 2000）。これは背景脳波に比べてきわめて微弱なので，同一あるいは類似の刺激をくり返し提示し，それに対する脳電位変動を平均加算してS／N比を高めることにより観測される。ERPには，潜時の短い外因性成分と潜時の長い内因性成分がある。内因性成分は，刺激の物理的特性にはほとんど影響されず，内的な認知過程を反映するといわれている。そこで，感情が認知に影響を与えるならば，それはERPにも反映されると考えることができる。ERPの利点は，感情－認知の情報処理過程の進行を実時間的に評価できること，記憶成績や反応時間などの伝統的な認知心理学的指標と同時計測し併用することが可能なことである。

(1) P300による特性形容詞の感情価の分析

　内因性成分のうちで最もよく研究されてきた成分はP300（あるいはP3）とよばれる緩慢な陽性電位である。これは処理資源（processing resource）の割り当て，予期，作動記憶（working memory）の更新などを反映すると主張されてきた（Donchin, 1981；Donchin et al., 1986；1988）。ここで作動記憶とは，情報を保持しながら積極的な処理をも行なう，「心の作業場」ともいえる認知システムである。作動記憶が機能するためには，処理資源と呼ばれる有限な一種の心的エネルギーを割り当てる必要があると想定されている。P300を観測する代表的な実験方法が，オドボール・パラダイム（odd-ball paradigm）である。これは複数の刺激を異なる提示頻度で与え，そのうちの1つに反応を求めるという方法である。通常被験者は，低頻度刺激の（標的刺激）のみに反応（キー押しなど）を求められ，高頻度刺激は無視するよう教示される（非標的刺激）。このとき，標的刺激に対してP300が出現する。反応が不要で，しかも高頻度の刺激は，いわば背景となり処理資源の配分がなされない。その中で反応すべき刺激が現われると作動記憶が更新されてP300が出現するのだと考えられている。
　Cacioppoたちは，P300［あるいは後期陽性成分（late positive component：LPC）］を指標にして性格を表現する特性語の感情価を測定しようとした。彼

ら (Cacioppo et al., 1994) は，特性形容詞を提示し，被験者に望ましい性格を表わすことば（ポジティブ語）か，望ましくない性格を表わすことば（ネガティブ語）かの2択弁別を求めた。実際には，刺激語はきわめてポジティブ（VP），ややポジティブ（MP），ややネガティブ（MN），きわめてネガティブ（VN）の4段階で操作されていた。この実験は一種のオドボール・パラダイムの形態をとっており，VPが続いた後でおのおのの刺激が出現するように操作された。するとPz優位のP300あるいはLPCが得られたが，図2-4のように標準刺激であるVPからの逸脱が大きいほど，すなわちVP→MP→MN→VNの順で振幅が大きくなった。著者たちは，反応は2択のみであるのにP300が4つの刺激レベルを弁別しえたことから，P300は言語報告よりも鋭敏な感情価の指標になりうると主張している。また，教示によりわざと誤った反応をさせても，あるいはネガティブ語を標準刺激に変えても，ほぼ同様な結果が得られている（Crites et al., 1995）。

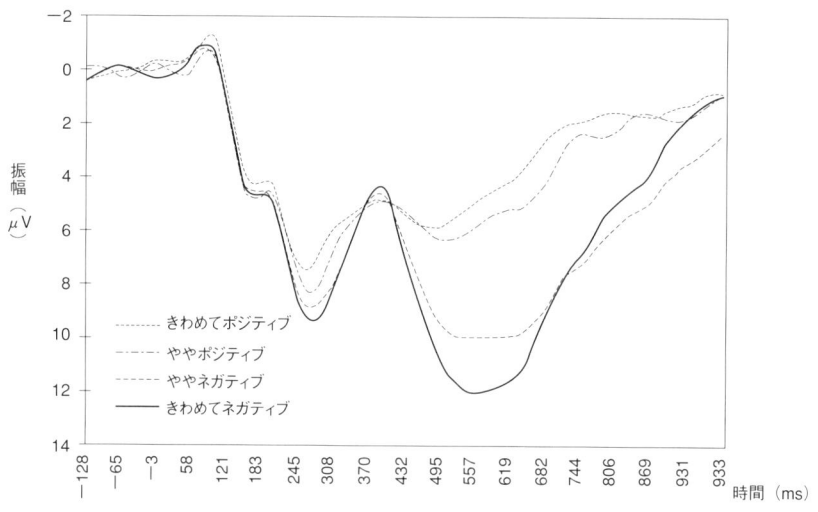

図2-4　Pzより導出された性格特性語に対するERP波形（Cacioppo et al., 1994）

（2）後期陽性成分による感情語の記憶の分析

再認記憶課題を行ない，テスト刺激提示に同期してERPを観測すると，Cz優

位に頂点潜時500ms前後の陽性成分が観測される。このような電位を後期陽性成分（late positive component：LPC）という。この成分は，旧単語（符号化段階で呈示された単語）に対しての方が新単語（テスト段階でディストラクターとして呈示された単語）に対してよりも振幅が大きい，正再認できた単語に対しての方が再認に失敗した単語に対してよりも振幅が大きい，などの性質が知られている（Rugg, 1995）。最近の研究によると，再認に関係するLPCは，テスト項目の親近感（familiarity）評価（自動的過程）を反映する前頭優位の潜時300-500msの陽性成分（Rugg et al., 1998），テスト項目の意識的検索過程を反映する左側頭頂優位の潜時400-500msの陽性成分（Rugg et al., 2000），検索された記憶の操作を反映する右側前頭優位の潜時500-700msの陽性成分（Rugg et al., 2000），に分類されることがわかっている。

一方，感情的な意味のある単語は，中性語よりも再生成績がよいことが知られている（Rubin et al., 1986）。ところが，再認ではテスト刺激の感情価の効果はみられない（Danion et al., 1995）。これは，刺激の感情価は検索を容易にしヒット率を高めるが，それと同様にディストラクター刺激の親近感をも高め，虚再認を増加させるからだということが明らかになっている（Leiphart et al., 1993）。そこで，この感情語効果を，LPCを測定することによって検討した研究がある（Maratos et al., 2000）。図2-5に示すように，旧刺激では中性語よりもネガティブ語でLPC潜時が早い。これは感情価をもった刺激がより早く検索されたことを示唆する。一方，新刺激では中性語よりネガティブ語でLPC振幅が顕著に大きい。これはネガティブ語では符号化されていない新刺激でも，以前に接触した旧刺激と類似した反応が起こることを

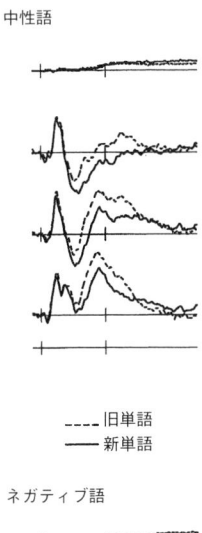

図2-5 ネガティブ語と中性語の再認に伴うERP波形
（Maratos et al., 2000）

意味しており，その結果虚再認を増加させることを示唆する。

　感情語の記憶は，感情一致効果の研究や，感情が社会的認知に及ぼす効果の研究などでよく指標として用いられる。記憶成績と併用してERPを測定することで，感情が記憶過程のどこに影響するのか，などの問題をより精緻に検討することができると考えられる（たとえば抑鬱感情が無意識的・意識記憶に及ぼす影響を検討した例としてOhira, 1997がある）。

5．自発性瞬目による感情—認知研究

　瞬目（eye blink）とは，いわゆるまばたきである。瞬目の役割は，一般的には涙を分泌し目を保護することだと考えられている。しかし，瞬目はさまざまな心理的変数の影響をも強く受ける（田多ら，1991）。瞬目を測定するにはEOG法を用いるのが一般的である。一方の眼窩の上下に1対の電極を装着して電位を誘導し，適当に増幅すると瞬目生起に伴い明瞭なピーク波形が得られる。

　瞬目を測定するための実験方法は，2つに大別される（Stern et al., 1984）。1つは比較的長い単位時間内（数分－数10分）に発生した瞬目の頻度を，実験条件ごとに比較するもので，全体試行パラダイムとよばれる。もう1つの方法は，いわば事象関連電位のように刺激提示に同期して瞬目がどのタイミングで生じるかに注目するもので，分離試行パラダイムとよばれる。本節でおもに取りあげるのは後者である。

(1) 分離試行パラダイムによる感情価の検討

　分離試行パラダイムで指標となるのは，まず瞬目潜時である。これは刺激提示時点から最初の瞬目までの時間を測定したものである。瞬目は，刺激を処理している間は強く抑制されるので，瞬目潜時は反応時間と同じように処理に要した時間を反映すると考えられている（Stern, 1984）。ただし，特に被験者に反応を課さなくても測定できること，反応時間のように知覚—運動協応を成立させるための訓練を要しないこと，などが利点と考えられている。

　筆者ら（Ohira et al., 1998）は，感情語を材料とした記憶課題における瞬目活動を分析した。すると学習段階において，何ら特別な教示をしなくてもポジ

ティブ語よりもネガティブ語を提示した場合の方が有意に瞬目潜時が長いことが明らかになった。これは，ネガティブ語の符号化により時間を要すること，あるいはネガティブ語にはより時間をかけて精緻な符号化がなされたことを反映していると考えられる。

　分離試行パラダイムにおけるもう1つの指標は，瞬目率の時間分布（temporal distribution of eyeblink rate）である。これは，刺激提示をトリガー・ポイントとして，その前後においてどのタイミングで，どれくらいの頻度で瞬目が発生したかを表わすものである。足立（1995）は表情認識過程を検討するためにこの方法を適用した。笑顔と真顔の表情写真を500msずつランダムに提示し弁別を求め，反応時間とともに瞬目を測定した。表情提示時前後を300msごとの時間窓に区切り，そのおのおのにおける瞬目の生起率が計測された。図2-6は，こうして分析された瞬目率時間分布で，課題遂行中の瞬目率の時間的推移を表現している。これをみると，刺激提示中の瞬目率は最低であり，その後明瞭な瞬目率のピークがみられる。これは前述したように刺激を処理している間は瞬目が抑制され，処理の終了とともにバースト状に群発するためである。興味深いのは，瞬目率ピークの高さが笑顔提示時の方が真顔提示時よりも有意に低いことである。これまでの研究から，処理後群発ピークは課題が困難で，処理資源を多く配分されるほど高くなることがわかっている（福田，1991；Fukuda,

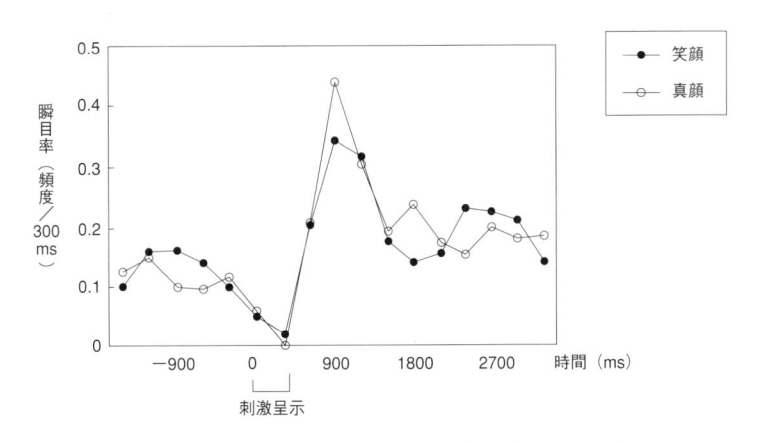

図2-6　表情弁別課題を遂行中の瞬目率の変動（足立，1995）

1994；Ohira, 1995；Ohira, 1996a；大平, 1999)。すなわち図2-6は，笑顔の処理は真顔の処理より少ない処理資源で遂行可能であったことを示している。笑顔に対して反応時間が短いことも，この推論を支持していた。

このように，単語や表情の感情価が認知過程に及ぼす影響を，瞬目というありふれた現象をツールにして検討していくことができる。

(2) 自発性瞬目による閾下感情プライミングの研究

閾下感情プライミング (subliminal affective priming) とよばれる現象が知られている。Murphy & Zajonc (1993) は，アメリカ人にとって中性的な刺激である漢字を提示し，それに対する好き嫌いの判断を求めた。このとき，漢字提示の直前に笑顔または怒り顔が4 msだけ提示された。この条件では，被験者はどのような表情が提示されたかを主観的に知ることができないが，笑顔を先行提示した場合には漢字は好意的に評価され，怒り顔を先行提示された場合には非好意的に評価された。この現象は，前注意的・自動的に処理された感情情報が，後続の認知的過程に影響を及ぼすことを示すものとして注目されている (Murphy et al., 1995；Winkielman et al., 1997)。

筆者は，笑顔，真顔，怒り顔のいずれかを閾下提示した直後に，ランダムな図形刺激を提示して好悪判断を求めた (大平, 1996)。すると，怒り顔提示により確かに非好意的判断は増加したが，笑顔により好意的判断が増える効果は明瞭ではなかった。このとき図形判断の反応時間は，表情提示なし (統制条件)，笑顔提示，真顔提示，怒り顔提示の順で遅くなっていた。これは閾下で提示された表情の知覚・認識にわずかながら時間がかかり，その分図形の処理が遅延するのだと解釈できる。さらに，笑顔，真顔，怒り顔の順に反応時間が遅延することは，この順で表情認識に時間がかかることを反映している。

図2-7の瞬目活動のデータもこれを支持している。図2-6と同様な瞬目率ピークがみられるが，その高さは反応時間とよく対応している。これらの結果を図2-8のように解釈してみよう。まず，主観的に意識できない閾下刺激でも，わずかながら処理資源を消費し，後続の図形処理に干渉する。顔刺激を提示しない統制群で，図形への反応が最も早く，瞬目率ピークも低いのがその証拠である。そして，怒り顔に比べて笑顔はより早く，より少ない処理資源で認識がな

されたといえる。笑顔と怒り顔で感情プライミング効果の度合いが異なるのは，図形が提示された時点で笑顔処理はほぼ終了しているのに対し，怒り顔の処理はまだ続行中で後続提示された図形の処理とオーバーラップしたためと考えられる。その分影響が強く及んだと推測できよう。

このようにレベルの異なる複数の指標を併用することにより，感情が認知の早期段階へ及ぼす影響のメカニズムに迫ることができる。

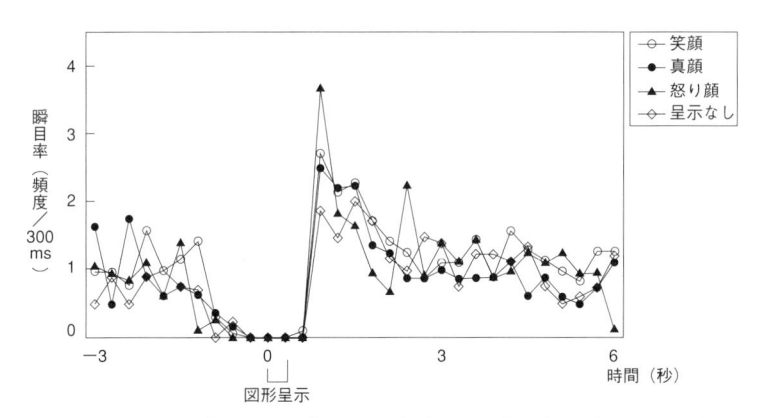

図2-7　閾下感情プライミング課題を遂行中の瞬目率の変動（大平，1996）

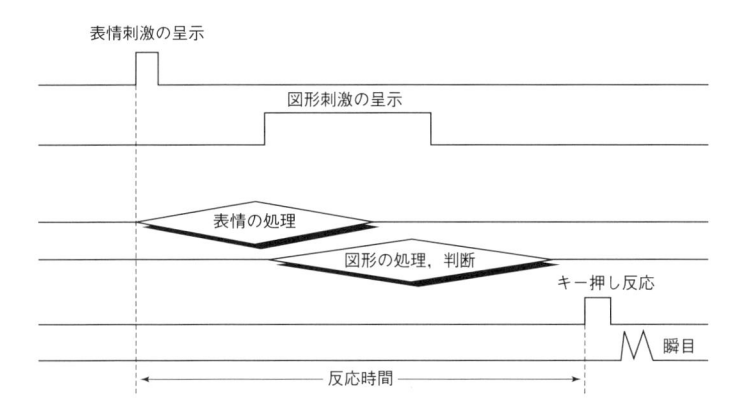

図2-8　閾下感情プライミングの生起メカニズム（大平，1998）

6. 驚愕性瞬目反射による快-不快の評価

　音，光，電気ショックなどの急峻で強い刺激を与えると驚愕性瞬目反射（startle eyeblink reflex）が起こる。この反射強度は眼輪筋EMGやEOGによって定量できる。図2-9はEMG法による測定の際の電極位置と，典型的な反射波形を示している。この反射の強度は，驚愕刺激の物理的特性だけでなく，心理的要因によっても影響される（詳しくは山田，1991；山田，1993；大平，1998）。

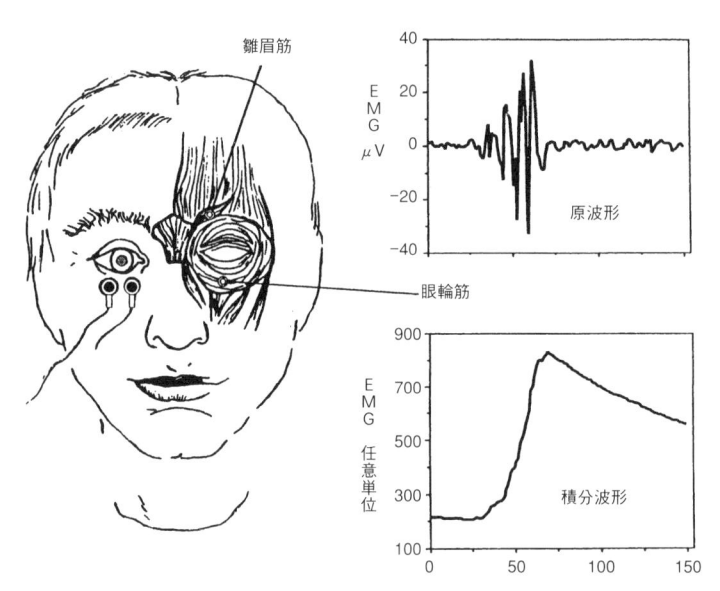

図2-9　驚愕性瞬目反射の測定と波形
眼輪筋に沿って一対の電極を置き，反射に伴う筋活動を測定する（EMG）。通常，原波形を積分処理した波形が分析に用いられる。

（1）感情による瞬目反射量の変化

　感情的な刺激や，それによって生起される感情状態は，瞬目反射の強度を修飾することが明らかにされている。Langたちは，独自に開発した標準的な感情喚起スライド（Lang et al., 1988）を先行刺激として用い，この問題を体系的に研究している（レビューとしてLang et al., 1990；Bradley & Lang, 2000）。
　一般に，快スライドを注視しているときには驚愕性瞬目反射は抑制されて弱

くなる。逆に不快スライドの注視中では反射は促進される。この現象は多くの研究できわめて頑健に再現されている（Vrana et al., 1988；Bradley et al., 1988；Lang et al., 1990など；図2-10）。また，環境音（山田ら，1994），香り刺激（中村ら，1995）などを用いても快刺激で反射抑制，不快刺激で反射促進という一貫した結果が得られている。

さらに，具体的な刺激を与えず，快または不快感情の場面をイメージさせただけでも同様な結果が得られることから（Robinson & Vrana, 2000），反射量の修飾には，各々の感覚次元の刺激の物理的特徴よりもそれによって生起される感情的成分が重要であることがわかる。

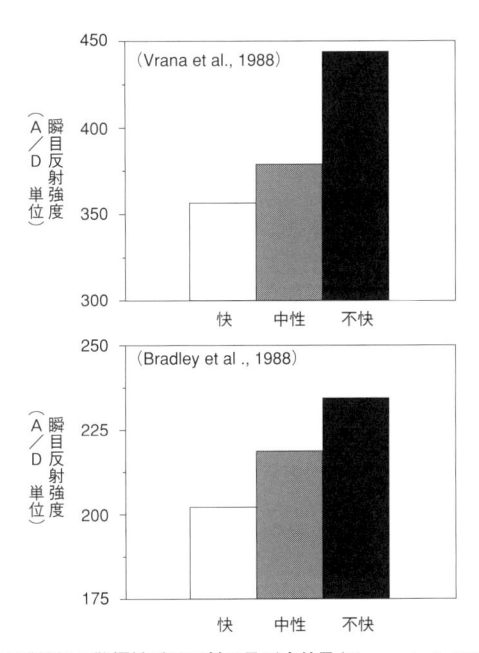

図2-10 スライドの感情価が驚愕性瞬目反射に及ぼす効果(Vrana et al., 1988; Bradley et al., 1988)

(2) 注意説と感情マッチング説

Bradley & Vrana（1993）は，この現象を選択的注意により説明する。快スライドは被験者の関心を高めより注意を引きつけると仮定すれば，その分だけ

2章 感情の生理的指標

聴覚次元へ配分される注意は減少する。このとき聴覚驚愕刺激が与えられると，それへの反射は減少する。不快スライドでは暗黙の拒否を起こし注意の配分は減らされると仮定すれば，余剰の注意が聴覚次元に配分されることにより反射の増強が考えられる。Bradleyら（1990）はこの説を検証するため，快・中性・不快スライド提示時に，驚愕音と光という2種の感覚次元の刺激を与えて瞬目反射を生起させた。上記の注意説が正しければ，光という視覚刺激による反射は，視覚次元に注意が多く配分される快スライド条件で促進され，注意を阻止される不快スライド条件で減少するはずである。ところが結果は，驚愕音でも光でもまったく同じような感情の効果がみられた（図2-10）。この結果は，瞬目反射の感情効果を単純な感覚次元間の選択的注意で説明することはできないことを示唆している。

　これに対してLangら（1990）は，感情マッチング説を提唱した。この説によれば，現在の感情状態と一致した刺激への処理や行動は促進され，一致しない処理や行動は抑制される。不快スライドによって不快感情を生起した被験者には，それ自体不快な驚愕音は内的状態と一致する刺激である。そこでそれへの処理が促進され反射が増強する。一方，快スライドで快感情を喚起された被験者には不快な驚愕音は不一致な刺激であり，それへの反応は減少する。この説明は，刺激自体の特性よりも，それによって引き起こされる主観的な感情状態を重視した考え方である。Langらは，感情効果に大脳機能の偏則性（laterality）が存在することもこの説への傍証を提供すると主張している。驚愕音を左耳だけに提示した場合には，感情効果が強くみられるが，右耳だけに提示すると感情効果は消失してしまう（Bradley et al., 1991）。大脳右半球で感情が制御されているという知見（Ley & Bryden, 1982など）を考えると，この結果はまさに現在経験されている感情状態が瞬目反射に影響していることを示しているように思える。

　最近，扁桃体を含む側頭極内側部を切除した患者の研究から，感情効果の偏則性が直接検証された（Funayama et al., 2001）。左側頭葉切除患者は感情スライドに対して健常者と同様な反射量の修飾が観測されるのに対し，右側頭葉切除患者ではこの効果がまったく消失している。一方，電気ショックの予告によって「脅威」「安全」をラベルづけした刺激に対する反射量の効果は，逆に

左側頭葉切除患者のみで消失していた。この結果は，驚愕性瞬目反射への感情効果は，感情スライドなどによる感情状態生起に媒介されるものは右扁桃体を中心とした部位で制御され，新たに学習した感情的信号については左扁桃体を中心とした制御メカニズムがあることを示している。

　これらの知見を総合すると，どちらの説が正しいのか，あるいは別の説明可能性があるのか，現在のところ決着は着いていないと考えるべきであろう（詳しくは大平，1998）。この指標は説明原理がはっきりしないのが難点ではあるが，瞬目反射という単純であるがゆえに頑健な現象を使って，主観的な感情を測定することができるという点で有用性が高い。また，うつ病をはじめとする感情障害や心的外傷後ストレス障害（PTSD）などの不安障害を客観的に診断するツールとしても期待されている（山田，2001）。

7．神経イメージング技法による感情の研究

　近年，コンピュータを用いたイメージング技術の進歩によって，脳の機能を非侵襲的に測定する技法が開発されてきた。それらは感情研究にも有効なツールになると期待されている（Lane & Nadel, 2000）。ここではそれらのうち，陽電子放射断層撮影（positron emission tomography：PET）と機能的核磁気共鳴断層撮影（functional magnetic resonance imaging：fMRI）について述べる。

　PETは，放射性同位元素を静脈から体内注入し，その元素が半減していくに伴い発生する放射線を測定することによって，局所脳血流や脳代謝を測定する。もっとも一般的に用いられるアイソトープは^{15}Oであるが，特定のアイソトープを用いることによって，特定の受容体の脳内分布を調べることもできる。一方fMRIは被験者に傾斜磁場を浴びせることによって，体内の原子核のスピンを変化させ，組織の磁場の歪み度合いを検出する。現在は，血中の酸化ヘモグロビンと還元ヘモグロビンの磁化率の変化を測定する方法（BOLD効果）が一般的である（内藤，2000；Lane et al., 2000）。

(1) 感情の体験

　PETは優れた空間分解能をもっているが，時間分解能はないに等しい。言い

2章 感情の生理的指標

換えれば，ある程度の時間持続するような心理的過程の神経基盤の分析にこそ威力を発揮する。主観的な感情の体験はその好例である。こうした現象は，ERPのような一過性の脳反応では分析が困難である。

Laneら（1997）は，感情体験の想起と映像呈示によって，被験者に幸福感，悲しみ，嫌悪の感情を喚起させた。このときの脳活動をPETにより分析すると，感情の種類に共通して前部帯状回の吻側部が活性化することが明らかになった（図2-11）。この部位の活性化は，LEAS（Levels of Emotional Awareness Scale；Lane et al., 1990）とよばれる尺度で評価された感情意識の自己評価とも正の相関があることが示されており，主観的な感情体験の場だと考えられている（Lane, 2000）。

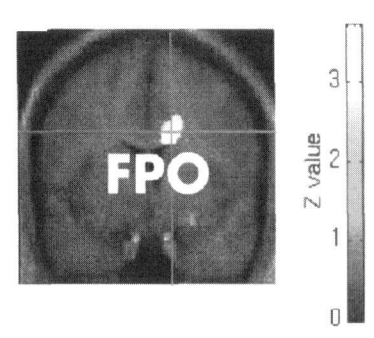

図2-11 感情の体験に伴う前部帯状回の活性化（Lane et al., 1998）
白く見える部位が活性化していることを表す。

(2) ブロック・デザインのfMRIによる感情制御の研究

fMRIのスキャン・パラダイムは，従来からよく用いられていたブロック・デザインとよばれるものと，最近主流になってきた事象関連的デザインがある。これは背景脳波と事象関連電位の関係に似ており，前者は一定期間内の脳活性化を，後者は刺激や処理に伴う一過性の脳活性化を検討する。

一般に，感情は認知に先だって自動的に生起すると考えられている（Zajonc, 1980；LeDoux, 1996）。しかし反面，われわれは怒りをこらえたり，悲しみを忘れようとするなど，感情を自らコントロールすることもできる。こうした働きの神経基盤を明らかにするために，Beauregardら（2001）はブロック・デ

ザインによるfMRIスキャンを行なった。被験者は，感情的に中性的なフィルムと，性的覚醒を生じさせるエロチックなフィルムを呈示された。そして，これらのフィルムを自然に鑑賞する条件（感情喚起条件）と，生じる感情を抑制する条件が設定された。これら4条件はすべて被験者内で操作された。感情喚起条件，感情抑制条件それぞれにおいて，エロチック・フィルム条件から中性的フィルム条件の脳活性化を減算することで，感情に特異的な脳部位を検出することができる。このように，神経イメージング技法では，必ず減算処理の基盤となるベースラインを設定する必要がある。

　図2-12に示すように，感情喚起条件では右扁桃体，右側頭局，視床下部といういわゆる辺縁系の脳部位に活性化が検出され，確かに感情反応が生起していることが示された。いっぽう，感情抑制条件ではこれらの部位にまったく活性

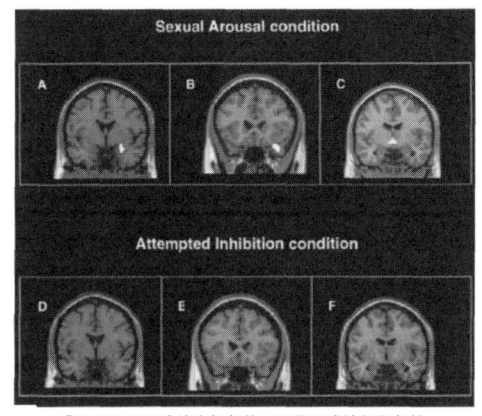

①上段：性的感情喚起条件，下段：感情制御条件

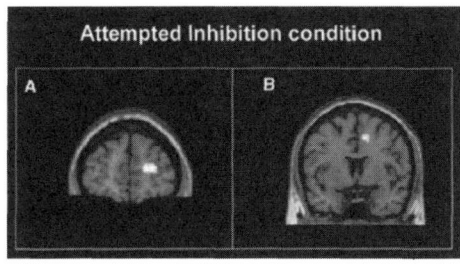

②感情制御条件

図2-12　性的感情の喚起と制御に関連する脳部位
（Beauregard., 2001）
①エロチックな映像により性的感情を喚起すると，感情に関連が深い辺縁系のうち，右扁桃体(A)，右側頭極(B)，視床下部 (C)が活性化する。性的感情を自己制御によって抑制させるとこれらの活性化は消失する (D, E, F)。
②自己制御による感情抑制条件では、左前頭前野外側部(A)と前部帯状回(B)が活性化する。
白く見える部位が活性化していることを表わす。

2章 感情の生理的指標

化はみられず，右側前頭前野と右帯状回に活性化が観測された。これらは高次の認知に関連する部位で，ここで感情のモニタリングや制御が行なわれていることが実証された。このように，比較的単純な実験計画によって，中枢内の感情ネットワークと認知ネットワークのダイナミックな機能を描き出すことができるのがfMRIの強みである。

(3) 事象関連的デザインのfMRIによる閾下感情プライミングの研究

筆者ら（Ohira et al., 2001）は，4節で述べた閾下感情プライミングの現象について，その神経的基盤を明らかにするために事象関連的fMRIを用いた研究を行なった。被験者に強い怒り表情，中性表情，顔以外の物体，統制条件として先行刺激なし，のいずれかを閾下（35ms）で呈示した直後，微弱な怒り表情をターゲットとして呈示し，その表情判断を求めた。

先行刺激として怒り表情を閾下で呈示した場合，その他の条件に比較して有意に活性化が高まったのは前部帯状皮質の吻側部と，前頭前野の内側部の境界であった。しかも，この領域の活性化は右側紡錘状回の活性化と負の相関があり，ターゲットの怒り表情を正しく検出できた割合とは正の相関がみられた（図2-13）。紡錘状回は高次の視覚領野であり，ここには顔を認識する細胞群が

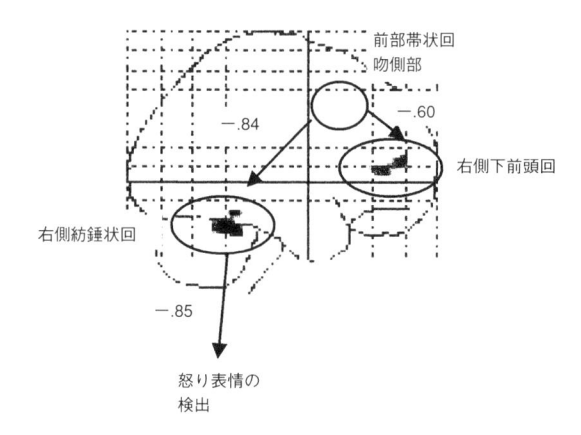

図2-13 閾下感情プライミング効果を生起させる脳部位（Ohira et al., 2001）
数字は標準化扁回帰係数。前部帯状回吻側部が活性化するほど右側紡錘状回活動は抑制され、同時に怒り表情検出の正確さは高まる。

存在する（Haxby et al., 1999）。つまりこの結果は，閾下で提示された怒り表情を前部帯状皮質で検出し，それにより紡錘状回の処理負荷を減らして，事後の怒り関連刺激の検出を促進するという機構を示唆している。

　事象関連的なfMRIスキャン法を用いることにより，条件ごとの試行の自由なランダマイズなど，従来の心理学研究に近いパラダイムでの実験が可能になる。従来のブロック・パラダイムでのスキャン法に比べて，脳活動の信号検出性が弱いという制約もあるが，この方法は今後の感情研究，感情－認知研究において強力なツールになっていくと考えられる。

8．生化学的指標によるストレスと感情の研究

（1）コルチゾールによるストレスと感情の評価

　コルチゾールは，ストレスや不快な感情状態に反応するホルモンの1つである。コルチゾールの分泌は，視床下部で産生される神経ペプチドであるCRH

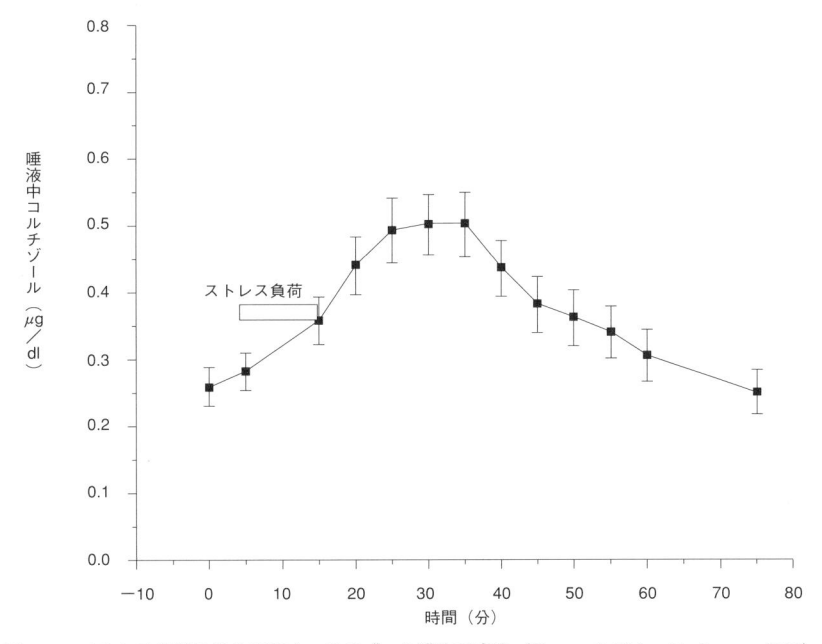

図2-14　ストレス負荷に伴う唾液中コルチゾール濃度の変動（Young & Nolen-Hoeksema, 2001）

(corticotropin releasing hormone）の作用により脳下垂体から分泌されるACTH（adrenocorticotropic hormone）が，副腎皮質に働くことによって起こる。この経路はストレス反応の重要な軸の1つであり，コルチゾール濃度は個人が受けているストレスの強度や，逆に快適感などを鋭敏に反映する（Lovallo & Thomas, 2000）。たとえば，過酷な仕事である航空機オペレーターの唾液中コルチゾール濃度は，就業前に比べて就業後に顕著に増加していた（Zeier et al., 1996）。また就職面接のような短時間のストレス課題でも唾液中コルチゾール濃度は数10分の時間的単位で増加が観測される（図2-14：Young & Nolen-Hoeksema, 2001）。

近年，コルチゾールはストレスだけでなく，感情状態をもよく反映する生化学的指標であることが明らかになってきた。Buchananら（1999）は，被験者に，ユーモラスなビデオ視聴とスピーチ課題を課し，快気分と不快気分に誘導した。すると前者の条件ではベースラインからのコルチゾール減少が，後者の条件ではコルチゾール増加が観測された。また日常生活において，職業満足感，睡眠，性，年齢，喫煙など，多くの要因を統制しても，唾液中コルチゾール濃度は不快気分の程度と有意な関連を示していた（Hanson et al., 2000）。さらに，Smythら（1998）は，被験者に1日に6回，その時点でのストレッサーの存在と感情状態を評定させ，その20分後に唾液を採取してコルチゾール濃度を分析した。コルチゾール濃度は快感情が強いほど低下し，不快感情が強いほど増加していた。

コルチゾール濃度に影響する要因は日周差・性差をはじめ多数あるが，そうした要因をうまく統制して補正すれば，コルチゾール濃度を日常生活の中の自然な感情状態を表わす指標として有望である。指標としてのコルチゾールの利点は，唾液検体からも非侵襲的に同定でき，その値はほぼ同じ時点の血中コルチゾール濃度レベルと対応することがわかっていることである。また，コルチゾールの分析法として確立されたものが複数存在し，標準値も公表されていることも指標として有利である（Lovallo & Thomas, 2000）。

(2) 感情と免疫機能

ストレスや感情などの心理的変数と健康との関係を，免疫指標を測定するこ

とで直接検討しようとする,精神神経免疫学 (psychoneuroimmunology) という研究分野が近年急速に発展してきた (Ader et al., 2001 ; 大平・山田, 1998 ; 大平, 2001)。

現在利用可能な免疫指標は多数存在するが,その中でも,唾液検体から非侵襲的に同定できる分泌型免疫グロブリンA (secretory immunoglobulin A ; s-IgA) は,心理学分野でも広く使用されている。s-IgAは口腔,上気道や腸管の粘膜上に分泌され,局所における細菌感染に対する最前線防御を担う抗体である。

s-IgA分泌量は,長期間持続する慢性ストレス事態では一般に減少する。健康な大学生でも,強いストレスがかかる卒業試験期間中ではs-IgAは顕著に減少し (Jemmott & Maglore, 1988),その免疫抑制効果は2週間後でも回復しなかった (Deinzer et al., 2000)。これはストレスにより粘膜免疫能が低下し,感染症への脆弱性が増すことを示唆している。s-IgAは日常における感情にも鋭敏に反映し,快気分では分泌増加,不快気分で分泌減少がみられることが報告されている (Stone et al., 1987)。

一方,実験室における急性ストレス事態ではs-IgA分泌は一過性に上昇する。暗算や冷却負荷など課題が何であっても数10分以内に増加が観測され (Willemsen et al., 1998),新奇な課題ほど大きな反応を惹起するが,課題の難易度には反応量は影響されない (Willemsen et al., 2000)。こうしたs-IgA分泌のふるまいは自律神経系活動,特にαアドレナリン系神経活動と関連があると考えられてきた (Ring et al., 2000)。

また,急性ストレスによるs-IgAの反応性には個人差があり,ストレス関連性格といわれるタイプAの個人では,タイプAと対極的な性格のタイプBの個人に比べて唾液中s-IgA濃度のベースラインが高い反面,暗算のような急性ストレス負荷への反応性は鈍い (Ohira et al., 1999)。さらに,物理的に同量のストレス刺激であっても,それがコントロール不可能な場合には,コントロール可能な場合に比べて,顕著なs-IgA増加を導く (Ohira, 2001)。

こうした性質のs-IgAが,実験室における感情操作にも反応することが報告されている。感情的記憶の想起と音楽により,被験者を快気分・不快気分に誘導すると,どちらの感情でも同程度のs-IgA分泌増加が観測された

(Hucklebridge et al., 2000)。映像により，興奮，退屈，ユーモア，の各感情を誘導しても，やはりs-IgA分泌はすべての条件で有意に増加した（Harrison et al., 2000)。

快感情や不快感情の喚起だけでなく，退屈やリラックスでもs-IgA分泌が増加することは謎であったが，最近，ラットの交感神経と副交感神経を直接電気刺激する実験によって，両方の神経系活動が唾液腺細胞におけるs-IgA分泌を増すことが確認された（Proctor et al., 2000)。機能的には，順応している水準から感情的な変化が生じるとs-IgA分泌が増加するのだといえるだろう。s-IgAについても，近年になって標準値（Kugler et al., 1992）や日周リズム（Hucklebridge et al., 1998）などの基本的性質が明らかにされ，指標としての価値が高まってきた。

(3) 不快感情と免疫機能

不快感情あるいはトラウマ（心的外傷）の開示や抑圧が，免疫機能に影響することが報告されている。Petrieら（1995）は，トラウマ体験を他者に開示することがB型肝炎ウイルスへのワクチン効果に及ぼす影響を検討した。ワクチン投与は，体内にその抗原に対する抗体を増加させるが，これに先立ってトラウマ体験を4日間にわたって開示した場合には，そうでない統制群にくらべて血中の抗B型肝炎ウイルス抗体の増加率が有意に高かった。また，トラウマの開示によって血中のナチュラル・キラー（natural killer：NK）細胞の活性（細胞障害性）が高まったという報告もある（Christensen et al., 1996)。NK細胞は細胞性免疫の重要な担い手で，ウイルスに感染した自己細胞やガン化した自己細胞を攻撃する。感情の表出は，精神的のみならず身体的健康にも促進的な効果をもつらしい。

また，Straumanら（1993）は自己注目が，抑うつ，不安といった不快感情と，免疫系・内分泌系に及ぼす影響について検討した。Higgins（1987）の自己不一致理論によれば，現実自己と理想自己との不一致は抑うつを，現実自己と当為自己（かくあるべしという自己の姿）との不一致は不安を生起させると主張されている。Straumanらは抑うつの強い個人，不安の強い個人，および健常者に対して，これらの自己表象の不一致に注目させる実験操作を行なった。

すると，不安－自己注目群では自己注目をさせない統制条件に比べて，血中コルチゾール濃度が増加し，NK細胞の障害性が低下することが明らかになった。この研究結果は，自己注目により喚起された不安感情が，内分泌系のストレス反応を亢進し，細胞性免疫能を低下させたことを示している。自己不一致理論という心理学的な理論的枠組みを，免疫系の変動の予測・説明に適用した点が画期的な研究だといえよう。

9．最後に

これまでみてきたように，感情の研究，あるいは感情―認知関係の研究において，多くの生理的指標が用いられている。電気生理的指標にせよ，生化学的指標にせよ，それらを測定する技術そのものは，じつはそれほどむずかしくはない。学部や大学院で専門の訓練を受けていない研究者でも，少し努力をすれば自己の研究の中に導入していくことは可能である。

しかし，むしろむずかしいのは，実験パラダイムの構築と，知見を解釈・説明できるモデルの提唱であろう。どんな生理的指標も，感情の性質や精神の状態を一義的に示してくれることはありえない。感情研究において生理的指標を活かすには，厳密な実験計画と，それぞれの指標の基礎的知見に立脚した緻密な論理的思考が必要である。

たとえば，事象関連電位のP300は作動記憶の更新を反映するといわれる。しかし，この解釈だけを鵜呑みにして，既存の作動記憶の実験課題において事象関連電位を測定すれば，何かがわかるだろうという発想はまちがっている。それではP300成分自体が観測できないであろう。P300がどのような課題や実験パラダイムで観測され，どのような実験変数の影響を受けるかという知見を丹念に検討し，そのふるまいがどのような認知的過程を反映するのかを熟考すべきである。その上で，たとえば作動記憶のどのような側面がP300に反映されるのかについて，明確で論理的な予測をもって実験を行なうべきである。また生理的指標を測定する場合には，必ず質問紙による主観的指標，反応時間などの行動的指標を同時に測定し，それらを相互に補完的に用いて総合的に解釈を行なうことも重要である。

3章

感情の操作方法の現状

1. はじめに

　近年，認知や行動に与える感情（affect）の影響について，他の章でも述べられているように，数多くの検討が行なわれている（Eich et al., 2000；Martin & Clore, 2001）。すなわち，知覚（松田，1997），カテゴリ化（Isen & Daubman, 1984），記憶（Blaney, 1986；伊藤，2000；谷口，1991），創造的思考（Isen et al., 1987；Richards, 1994；竹村，1997），意思決定（秋山・竹村，1994；池田，1986），態度変容（Janis & Feshbach, 1953），援助行動（Cunningham et al., 1980；Isen & Levin, 1972），対人魅力（Dutton & Aron, 1974）に与える影響の研究などがそうである。これらの研究においては，独立変数となる感情を何らかの形で操作しなければならない。この章では，このような感情の操作方法に焦点を当て，その現状について明らかにする。

　一般に，感情は，特性（trait）としての感情と，状態（state）としての感情に分けられる（Izard, 1991；ただし，Rusting, 1998も参照）。そして，感情の操作の場合にも，操作される感情が特性であるのか状態であるのかによって，分けて考えることができる。特性としての感情の操作方法とは，図3-1に簡略化して示したように，感情特性を質問紙によって測定し，その結果に応じて被験者を分類するというものである。この場合，被験者の分け方には2つの方法がある。すなわち，1つは，感情の障害者（臨床群）と健常者（非臨床群）を比較する方法である。具体的には，抑うつ（depression）者や不安（anxiety）障害者などの臨床群と，非臨床群が比べられる（詳しくは，Johnson & Magaro, 1987；Mogg et al., 1993；岡田，1999；高橋，1997；谷口，1991を参照）。もう1つは，非臨床群だけを対象に，検討したい感情の障害傾向の強い者とそうでない者（高不安群と低不安群など）の比較である（Hasher et al.,

1985；Pyszczynski et al., 1989）。これらはいずれも特性としての感情の操作方法として位置づけることができる。

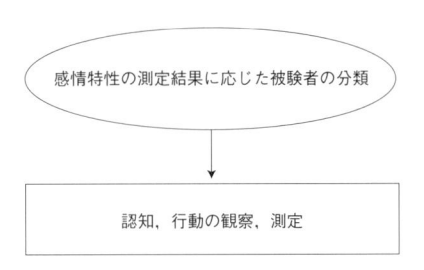

```
┌─────────────────────────────────┐
│ 感情特性の測定結果に応じた被験者の分類 │
└─────────────────────────────────┘
                │
                ▼
┌─────────────────────────────────┐
│       認知，行動の観察，測定       │
└─────────────────────────────────┘
```

図3-1　特性としての感情の影響を調べる研究の典型的なパラダイム

　これに対して，状態としての感情の操作方法は，非臨床群を対象として，図3-2に示したように，ある特定の感情状態を実験的に操作（誘導）するというものである（詳しくは，Gerrards-Hesse et al., 1994；川口，1991；Martin, 1990；高橋，1996；谷口，1991を参照）。この場合，感情の操作の前後に，独立変数である感情がうまく操作できたかどうかのチェックの行なわれるのがふつうである。

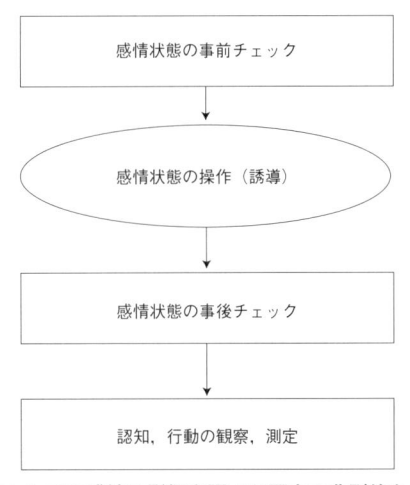

```
┌─────────────────────────┐
│    感情状態の事前チェック    │
└─────────────────────────┘
            │
            ▼
┌─────────────────────────┐
│    感情状態の操作（誘導）    │
└─────────────────────────┘
            │
            ▼
┌─────────────────────────┐
│    感情状態の事後チェック    │
└─────────────────────────┘
            │
            ▼
┌─────────────────────────┐
│     認知，行動の観察，測定    │
└─────────────────────────┘
```

図3-2　状態としての感情の影響を調べる研究の典型的なパラダイム

3章 感情の操作方法の現状

　この章では，まず，特性としての感情を操作（分類）する際に使われる質問紙について述べる。次に，状態としての感情の操作方法を取りあげた後で，操作される感情状態のチェックに使われる尺度について説明する。

2．特性としての感情の操作方法

　特性としての感情で扱われる感情の種類は，ほとんどすべてが，ネガティブ感情であり，具体的には，抑うつや不安が多い。最近では，これら抑うつと不安が関連するという研究も多く行なわれているが（Burns & Eidelson, 1998；Clark & Watson, 1990；Katon & Roy-Byrne, 1991），ここでは，抑うつと不安のそれぞれを測定する質問紙に分けて述べる。

（1）抑うつを測定する質問紙

　感情特性としての抑うつを測定する質問紙は，専門家，医師，看護者などが評価する他者評価の形式と，自分で回答する自己評価の形式に分けることができる（飯田ら，1993）。ここでは，実際上の使いやすさを考慮し，自己評価形式の質問紙で，なおかつ日本語版が作成されている3種類を取りあげる。

①ベック抑うつ尺度（Beck Depression Inventory：BDI）

　ベック抑うつ尺度は，1961年に開発されて以降（Beck et al., 1961），抑うつを調べるために，もっともよく使われているもので，その後，改訂も行なわれている（Beck et al., 1979）。この尺度は，信頼性も妥当性も高く（ただし，Richter et al., 1998も参照），抑うつを調べるための他の類似の質問紙とも，高い相関を示すことが明らかにされている（Beck et al., 1988；Lambert et al., 1986）。

　もともと，この尺度は，訓練された面接者によって実施されるように作られた他者評価の形式であったが，現在では，自己評価の形式をとっている。回答の方法は，全21項目の各質問項目に並べられた4つの項目のうちの1つを選択する。たとえば，「0．わたしは落ち込んでいない」「1．わたしは落ち込んでいる」「2．わたしはいつも落ち込んでいるから急に元気になれない」「3．わたしはとてもがまんができないほど落ち込んでいるし不幸だ」という4つの選択肢から1つを選ぶ。スコアリングは，原則として，選択肢に付けられた数字

(得点)を単純加算するだけでよい。最低が0点で最高が63点となり,点数が高いほど,うつ状態が強いことになる。

日本でも,Beckら(1979)をもとに,日本人に不適当と判断された5項目を除き,一部分,表現を修正した16項目の日本語版ベック抑うつ尺度が作られている(林,1988;なお,堀ら,1994も参照)。その後,林・瀧本(1991)は,取り除かれた5項目を加え,オリジナルの21項目からなる日本語版を作成している。

②うつ性自己評価尺度(Self-reported Depression Scale:SDS)

この尺度は,Zung(1965)により開発されたもので,福田・小林(1973)により日本語版も標準化されている(福田・小林,1983も参照)。全部で20項目からなる質問項目(たとえば,「気が沈んで憂うつだ」など)のそれぞれに対して,被験者は4段階(「無いかたまに」「時々」「かなりのあいだ」「ほとんどいつも」)で回答していく。なお,この20項目の中には,10項目の逆転項目(「朝がたはいちばん気分がよい」など)が含まれている。得点可能範囲は,20点から80点であり,やはり,点数が高いほど,うつ状態が強いとされる。

③疫学研究センター版抑うつ尺度(Center for Epidemiologic Studies Depression scale:CES-D)

これは,アメリカの国立精神衛生研究所の疫学研究センターにより開発された尺度である(Radloff,1977)。日本では,島ら(1985)により日本語版が作成され,その信頼性,妥当性が実証されている。この尺度の特徴は,全20項目の質問項目(「ふだんは何でもないことが煩わしい」など)に対して,この1週間の間に感じた頻度を4段階で答えるという点にある。すなわち,「この1週間で全くないか,あったとしても1日も続かない」「週のうち1～2日」「週のうち3～4日」「週のうち5日以上」から選ぶ。これらの質問項目には,4項目の逆転項目(「これから先のことについて積極的に考えることができる」など)も含まれている。得点は,最低が20点,最高が80点で,点数の高いほど,うつ状態が強い。

(2) 不安を測定する質問紙

ここでは,不安感情を測定する代表的な自己評価形式の2種類の質問紙を取

りあげる（詳しくは，曽我，1993を参照）。
①顕在性不安尺度（Manifest Anxiety Scale：MAS）

　この尺度は，Taylor（1951，1953）により作成されたものである。もともとは，ミネソタ多面式人格テスト（Minnesota Multiphasic Personality Inventory：MMPI）から選択された65項目に，新たに135項目を加えた200項目であった。日本では，阿部・高石（1968）をはじめとして，いくつかの日本語版が作られている（詳しくは，曽我，1993を参照）。回答方法は，「緊張する」「眠れない」「幸福だ」「自信に満ちている」などの各項目に対して，2件法（「はい」「いいえ」）で答えていく。一般には，得られた合計得点に応じて，いくつかの不安水準に分けられる（阿部・高石，1968）。

　なお，これら成人用以外に，小学校4～6年生用の児童版（Chilren's form of Manifest Anxiety Scale：CMAS）が，Castanedaら（1956）によって作られていて，その日本語版も作成されている（坂本，1965，1989；杉山，1963）。

②状態・特性不安検査（State-Trate Anxiety Inventory：STAI）

　この検査は，今現在の状態不安（state-anxiety）と，性格としての特性不安（trait-amxiety）との2つを分けてとらえようとするもので，Spielbergerら（1970）によって作成されたものである。日本でも，清水・今栄（1981）をはじめとして，いくつかの標準化された日本語版が作られている（詳しくは，曽我，1993を参照；なお，新版については，肥田野ら，2000を参照）。

　この検査の最大の特徴は，状態不安を測定する20項目の下位検査（「平静である」「安心している」など）と，特性不安を測定する20項目の下位検査（「たのしい」「疲れやすい」など）に分れていることである。そのため，これらの下位検査を別々に使用してもよいし，一度に，両方の下位検査を使用してもよい（ただし，両方行なう場合は，必ず状態不安の測定を先に行なった後で，特性不安を測定しなければならない）。

　回答は，状態不安，特性不安のいずれも4段階で答える。すなわち，現在の感情状態を尋ねる状態不安の質問項目に対しては，「全くそうでない」「いくぶんそうである」「ほぼそうである」「全くそうである」で答える。一方，ふだんの特性を尋ねる特性不安の質問項目に対しては，「決してそうでない」「たまにそうである」「しばしばそうである」「いつもそうである」で回答する（清水・

今栄,1981)。得点可能範囲は,いずれの下位検査も,20点から80点であり,得点が高いほど,該当する不安感情が高い(水口ら,1991も参照)。

なお,この検査にも,Spielbergerら(1973)による児童版(State-Trait Anxiety Inventory for Children:STAIC)と,その日本語版が作成されている(曽我,1983)。

(3) 特性としての感情の操作方法の注意点

すでに述べたように,特性としての感情を操作する際には,目的に応じた質問紙を実施し,その得点に基づいて,被験者を群分けした上で,認知や行動の違いを比較検討することになる。ここでは,このような操作方法を使う場合の注意点として,第1に,臨床群と非臨床群の異質性,第2に,非臨床群内での群分けの基準,の2点について述べることにする。

①臨床群と非臨床群の異質性

しばしば忘れられることであるが,臨床群と非臨床群の被験者は,感情の点だけが異なっているとは限らない。たとえば,抑うつ者と非抑うつ者の比較の場合,抑うつ者のほとんどは,抗うつ剤を服用している。そのために,認知や行動にあらわれた結果が,感情の影響なのか,抗うつ剤の影響なのかがわからないことがある(Johnson & Magaro, 1987も参照)。また,抑うつ者の場合には結婚生活に関連した問題から抑うつになっていることが多いために(Coleman & Miller, 1975),そのような私生活上の問題が,結果に何らかの影響を及ぼしていることも考えられる。もちろん,抗うつ剤や私生活の問題以外に,そもそも何らかの認知能力の違いが両群の間に存在するという可能性も否定できない。したがって,臨床群と非臨床群の比較の際には,できる限り,両群の知的,教育レベルなどの感情以外の特性をそろえておくことを忘れてはならない(Williams et al., 1997)。

②非臨床群内での群分けの基準

非臨床群だけを対象にした研究の場合,ある感情特性の高い群と低い群に分けることが多い。この場合の群分けの基準となる点数,すなわちカットオフポイントについては,非臨床群の場合,必ずしも一貫しているわけではない。たとえば,ベック抑うつ尺度の場合,Beckら(1988)によれば,10点未満は

「正常（none or minimal depression）」，10～18点が「やや抑うつ傾向（mild to moderate depression）」，19～29点が「抑うつ傾向（moderate to severe depression）」，30～63点が「重篤な抑うつ（severe depression）」であるとしている。このようなカットオフポイントは，臨床群と非臨床群を分ける際には，比較的，明確である。しかし，非臨床群だけを対象にした場合，うつ傾向の高い群と低い群を分けるカットオフポイントは，それほど明確ではない。そのため，非臨床群を対象にした多くの研究では，実施した質問紙の得点分布をもとに，上位群と下位群に分けることが行なわれている。しかし，このような被験者の群分けの方法では，ある実験で上位群に位置づけられていた得点であっても，別の実験では，被験者の得点分布が異なるために，上位群からはずれてしまうことも起こってくる。これは，対象とする被験者の母集団が実験間で異なる場合に，特によく見受けられることである。たとえば，ベック抑うつ尺度は，対象とする被験者によって得点分布が大きく異なる。すなわち，一般人よりも大学生の方が得点が高くなる傾向がある上に（Gotlib, 1984；Tanaka-Matsumi & Kameoka, 1986），同じ大学生であっても，男子学生よりも女子学生の得点の方が高いとされる（Beck et al., 1988）。つまり，対象とする被験者によって，同じ得点をとっていても，群分けの基準が異なってしまうことが起こってくるのである。したがって，非臨床群内での群分けの際には，どのような被験者を対象に，どのような基準を用いるのかということに，十分に配慮しなければならない。

3．状態としての感情の操作方法

　状態としての感情の操作方法は，これまでに実にさまざまな種類が工夫されてきている（詳しくは，Gerrards-Hesse et al., 1994；川口，1991；Martin, 1990；高橋，1996；谷口，1991を参照）。ここでは，谷口（1991）にしたがって，これらを言語的（verbal）操作法と非言語的（nonverbal）操作法の2つに分けることにする（ただし，実際の研究の中では，複数の操作方法が組み合わされて使われることも少なくない）。

　前者の言語的操作法には，特定の感情を喚起する文を読ませるというヴェル

テン法（Kenealy, 1986；Velten, 1968），言語刺激から情景をイメージさせる方法（Mayer et al., 1990），催眠（hypnosis）を利用した方法（Friswell & McConkey, 1989；高橋, 1996）などが含まれる。これらは，いずれも，基本的な方法の点で共通している。すなわち，第1に，言語を媒介に被験者の感情を誘導すること，第2に，被験者の積極的（能動的）関与によって感情を喚起させること，である。

　一方，後者の非言語的操作法には，音楽（music）による誘導法（Pignatiello et al., 1986），映画の一部などを使った映像（film）による誘導法（Gross & Levenson, 1995；Philippot, 1993；内山ら, 1994；Zuckerman et al., 1964），先行課題の成績（成功か失敗）の偽りのフィードバックによる方法（D'Zurilla, 1965；Zeller, 1950；なお，高橋, 1996も参照）などがある。また，数は少ないが，特定の感情をあらわす表情を作らせることによる誘導（Buck, 1980；Laird, 1984），匂い（odor）による快・不快感情の操作（秋山・竹村, 1994；DeBono, 1992；Ehrlichman & Halpern, 1988）などもある。これら非言語的操作法は，いずれも，第1に，言語を媒介にしないこと，第2に，被験者に感情を喚起するような明確な教示を与えなくても感情が誘導できる，という点で共通している。

　ここでは，言語的操作法として，もっとも多く使われているヴェルテン法を，非言語的操作法では，その効果の確立している音楽による誘導法を，それぞれ取りあげることにする。

(1) 言語的操作法としてのヴェルテン法

　Velten（1968）によって考案されたヴェルテン法では，特定の感情を誘導する文を被験者ペースで読ませながら，その文に書かれている感情を感じるようにという明確な教示を与える。すなわち，抑うつ感情を誘導するための抑うつ文（60文）の例としては，「わたしは疲れ切って憂うつで，何もしないまますわっていることが多い」「わたしの人生には悪いことばかりが起こる」などがある。一方，高揚した（elated）感情を誘導するための高揚文（60文）には，「いいぞ，わたしは実に気分がいいし，気持ちも高ぶってきている」「気分がよければ，ものごとはうまくいくし，わたしの気分もよい」などがある。これら

以外に，ニュートラルな感情を誘導する中立文「ユタ州はミツバチの巣のような形をしている」「この本はいかなる形でも転載不可である」も用意されている（なお，Velten，1968には，これらの例文以外には，使用された文は載っていない）。

ヴェルテン法の誘導効果については，その後の多くの研究で調べられている。その結果，確かに，被験者は目的とする感情に誘導されていることが明らかにされている（Clark, 1983；Hale & Strickland, 1976；Kenealy, 1986；Natale, 1977a, 1977b；Velten, 1968）。

ただし，もとのヴェルテン法では感情誘導用の文が60文もあり，しかも，文を読む時間が被験者ペースであるので，感情誘導の時間が長くかかったり，被験者の心理的負担が大きい。そこで，現在では，25文で誘導できる方法（Seibert & Ellis, 1991）をはじめとして，文の数を減らして用いる研究者も少なくない（詳しくは，Kenealy, 1986を参照）。

(2) 非言語的操作法としての音楽

一般に，音楽はそれを聞く者に，さまざまな感情を抱かせることが知られている（Aiello, 1994；中村, 1983；谷口, 1995a, 1999）。そこで，このような音楽（なかでもクラシック音楽）の特性を利用して，目的とする感情状態を誘導しようということが行なわれてきた。

事実，いくつもの研究で，音楽による感情誘導の有効性は確認されている（Kenealy, 1988；Niedenthal & Setterlund, 1994；Pignatiello et al., 1986）。たとえば，Niedenthal & Setterlund（1994）は，291名の被験者を対象に，楽しい気分になる音楽（Morzartによる「Eine Kleine Nachtmusik」など）か，悲しい気分になる音楽（Mahlerによる「Adagietto」など）をそれぞれ数曲，10数分にわたって聞かせた。そして，8種類の感情状態がわかるMayer & Gaschke（1988）による簡易気分内省尺度（Brief Mood Introspection Scale：BMIS）を行なってみた。その結果，音楽によって目的とする感情状態が誘導できることを実証している。

また，音楽による感情操作法の場合，認知や行動の主課題を行なう際にも，連続して音楽を流しておくことが可能である（Eich & Metcalfe, 1989）。その

ために，目的とする感情状態を長く持続できるという点が長所とされる（川口，1991；谷口，1991）。

(3) 状態としての感情の操作方法の注意点

ヴェルテン法と音楽による誘導法には，それぞれに特有の問題点が指摘できる（詳しくは，高橋，1996を参照）。ここでは，実際に使用する際に，両者に共通する注意点として，3点取りあげる。すなわち，第1に，被験者の要求特性（demand characteristics），第2に，ニュートラル群の操作方法，第3に，被験者の感情修復傾向，に関するものである。

①被験者の要求特性

よく知られているように，要求特性とは，被験者が実験の意図を感じとって，本来とは異なる行動を取ってしまうということである。なかでも，ヴェルテン法では，「それぞれの文を読む時には，それぞれの文があらわしている感情をしっかりと感じとるように」と強調されるために，被験者が実験意図を見抜き，求められている要求特性に沿うように行動しているのではないかという疑問がくり返し指摘されている（Buchwald et al., 1981；Larsen & Sinnett, 1991；Polivy & Doyle, 1980）。一方，音楽の場合，感情喚起の明確な教示がなくても誘導効果が得られるので，要求特性とは無関係であるという主張もある（Pignatiello et al., 1986）。しかし，たとえ，明確な感情喚起教示がなくとも，音楽が流される理由が被験者に明確にされなかったり，何度も感情のチェックが行なわれることにより，被験者は，実験の意図に気づいてしまうことが起こってくる。したがって，これらの要求特性を最小限に抑えるためには，感情誘導の操作やチェックが主課題とは無関係であるという実験設定（たとえば，何らかのカバー・ストーリーの採用，感情誘導と主課題を別の実験として行なうなど）を工夫することが必要と思われる。

②ニュートラル群の操作方法

多くの研究では，操作された感情が認知や行動に及ぼす効果を調べるために，ニュートラルな感情状態にあるニュートラル群（統制群）が設定される。しかし，このニュートラル群の感情状態が，必ずしもニュートラルであるという保証はない。たとえば，ヴェルテン法におけるニュートラル群では，あたり前の

ことが書かれている文ばかりを読まされるために，被験者は，何も感じないというよりも，むしろ，退屈さやいらだちを感じることがある。また，音楽の場合，ニュートラル群には何も聞かせないことが少なくない。しかし，そうすると，音楽の存在そのものの有無という点で両群が異なってしまい，純粋に感情の効果だけを比較することがむずかしくなる（たとえば，音楽により誘導されたネガティブ感情が原因で課題成績が悪化したのか，単に音楽があったことが課題に対する妨害効果となったのかを区別できない）。したがって，ニュートラル群に何をやらせるのかについて，十分に考慮しなければならない。

③被験者の感情修復傾向

一般に，ポジティブ感情の人はその感情を維持しようとするのに対して，ネガティブ感情の人はその感情から脱しようとする修復傾向をもつことが知られている（Isen, 1985；Singer & Salovey, 1988；Wegener & Petty, 1994）。そのため，実験者が誘導したネガティブ感情が，後続の認知や行動の主課題を行なう際には，もとに戻ってしまっていることがある。実際，ヴェルテン法では，誘導される感情の持続時間が比較的短い。一方，音楽は主課題の実行中にも連続して流せるために，感情の持続時間が長いとされる。しかし，被験者が主課題に集中するために，音楽から注意をそらすなどして，積極的に感情を修復しようとする場合もある。したがって，どのような誘導法を使うにしろ，誘導された感情の持続性のチェックに加え，それが持続するような教示や実験設定の工夫が必要である。

4．状態としての感情をチェックする尺度

状態としての感情を実験的に操作した場合には，目的とする感情状態が適切に誘導できているかどうかを確認しなければならない（図2を参照）。このようなチェックのために，いくつもの尺度が作成されている（詳しくは，Howarth & Schokman-Gates, 1981を参照）。ここでは，日本語版が作成されているものを6種類取りあげることとする。なお，数は少ないものの，自然な場面での被験者の感情状態を分類するために，これらの感情のチェック尺度が使われることもある（Hettena & Ballif, 1981；Mayer & Volanth, 1985；

Mayer et al., 1995；谷口, 1995b)。

(1) 感情をチェックする尺度
①気分形容詞チェック表 (Mood Adjective Check List：MACL)

　感情の主観的な状態を測定するために，感情状態に関するさまざまな形容詞（「怒っている」など）を呈示し，被験者自身に，どの程度それらの感情状態を感じているか答えさせる方法は，いろいろなものが工夫されている (Howarth & Schokman-Gates, 1981)。なかでも，この気分形容詞チェック表 (Nowlis, 1965) は，もっとも広く使われているもので，他の類似の形容詞チェック表のプロトタイプになったものである (Howarth & Schokman-Gates, 1981)。評定する項目数は40項目から140項目まで，いろいろなバージョンがあるが，測定している感情は，「怒り」「不安」など，全部で12種類である。なお，実際に，この気分形容詞チェック表によって測定された感情状態の違いが，種々の行動に影響することも確認されている (Heimstra et al., 1967；Hornstein et al., 1975)。

②多面的感情状態尺度 (Multiple Mood Scale：MMS)

　この尺度は，特定の質問紙をモデルとしたものではないが，これまでの諸外国の研究で用いられてきた英語の形容詞をもとに，作られた尺度であり（寺崎ら，1992)，短縮版も作成されている（寺崎，1991)。具体的には，感情状態をあらわす形容詞（「気がかりな」など）80項目のそれぞれに対して，4段階（「全く感じていない」「あまり感じていない」「少し感じている」「はっきり感じている」）で評定する。この尺度では8種類の感情状態（それぞれ10項目ずつ）が測定される。すなわち，ネガティブな感情状態が3種類（「抑鬱・不安」「敵意」「倦怠」)，ポジティブな感情状態が3種類（「活動的快」「非活動的快」「親和」)，比較的ニュートラルな感情状態が2種類（「集中」「驚愕」）である。そして，それぞれの感情の種類ごとに，個々の項目の素点（1〜4点）を合計すれば（得点可能範囲は10点〜40点)，どのような感情状態を感じているかを特定することができる。

③ポジティブ・ネガティブ感情一覧 (Positive and Negative Affect Schedule：PANAS)

この質問紙は，ポジティブ感情とネガティブ感情だけを測定するために，開発されたものである（Watson et al., 1988）。回答方法は，20個の形容詞のそれぞれに対して，どの程度感じているかを5段階で回答する。この質問紙の特徴は，実験の目的に応じて，感情を調べる時期を区切って同じ質問を行なうことができる点にある。具体的には，教示の際に，「今（moment）」「今日（today）」「この数日（past few days）」「今週（week）」「ここ数週間（past few weeks）」「今年（year）」「一般に（general）」というように，時期を設定すればよい。

④気分プロフィール検査（Profile of Mood States：POMS）

この検査は，一時的な感情の変化を測定するために開発されたもので（McNair et al., 1992），「緊張－不安」「抑うつ－落込み」など6種類の気分を同時に測定できる（横山・荒記，1994）。具体的には，「生き生きする」「いらいらする」などの感情に関連した65項目のことばそれぞれに対して，「全くなかった」（0点）から「非常に多くあった」（4点）までの5段階で回答する。この検査の特徴は，先に述べたポジティブ・ネガティブ感情一覧（Watson et al., 1988）と同様に，教示の際に，「現在」「今日」「この3分間」などと感情を評価する期間を変更できる点にある（横山・荒記，1994）。

⑤活性・弛緩形容詞チェック表（Activation Deactivation Adjective Check List：ADACL）

このチェック表は，感情の中でも，とりわけ，覚醒（arousal）に焦点を当てたものである（Thayer, 1967；1978a）。被験者は，覚醒に関係した形容詞（「眠い」など）48項目に対して，その時点での感情の状態を4段階で評定する。測定されるものは，「活性（general activation）」「疲労（deactivation-sleep）」「緊張（high activation）」「弛緩（generaldeactivation）」の4つの感情状態である。その後，Thayer（1978b）は，20項目からなる短縮版を作成している。日本でも，日本語版の活性・弛緩形容詞チェック表と短縮版の両方が，板垣ら（1994）によって作られている。

⑥一般感情尺度（General Affect Scales）

この尺度は，回答者の負担や回答時間を減らすために，少数の項目で快や不快などの全体的な感情状態を測定する尺度として，小川ら（2000）によって開

発されたものである。この尺度項目は，寺崎他（1992）の多面的感情状態尺度，Watsonら（1988）のポジティブ・ネガティブ感情一覧に加え，畑山ら（1994）による覚醒用のアラウザルチェックリスト（General Arousal Checklist：GACL）が参考にされている。この尺度は，ポジティブ感情（「楽しい」など），ネガティブ感情（「恐ろしい」など），安静状態（「ゆっくりした」など）を反映する3つの下位尺度項目8項目ずつ，合計24項目からなっている。それぞれの質問項目に対して，「まったく感じていない」から「非常に感じている」までの4段階で答える。

(2) 感情をチェックする尺度の使用上の注意点

ここで述べたような感情をチェックする尺度を使う上で，もっとも大きな問題点は，先にも述べたように，感情のチェックを何度も行なうことで被験者に，実験の目的がさとられてしまい，要求特性の問題が生じてしまうということである。このようなことを避けるためには，先に述べたように，感情のチェックと主課題とが別の実験であるように思わせるなどの工夫を考えるべきであろう。また，感情のチェックの時に，ここで述べた自己報告式の質問紙の代わりに，生理的指標，心理運動的課題，表情の評定などといった非言語的な感情のチェック（2章を参照）を使うことも，もっと考えられてよいと思われる（Larsen & Sinnett，1991も参照）。

5．終わりに

一般に，感情は，気分（mood）と情動（emotion）の両方を含んだ総括的なものを指すといわれる（Forgas, 1992）。気分とは，強度が比較的弱いながらも持続的な感情状態であって，気分を喚起した明確な先行要因が本人にはわからず，そのため，「いい気分」とか「悪い気分」といった程度のおおまかな区別しか認められない。これに対して，情動とは，気分よりも強烈な覚醒を伴い，短時間しか持続しないが，情動を喚起した原因（「自尊心を傷つけられることをいわれた」など）が明確なために，その内容も「怒り」とか「恐れ」のように明確に区別することができる。

3章 感情の操作方法の現状

　この章では，記述を簡略化するために，このような気分と情動の区別をあえて行なってこなかった。しかし，このような区別にしたがうのならば，ここで述べてきた感情は，そのほとんどが気分であって，情動とは言い難い。また，操作される感情が気分に限定されることによって，検討される感情の種類も，大ざっぱに言って，ポジティブ感情とネガティブ感情の2種類しか検討できていない。

　そもそも，われわれは日常生活において実にさまざまな種類の気分や情動を感じている（Oatley & Duncan, 1992, 1994）。したがって，研究の生態学的妥当性（ecological validity）を高めるためには，どのような操作がどのような種類の気分や情動を操作しているのかを明確に位置づけることが重要である。それに加えて，さまざまな種類の気分や情動をこまかく操作できるような方法についても，今後，考えていかなければならないと思われる。

4章

感情と認知をめぐる研究の過去・現在・未来

1. はじめに

　1章では，発達的観点からさまざまな感情理論への詳細な言及がなされた。本章では，人が生きているシステムの中で感情がどのように位置づけられ，研究されてきたか，そして認知心理学と感情心理学が今後どのように手を携えていくべきかについて，認知と感情のかかわりという観点から迫っていきたい。しかし，『まえがき』にも述べられているように，感情にまつわる研究はあまりにも膨大で混沌としている。既存の多くの心理学概論書や感情心理学の書物では，これまで数え切れないほど詳細な感情の分類や記述がくり返されてきたが，それでは人間の生活システムにおける感情の働きをとらえるのがむずかしい。そこで本章では，まず，これまでの感情研究における主要な感情のとらえ方と，感情へのアプローチについて，おおまかに整理する。そして，これを踏まえて，感情への認知的なアプローチへと踏み込んでいくことにする。本章が感情とは何かを考えるきっかけになれば幸いである。

2. 感情をどのようにとらえるか

(1) 感情の起源についての議論

　そもそも感情とは何なのか。なぜ生まれたのか。これは古くから論じられ，いまだに統一された見解を見ない問題である。なぜなら，研究者の立場によって感情のとらえ方そのものが異なるからである。研究の立場の違いとは，進化適応的観点，生理的観点，認知的観点，社会文化的観点の，いずれから切り込むかというアプローチの違いである。感情のとらえ方の違いとは，感情を状態としてとらえるのか，特性としてとらえるのか，機能としてとらえるのか，シ

ステムとしてとらえるのか,という感情の定義,位置づけの違いである。感情研究を複雑にしている原因は,これらの立場の違いと感情のとらえ方の違いが絡み合っていることにある。

たとえば,多くの表情研究は,進化適応論的な背景をもちつつも,方法論的なアプローチとしては,たぶんに特性論的であり,また,カテゴリー分類的である。また,臨床心理学や精神分析的な立場からすれば,直面するのはクライアントや患者の今現在の感情状態であるが,その状態をもたらした彼らの特性や過去経験などと現在の状況とのもつれた糸をときほぐそうと試みる。あるいは,最近の社会的認知研究においては,1つの感情が1つの行動を担うという単純な機能論ではなく,感情は情報処理方略の選択を決定し,その処理の中で感情の役割が異なるという,複雑な感情混入モデルが流行している。

ここでは,感情を考える上で重要な「何を感情とするのか」について,主要な立場を整理しておこう。

(2) 適応システムとしての感情―進化論的な立場から―

進化論的な立場からは,感情とは人が危険を回避したり危機を克服したりするために必要な生理的な準備態勢に起源を発するものであり,適応上必要なシステムである。ここから生まれたのが,喜び,悲しみ,恐怖,怒り,嫌悪,驚きといった,いくつかの基本的な感情(および表情)が神経的な基盤をもった適応的な実体として存在し,また,それゆえに文化普遍的であるいう基本感情理論(basic emotions theory)である(たとえばEkman et al., 1972;Izard, 1971)。古くはDarwin(1872, 1877)に端を発し,現在ではEkmanやIzardが中心的存在となっている。Izard(1991)はさらに,感情が進化した理由として,幼児と介護者の間の社会的絆を確かなものにすることと,母子間のコミュニケーション手段を確実にし大人とのコミュニケーションを促進することの2点をあげている。また,若干方向性が異なるのがPlutchik(1962, 1980)で,基本単位の感情の種類と強弱の組み合わせによって多様な混合感情が生じると考えている。このような基本感情理論は,さまざまな感情理論の中でも,私たちがもつ素朴な感情観にかなり近いものといえるだろう。

進化論的な立場でありながら,他の基本感情理論とは異なる理論化を行なっ

ているのが，戸田（1992）である。彼は行動の選択や実行における心的なソフトウエアとして「アージ・システム（urge System）」を提唱している。アージ・システムの中での個別の働きはアージとよばれるが，これは一般に私たちが想定している感情の概念を越えた広範なもので，より知的欲求的なものや，より生理欲求的なものを含んでいる。このアージ理論が他の感情理論と大きく異なる点は，「感情が行動選択を導く高度に複雑なシステムであると仮定している」（竹村，2001，p.178）ことにある。

(3) 社会的機能としての感情―社会的構築主義の立場から―

基本感情に真っ向から対立する立場としては，社会的構築主義（social constructivism）がある。これは，感情は「あくまでも社会化の過程を通じて漸次的に獲得される，あるいは構成される」（遠藤，1996）と考える立場である。代表的な研究者として，Averill（1980，1990），Harré（1986），Gargen & Davis（1985）などがあげられる。

Averillは，感情を「状況に対する個人的な評価を含んだ，能動的な行為（action）というよりは受動的な情念（passion）といえる，一時的な社会的役割（social role），あるいは社会的に引き起こされたシンドローム」（Averill, 1980, p.312）と定義している。Averillの考えでは，状況の評価やそれに基づく反応は，人がある特定の文化の中で社会化される過程において学習した，社会的に定められた規則に従って解釈される。その解釈が感情なのである。たとえば，「攻撃」は感情そのものではなく，「怒り」を経験しているとき（つまり「怒っている」と解釈されるとき）にしばしば表出される行動の1つに過ぎず，攻撃しているから怒っているとも限らない。しかし，しばしば攻撃は怒りそのものととらえられる。それはまさに，攻撃が怒りの社会的機能であるからだ。表情表出もまた，感情そのものではなく，社会的構築性をもった反応に過ぎないのである。

(4) 状態または特性としての感情

Cattell & Scheier（1961）やSpielberger（1966）以来，多くの研究者は，感情現象が状態と特性の2つの面をもっていると考えている。たとえば「不安」

という感情には，今現在不安な状態にあるという「状態不安」と，人格特性として不安になりやすいという「特性不安」がある。ここでいう状態と特性は，おもにその感情の持続時間の違いで区別される。状態は比較的短時間で一過性の経験であり，特性は特定の同じ感情を経験しやすいかどうかの個人的傾向で長期にわたる安定した性質である。イザード（Izard, 1971）は，感情特性を補完する概念として「感情閾値」という語を用いている。ある感情に対する閾値が低ければその感情を経験しやすくなるため，特性も強まると考えられる。

(5)「感情」は不要であるとする立場

感情とは何かという以前に，そもそも感情などという概念は必要ないという立場もある。Duffy（1962）やLindsley（1957）などである。たとえばDuffy（1962）は，人の行動はすべて，Wundtの「緊張―弛緩」のような，生体の覚醒という概念で説明できると考えた。行動は状況に接近するか回避するかの「方向」と，覚醒強度の2次元上で変化するというのである。そして，覚醒あるいは活性化という概念の方が，感情の概念よりも説得力があり，混乱が少ないと主張した。このような立場は，感情への次元的なアプローチにもつながるものである。

3．感情へのアプローチ

(1) 表情表出研究からのアプローチ

表情研究ではしばしば6～10程度の基本感情カテゴリーを想定して，表情の分類や意味づけを行なっている。Ekman（1984）は6つ，Plutchik（1984）は8つ，Izard（1977）は10の基本感情を想定している。進化論的観点に基づいた基本感情理論では，感情表出は神経レベルで規定されたものであるから，民族や文化に関係なく，基本的な表情の表出と認識のカテゴリーは普遍的であるとされる。実際Ekmanが組織した多くの研究で，これを支持する結果が得られていると彼は主張する（Ekman & Friesen, 1971；Ekman et al., 1987）。また，文化によって異なる表情表出や認識については，文化固有の表示規則（display rules）の制約によるものであるとして，あくまで基本の表情は文化

普遍的であると主張している（Ekman & Friesen, 1971）。

にもかかわらず，Ekmanなどによる表情研究には，依然として大きな疑問が呈されている。1つは，普遍的な基本表情という考え方には，表情はコミュニケーションの文脈の中で感情が表出されたものであるという視点が抜けているのではないかということである。そして，いくつかの表情が普遍的に表出・認識されるからといって，それが感情自体の普遍性を保障するものではないということである。Ekmanらは表情の文化差は表示規則による制約によるものにすぎないとみなしているが，文化はむしろ感情形成そのものに深くかかわっているのではないか。また，Ekmanらの実験で用いられている典型的で人工的な表情（たとえばEkman & Friesen, 1975）では確かに同定率が高いが，そうでない自然な表情では認知率が低いという傾向がある（Motley & Camden, 1988）。つまり，人工的環境での研究結果を現実世界へと一般化する際の生態学的妥当性に疑問があるということである。これらの，おもにEkmanに向けられた表情研究批判の急先鋒はRussell（Russell, 1991a, b, 1994；Russell & Fehr, 1987）およびFridlund（1991, 1992, 1994, 1997）である。

Russellらの批判に対して，もちろんEkmanは反論している（Ekman & O'Sullivan, 1987；Ekman et al., 1991；Ekman, 1994）。しかし，すべての感情に普遍的で固有の表情が存在する（Ekman, 1984）という強固な主張から，普遍的な表情は必ずしも感情の証拠ではなく，また，普遍的な表情が見られないからといってそれが感情でないとは言えない（Ekman, 1994）というように，その主張には変化もみられる。

(2) 次元的観点からのアプローチ

一方，表情写真や感情表現語といった感情的な刺激に対する評定判断を元にした因子分析などから，2～3程度の認知次元を析出する研究も行なわれている。もともと感情や主観的な感情経験を人格と行動の次元として概念化したのはSpencer（1890）であるといわれているが，それを発展させたのはWundtである。Wundt（1896, 1910）は，感情経験が，快―不快（pleasure-unpleasure），興奮―沈静（excitement-calm），緊張―弛緩（tension-relaxation）の3つの次元によって説明できると主張した（図4-1）。この感情次元の考え方をさらに発

展させたのが，DuffyやSchlosbergなどである。Schlosberg（1941，1952）は表情写真の分類をもとに，快―不快（pleasant‐unpleasant）と注目―拒否（attention‐rejection）の2軸をもつ円環上に6つの感情が配置されることを説明したが，後に活性化の次元として，睡眠―緊張（sleep‐tension）を加えた3次元の感情の基本次元モデルを提唱した（Schlosberg, 1954；Engen, Levy & Schlosberg, 1958）。

その後の研究では，快にかかわる次元と，覚醒あるいは活性にかかわる次元の2軸はほぼ共通しており，第3次元が研究者によって注意，受容，制御などと，微妙に異なっている。感情の次元モデルでは，個々の感情刺激を，多くのカテゴリーに分類するのではなく，わずかな次元で構成される空間に配置することができるというメリットがあるため，現在でも研究は進められている（たとえばRussell, 1980, 1983；Tellegen, 1985）。

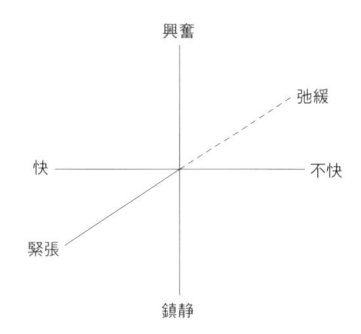

図4-1a　感情の3次元モデル
（Wundt, 1910；濱ら, 2001）

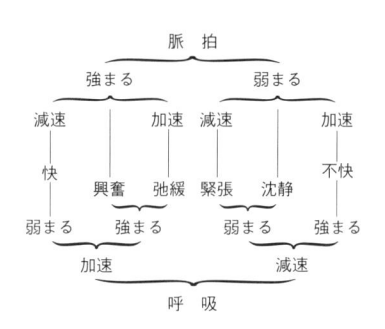

図4-1b　生理学的根拠
（Wundt, 1910；濱ら, 2001）

（3）生理的視点からのアプローチ

感情の生起にかかわる基本的な立場として，Jamesの説とCannonの説にも触れておく必要があるだろう（多くの心理学書に紹介されているので概要にとどめる）。日常の経験からもわかるように，感情経験には生理的変化が伴っている。しかし，感情を経験する（自覚する）のと，生理的な変化が起こるのとは，いったいどちらが先なのか。James（1890）は「悲しいから泣くのではない，

泣くから悲しい」という感情の末梢起源説を唱えた。感情喚起的な刺激を受けた大脳皮質は骨格筋や内臓を賦活し，その状態が大脳皮質に伝わることで私たちは感情を経験するというものである。これに対してCannon（1927）は，感情刺激はまず視床に伝わり，視床の活性パターンが大脳皮質に伝わることで感情を経験する一方で，それが骨格筋や内臓にも作用するという，感情の中枢起源説を唱えた。

　JamesとCannonの理論を巡って，多くの研究者がそれぞれの立場に立って研究を進め，いずれが正しいかを競った。その中から，Schachterは修正James主義を名乗りながら，結果としてJames派とCannon派の両方の研究を包括するような感情の2要因説を提唱した（Schachter, 1964）。また，感情の進化説やJames説に対して痛烈な批判を行なったArnoldは，感情は動機づけとして働くと考え，感情の対象が個人にとって有益か有害かを評価することが重要であるという認知説に立ったが，それぞれの感情にはまた，他の感情と区別できるような身体活動のパターンがあることも確信していた（Arnold, 1960a）。立場がまったく違うSchachterとArnoldであるが，いずれも生理と認知（評価）の2つの要因を重視し，また，知覚の直後に生理的変化が起こると想定した点がよく似ていることは興味深い。ほぼ同時期に，Lazarus（1966）も認知的評価の2過程説を唱えており，この3人の認知説が現在の認知的感情理論の基礎になっているといえる。なお，認知的感情理論については，次節で詳しく論じることにする。

　一方，解剖学的な所見に基づいて，感情における脳の働きをより詳細に論じたのが，PapezとLeDouxである。Papez（1937）は，視床下部が感情表出，大脳皮質が感情体験にかかわるというキャノン＝バード説を踏まえた上で，多くの臨床実験データを根拠に，感情の中枢は単一の部位ではなく大脳辺縁系にあると考えた。そして，情報は視床から3つの経路にわかれ，大脳皮質，大脳基底核，視床下部へと伝わり，それぞれの経路は思考，運動，感情に関係するとした（図4-2a）。このうち3つ目の，感覚視床から視床下部，視床前核，帯状回，連合野，海馬，視床下部とつながる閉回路（図4-2b）が，Papezループとよばれる感情回路である。帯状回から連合野（大脳皮質）に情報が入ることで感情体験が生じ，さらに大脳皮質から海馬を通して視床下部に情報が流れるこ

4章 感情と認知をめぐる研究の過去・現在・未来

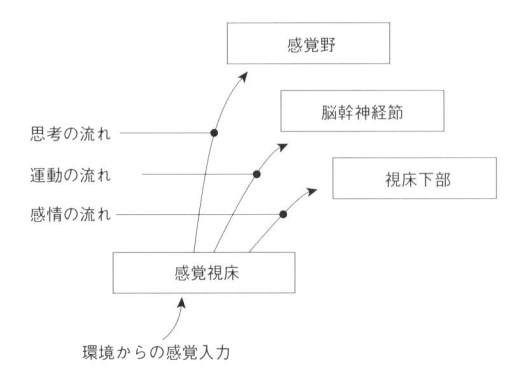

図4-2a　感情情報の3つの流れ（Corelins，1996より作成）

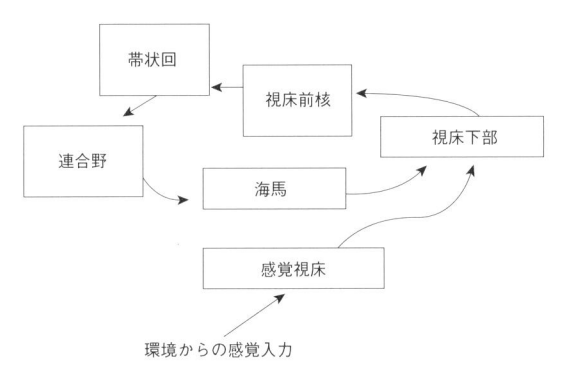

図4-2b　Papezループ（Corelins，1996より作成）

とで，感情表現に影響を与える。認知回路もまた，この感情回路の近くを通っているために，記憶や思考も感情的な色彩を帯びると考えられるのである。また，LeDoux（1986，1987，1989）は，感情の処理経路には，大雑把であるが自動的で迅速な処理が行なわれる扁桃体を中心とした大脳辺縁系によるものと，複雑で高次の認知的な処理が行なわれる新皮質から扁桃体にいたるものとがあるという，感情処理の二重経路説（dual pathway theory）を唱えた（図4-3）。LeDouxの二重経路説は，Zajoncが主張する感情先行説の根拠の1つともなっているが，実際には，もう一方のLazarusによるすべての感情反応は認知的評価に基づくという主張をも支えるものになっているのは興味深い。

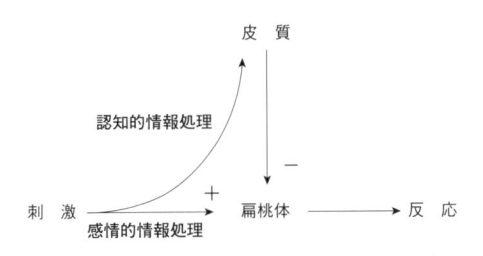

図4-3 感情の二重経路説 (LeDoux, 1987；濱ら, 2001)

4. 感情への認知的なアプローチ―認知的感情理論をめぐって―

(1) 認知的感情理論の始まり

　Arnold (1960a,b) は，感情は，知覚（対象の単なる感知）と評価の概念によって記述される一連の事象の結果として生じるものであるとした。Arnoldにとっての評価とは，「直接的，即時的，短慮で，知的でない，そして自動的な」性質をもつものであった。Schachter & Singer (1962) の，エピネフリン（交感神経を覚醒させる薬品）を用いた有名な実験は，生理的変化そのものが感情をもたらすのではなく，生理的覚醒と覚醒を引き起こした状況に対する認知的評価（あるいはラベル付け）によって感情が生じるという結果をもたらした。そして，感情が生起するためには，生理的覚醒（physiological arousal）と状況適合的認知（situational-appropriate cognition）の両方の働きが必須であるという，感情2要因説を唱えた。認知的感情理論の発端である。

　しかし，Schachterはその後，Marshall & Zimbardo (1979)，Maslach (1979) らによる追試失敗を受けて，感情の2要因説から生理学的還元論へと方向を変えている（Schachter, 1980）。

　この後，1章でも触れているように，1980年代にLazarusとZajoncによる感情－認知論争が繰り広げられた。極論してしまえば，感情の発現における認知先行説に対して，Zajoncは認知が存在しなくても感情が発現しうると主張し（Zajonc, 1980, 1984），Lazarusがさらにこれに反論（Lazarus, 1982, 1984）したものである。ここでは，認知と感情ははたして独立しているのか否かという視点から，やや詳しく双方の主張とその後の展開を見ていくことにしよう。

(2) Lazarusの感情先行処理説（Affect primacy theory）

　Lazarusはストレスに対する対処や克服，すなわちコーピング（coping）という観点から，基本レベルの2つの認知的評価（cognitive appraisal）の過程を想定した（図4-4）。Lazarusはこれを個別的評価要素（individual appraisal components）とよんでいる。1つは，直面する状況が自分にとって有害か有益か，その種類と程度を評価する一次的評価（primary appraisal）である。もう1つは，その状況にどのように対処するかを評価する二次的評価（secondary appraisal）である。二次的評価は，一次的評価で有益とされた状況に対してはさらに利益を得られるように，有害とされた状況に対してはいかにしてそれを克服あるいは回避するかを評価するものである。なお，Lazarusは当初，評価という用語について，有害さについての評価のみを定義したが

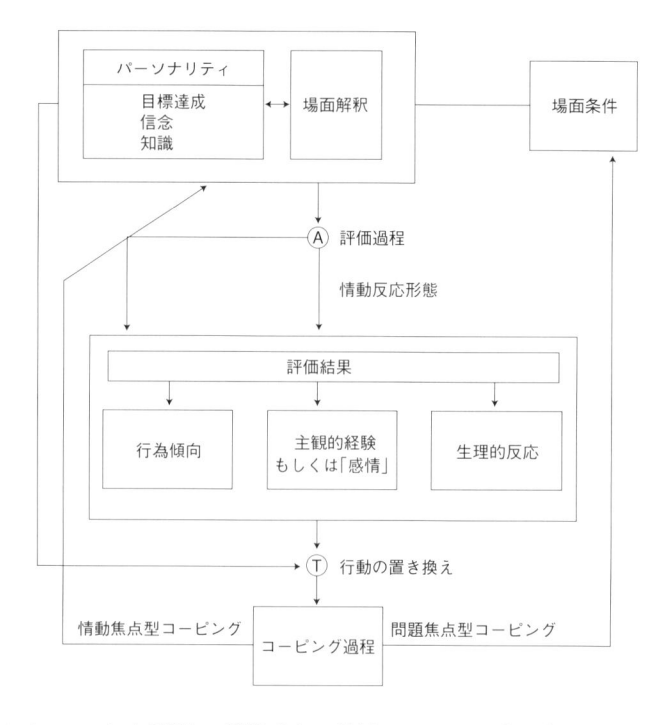

図4-4　Lazarusによる認知・動機づけ・感情システムのモデル（Lazarus, 1991）

(Lazarus & Opton, 1966), 後に有益さについての評価も含むようになった(Lazarus, 1984)。

さらにLazarusは, 感情とはこれらの基本的な評価過程の結果, 全体的なレベルとして生じるものであると考えた。そして, ある状況と自分との関係によって生じる中心的な害あるいは益で, 特定の感情の根底にあるものを, 中心的関係テーマ (core relational themes) とよんだ (Lazarus, 1991)。中心的関係テーマは, 前述した個別的評価要素が結びつくことで生まれるもので, ある状況がある人にもたらすものと, その人がその状況にもたらすものについての, 関係の意味 (relational meanings) である。Lazarusは, 個人的な関係の意味から, 特定の感情が生まれると考えている。彼が想定した中心的関係テーマの一例を, 表4-1に示す。

表4-1 Lazarusによるいくつかの感情に対する中心的関係テーマ (Lazarus, 1991)

怒り	自分や家族に対する品のない攻撃。
不安	不確定な存在に関するおそれに直面すること。
驚き	直接の具体的で圧倒的な身体的危機に直面すること。
罪悪感	道徳規範を犯したこと。
恥	理想自己に従って行動することに失敗したこと。
悲しみ	取り返しのつかない喪失を経験したこと。
妬み	他の人が持っているものをほしがること。
やきもち	他者の愛情の喪失やその恐れに対して第三者を恨むこと。
嫌悪	不愉快な対象や観念に取りつかれたり, 近づきすぎたりすること (比喩的にいうと)。
幸福	目標の実現に向けてうまくいっていること。
誇り	価値のある対象や達成を, 自分自身や仲間のグループや, グループの誰かの手柄にして自我同一性を高めること。
安心	ひどく思い通りにいかない状況が良い方向に変化したり去ってしまったこと。
希望	最悪を恐れ, 良い方向を切望すること。
愛	愛情を望み, また共にすること。通常必ずしも報われるとは限らない。
同情	他者の苦しみに動かされ助けたいと思うこと。

Lazarusによる感情の認知説 (Lazarus et al., 1970 ; Lazarus & Averill, 1972 ; Lazarus, 1982, 1984) や, より最近の「認知・動機づけ・関係説 (cognitive-motivational-relational theory)」 (Lazarus, 1991 ; Smith & Lazarus, 1993) の中で展開しているのが, 特定の感情には特定の評価パターン, つまり個別的評価要素と中心的関係テーマが先行するという考えである。

(3) Zajoncの認知感情独立説（Cognition-feelings independent theory）

　LazarusやSchachterは，感情の発生には，状況が生体にとって有害であるかどうかの認知的評価が不可欠であると主張した。これに対して，Zajoncは，感情体験が認知を経ずに起こるかどうかを検討するために，多数の単純接触効果（mere exposure efects）の実験を行ない，認知先行説に対抗した（Kunst-Wilson & Zajonc, 1980 ; Moreland & Zajonc, 1976, 1977 ; Zajonc, 1980, 1984）。単純接触効果とは，人は特定の刺激にくり返しさらされることによって，その刺激を好むようになる，というものである。

　たとえばMoreland & Zajonc（1977）は，アメリカ人学生に対して，漢字などの（彼らにとって）無意味な刺激をくり返し提示した。同じ刺激がくり返される回数条件は5段階（0，1，3，9，27回）設定された。刺激提示終了後，刺激リストを見せて，半数の被験者には見覚えがあったかどうかの熟知度とその確信度を評定させ，残りの半数には好意度を評定させた（提示0回の刺激は新規項目となる）。提示回数，熟知度，再認確信度などと，好意度との重回帰分析を行なったところ，好意度評定は提示回数と最も強い関係（$\beta = .55$）にあることが示された。

　また，Kunst-Wilson & Zajonc（1980）は，閾下刺激を用いてさらに認知水準を直接的に操作する実験を行なった。彼らは，実験を2段階に分け，まず8角形の図形10種をそれぞれ5回ランダムに1ミリ秒提示した。次に，先の10種の図形（旧項目）と新たな10種の図形（新項目）をペアにして，いずれの図形が好きかの判断と，以前に見たのはいずれの図形かを判断させるとともに，それらの判断の確信度を3段階で評定させた。この結果，再認成績はほぼチャンスレベルであったが，好意度の判断において旧項目の方が新項目よりも好まれることが多かった。

　Zajonc（1980）はさらに，感情と認知の独立性を仮定したモデルと，認知が感情を媒介することを仮定したモデルについて，実際のデータ（Moreland & Zajonc, 1977）との整合度指数（goodness of fit）を計算し，独立性モデル（指数値39.0）の方が媒介モデル（指数値83.6）よりもデータとの整合度が高いことも示した。これらの結果を踏まえてZajoncは，図4-5に示されるように，感情は認知の関与がなくても生起しうること（感情先行説），それゆえ，感情

と認知は別個あるいは部分的に独立したシステムであること（認知感情独立説）を主張した（Zajonc, 1980, 1984）。

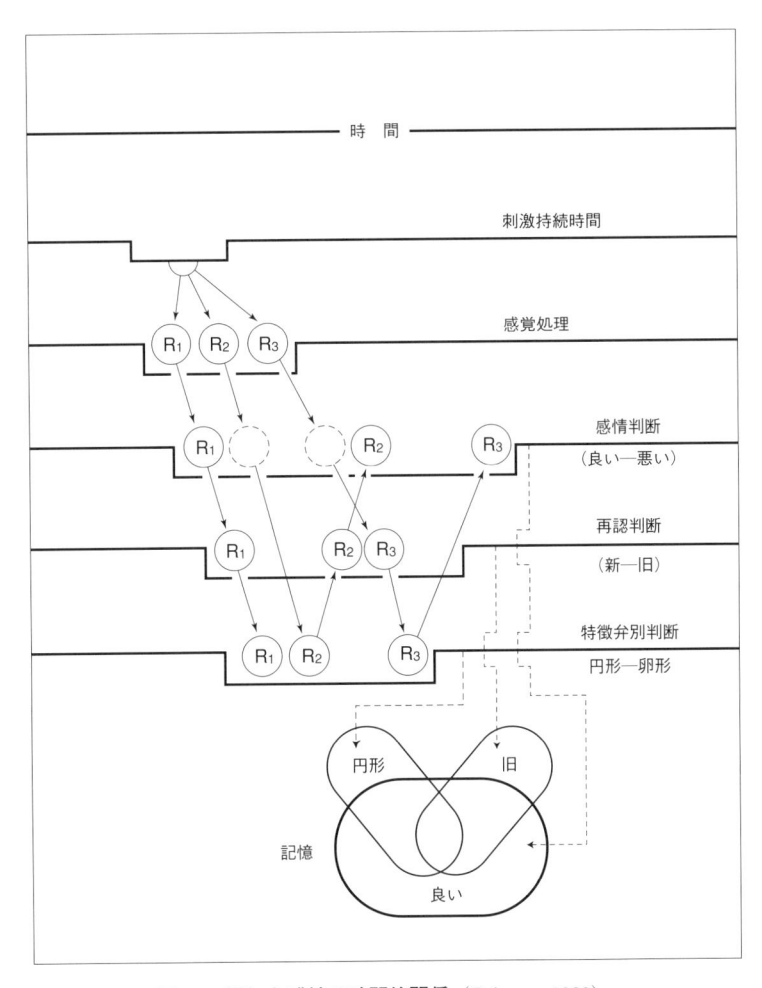

図4-5　認知と感情の時間的関係（Zajonc, 1980）

（4）LazarusとZajoncの根本的な違いは何か

　ZajoncとLazarusの論争では，一見すると感情先行か認知先行かが争われて

いるように見えるが，じつは両者の認知観と感情観のすれ違いによるところが大きいとする指摘も多い（たとえば，Cornelius, 1996；加藤, 1998）。Zajoncは認知を，刺激の純粋な感覚入力ではなく，最低限の心的活動（mental work）を含み，多少なりとも情報処理することと考えている（Zajonc, 1980）。そして，心的活動とは，主観的に体験できる形態へと入力されたもの変換するような感覚入力への操作や，記憶から何かを活性化することと述べている。再認されないということは意識的に処理されていないということであり，したがって刺激は認知されていないとみなすのである。これに対してLazarusのいう評価とは，刺激が自分にとって快か不快かの判断や，さらに，危険か否かを識別するような，より原始的な，刺激に対して固定された生得的な反応さえ含むものである。刺激を受けて感情が生じるためには，それがどんなにわずかで自動的であろうと，ある種の評価が必要であり，ゆえに認知が感情に先行すると考えている（Lazarus, 1982）。つまり，Zajoncは刺激特徴の最低限の弁別は認知とはみなしていないのに対して，Lazarusはそれも認知であると主張しているのである。

　2人の感情観の違いも重要である。Zajoncは，好き嫌い，好み，評価，快不快の経験を感情反応（affective reaction）とよんでおり（Zajonc, 1980），実際，一連の研究は，こうした非常に単純な肯定的／否定的な感情判断，いわば感覚的好み（preference）のみを対象としている。一方のLazarusは，感情は人が生きる上での中心的関係テーマに関与したときに生じる，つねに変化する自己と状況との関係を反映した複雑なものと考えており，Zajoncが扱っている「好み」は感情とはよべない曖昧なものだと反論している（Lazarus, 1982, 1984）。

（5）知覚的流暢性と感情への誤帰属

　ところで，Zajoncの主張に対しては，Lazarusとは別の立場からの批判もある。それは，単純接触効果は知覚的流暢性（perceptual fluency）を感情（好み）に誤帰属（misattribution）しているとするものである。知覚的流暢性とは，「ある特定の刺激の処理が，容易で，処理速度が速く，効率のよい状態であること」（坂元, 2002）を指す。つまり，情報を処理しやすいという性質であり，これは潜在記憶（implicit memory）の影響を受けるといわれている

(Banaji & Greenwald, 1995；Jacoby & Kelley, 1987；Jacoby, Kelley, Brown & Jasenchko, 1989；Jacoby, Woloshyn & Kelley, 1989；Whittlesea, 1987, 1993)。

たとえばJacobyら（Jacoby, Kelley, Brown & Jasenchko, 1989）は，被験者に人名の発音のしやすさを評定させて，その直後か1日後のいずれかに，リストにあった人名（旧項目）と新たな人名（新項目）を混ぜて，名前の有名性を評定させた。その結果，発音評定の直後では旧項目の方が有名性が高いと判断されたのに対して，1日後では新旧項目の有名性判断に差がなかった。このことから，発音評定課題の直後では人名を見たことが顕在記憶（explicit memory）としてあるために有名性への誤帰属は生じなかったが，1日経つと見覚えの顕在性が低下して潜在記憶化してしまったために，旧項目の名前に対する熟知感（familiality）を過去経験に帰属せずに，有名性へと誤帰属してしまったと考えられる。

さて，Bornstein（1989）は，メタ分析によって，刺激が閾下提示したときの方が閾上提示したときよりも強い単純接触効果が得られること，再認の正確さと単純接触効果の強度には負の相関があることを示した。このことを確認するために，Bornstein & D'Agostino（1992）は，大学生女子の写真と多角形を刺激に用いて，提示時間（500ミリ秒か5ミリ秒）と接触頻度（0，1，5，10，20回）をさまざまに変えて実験を行ない，閾上と閾下における単純接触効果を比較した。この結果，刺激が写真であっても多角形であっても，閾上提示よりも閾下提示の方が強い単純接触効果が得られた。また，閾上提示の場合，写真の場合のみ接触頻度が高くなるにつれて再認率が上昇したが，多角形では再認率の上昇は見られなかった。また，多角形をより識別しやすい図形にした場合には，閾上提示の場合に接触頻度が高くなるにつれて再認率が上昇した。さらに別の研究（Bornstein & D'Agostino, 1994）では，閾下提示（5ミリ秒）された刺激への好意度判断をさせる前に，被験者に与える教示を操作した（対象が旧項目であるという教示／対象が新項目であるという教示／教示なし）。この結果，いずれの場合も単純接触効果は得られたものの，対象が旧項目であると教示された場合には他の教示の場合よりも好意度が低かった。また，提示時間を100ミリ秒にした場合には，新項目であると教示した場合に好意度が上昇した（単純接触効果が割増された）。

これらの実験から，Bornsteinは，Zajoncらの実験におけるくり返し提示による好意反応の増加は純粋な感情反応ではなく，同じ刺激をくり返し経験することで知覚的流暢性が増して当該刺激への熟知感が高く感じられるようになり，それを「好ましい」と誤帰属したために生じたものであると考えた。また，閾下提示であっても知覚的流暢性を先行経験に帰属させれば好意反応は減少し，閾上提示であっても知覚的流暢性を先行経験に帰属させることができなければ好意反応が増加することからも，単純接触効果には単なる知覚的入力以上の高次の認知的処理が介在している可能性を指摘した。つまり，単純接触経験のある刺激に対して再認はできないが好意度が増したことをもって，Zajoncは顕在記憶がないことを認知が生じていない証拠と考えて感情先行説を唱えたのに対して，Bornsteinは潜在記憶に関係する熟知感と誤帰属という認知の働きによってそれを説明したといえる。

一方，感情先行説を補強するため，Murphy & Zajonc（1993）は，閾下と閾上で，感情プライミング（affective priming）と認知プライミング（cognitive priming）の効果を比較する実験を行なった。彼らは，男女の笑顔としかめ顔の写真を，提示時間4ミリ秒の不可視条件と1秒の可視条件のもとでプライムとして提示した後に，漢字を提示して好意度（実験1）や良し悪し（実験2）を評価させた。この結果，不可視条件では表情写真による感情プライミング効果が得られたが（しかめ顔提示後よりも笑顔提示後の方が漢字に対する好意度が高かった），可視提示では感情プライミングの効果は見られなかった。また，プライムとして大きさを変えた図形を用いてターゲットの漢字が表わすものの大きさを評定させたり（実験3），男女の無表情写真を用いて漢字の女性性を評価させた（実験5）場合は，不可視条件ではプライミング効果が得られず，可視提示で認知プライミングの効果が得られた。感情プライミングは感情刺激そのものに対する好意度の評価ではないため，この結果は知覚的流暢性による解釈に対する反論ともなっている。

Lazarusとの議論同様に，BornsteinとZajoncの認知観も異なっているため，決着はつきにくいだろう。また，知覚的流暢性と感情に関する現象と理論の一致も完全ではない。今後の実験的検証が待たれるところである。

5.終わりに

　本章では,ほとんどカオス状態にあるようにさえ思われる感情研究を,かなり限定した切り口で整理してきた。感情をどのようにとらえるかと,感情にどのようにアプローチするか,である。そうしてみると,やはり,感情カテゴリーと表情表出にかかわる研究,進化論的立場の研究は非常に多い。しかし,近年の研究に目を向けると,認知的視点,および,社会的視点による研究が急激に増加しているように思われる。

　特に,1980年代以降,現在にいたるまで,感情と認知の相互作用に関する研究が盛んに行なわれている。Bowerによる気分一致効果（mood congruent effect）の実証研究と感情ネットワークモデル（Bower, 1981；Bower, 1991；Bower, Gilligan& Monteiro, 1981）は,賛同者も対抗勢力も含めて,まさにその中核的な存在である。そして,感情と認知の相互作用に関する実験室的な現象と,日常的現実と,理論をつなごうと試みているのが,Forgas（1995）による感情混入モデル（Affect Infusion Model：AIM）や,Teasdale & Barnard（1993）の統合的認知サブシステム（Interacting Cognitive Subsystems:ICS）といった,より多面的,複合的な認知感情理論である。

　今後は,これらの理論をさらに精緻化する方向がしばらく続くであろう。たとえば,Sedikides & Green（2001）は,中心的自己が周辺的自己よりも精緻化度,確実性,肯定性,診断性が高いため,中心的自己と周辺的自己ではAIMにおける処理過程が異なり,周辺的自己においてのみ気分一致効果がみられることを示している。このような研究は,本章で見てきたような感情そのものの起源や表出にかかわる研究ではない。むしろ,感情現象を前提として,それが実際の私たちの生活にどのようにかかわっているかというところに,関心が向いているといえるだろう。そのような,日常認知的な現象と感情とのかかわりについては,第5章以降に譲らせていただく。

日常的素材と感情

5章
感情とエピソード記憶

　記憶研究においては，古くから感情と記憶の関係に関心が向けられてきた。初期の研究では，不快な感情を伴う記憶は無意識に押しやられ想起されにくくなるというフロイトの抑圧説について検討が加えられていた（Rapaport, 1942）。近年では，感情と記憶の関係を解明するためにさまざまなパラダイムに基づいた研究が進められている。本章では，これらの研究の現状を概観し，感情と記憶に関する研究の方向性を考えていく。

1．研究デザイン

　伝統的な実験室的研究では記憶に関する素朴な疑問に答えることはできないとNeisser（1978）が主張して以来，日常生活における出来事が記憶研究の1つの素材となってきた。また，伝統的な実験室的研究においても，刺激材料が工夫され，生態学的妥当性の高い研究が志向されるようになっている。はじめに，感情と記憶の関係を検討した研究で用いられている方法や刺激材料，扱われている主要なテーマについて整理しておく。

(1) 研究方法と研究素材
　人間の記憶はいろいろな観点から分類が試みられているが，その1つにTulvingが提唱したエピソード記憶と意味記憶という分類がある（太田，1988参照）。表5-1に示したように，エピソード記憶は特定の経験の記録からなり，意味記憶は世界に関する一般的な知識からなっている。ここでは，表5-1のように，エピソード記憶を自伝的記憶と実験室的記憶に分けて考えておく。
　自伝的記憶は，人が日常生活の中で経験した個人的に意味のある出来事に関

する記憶であり，自己報告法により研究されている。具体的には，エピソード想起法や日誌法が用いられる。エピソード想起法では，過去を振り返って自由にエピソードを想起させたり（Waldfogel, 1948），適当な検索手がかりから連想されるエピソードの想起が求められる（Robinson, 1980）。また，一定期間をおいてくり返しエピソードを想起させ，どのような特徴をもったエピソードが安定して想起されるかが調べられることもある（Anderson et al., 2000；Bluck & Li, 2001；佐藤，1998）。日誌法では，エピソード想起法の欠点である出来事の事実としての信憑性を高めるために，被験者に日常生活の中で起きた出来事を記録していくことを求める（Burt et al., 2001；Linton, 1982；Wagenaar, 1986）。その後，日誌に書かれた出来事の記憶が調べられる。日誌法で扱っている素材もエピソード想起法と同様に自伝的記憶といえるが，研究期間中に生起した個人的経験を対象とするのが特徴である。

　実験室的記憶は，実験室という非日常的な場所で実験者によって与えられた刺激に関する記憶であり，伝統的な記憶研究法である学習－テスト法によって研究される。近年では，エピソード刺激として現実の生活を反映するような文章や写真，出来事を描写した一連のスライドやビデオが用いられている。

表5-1　エピソード記憶と意味記憶の区分（Cohen et al., 1993）

	エピソード記憶		意味記憶
	自伝的	実験室的	
情報のタイプ	特定の出来事 事物，場所，人々 （文脈に依存）	実験的材料リスト （文脈に依存）	一般的知識 出来事や事物に関する事実（文脈に依存しない）
記憶の体制化のされ方	年代順的（生起時間） 空間的（生起場所）	系列的順序	スキーマ（同じトピックに関連した一般的知識のまとまり）
情報源	知覚，個人的経験 ライフイベント	被験者としての特定の経験	くり返された経験からの抽象化 他者から学習したことの一般化
焦点	主観的現実性（自己） ：個人的意味がある	課題特有性 ：個人的意味はない	客観的現実性（世界） ：個人的意味はない

5章 感情とエピソード記憶

(2) 研究テーマ

　感情が記憶に及ぼす影響を調べる場合，どのような感情を問題とするかは，図5-1に示した枠組で考えると理解しやすい。1つは，エピソードによって喚起される感情がそのエピソードや時空間的に近接した事象の記憶に及ぼす影響を調べるものである。この場合，一時的な感情喚起が問題とされる。他の1つは，持続的な感情状態における記憶の特徴を調べるものである。

```
エピソード刺激の処理によって         感情状態によるエピソード
喚起される感情の記憶への影響         刺激の処理への影響

・フラッシュバルブメモリ              ・感情状態依存記憶
・凶器注目効果          ・感情一致記憶   ・抑うつ状態や不安状態
・快─不快の効果                      における処理の低下
・感情の強さの効果

    一時的感情喚起                   持続的感情状態
```

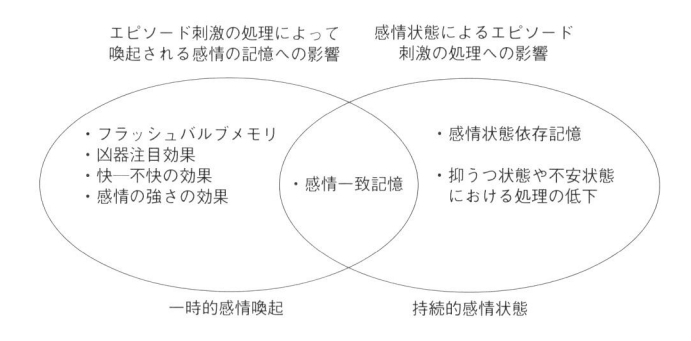

図5-1　感情と記憶研究の枠組と主要な研究テーマ

　一時的感情喚起の研究テーマとしては，驚くべき出来事を見聞きしたときの状況が長期間にわたって記憶されるフラッシュバルブメモリ（flashbulb memory）現象，ピストルやナイフのような凶器の存在がそれ以外の事柄の記憶を低下させる凶器注目（weapon focus）効果，エピソードに付随する感情の快－不快や感情の強さの違いが記憶に及ぼす効果などがある。持続的感情状態の研究テーマには，符号化と検索の両時点で感情状態が類似しているほど記憶がよくなる感情状態依存記憶（mood state-dependent memory），抑うつ的な感情状態や不安な感情状態における記憶能力の低下現象などがある。また，一時的感情喚起と持続的感情状態の両要因を考慮したテーマとして感情一致記憶（mood congruent memory）がある。これは，記銘あるいは想起のいずれかの時点において，その時の感情状態と処理すべきエピソード刺激の感情価が一致していると記憶が促進される効果である。

2．感情喚起的エピソードの記憶

　日常生活の中で実際に起きた事件や事故は，その体験者や目撃者に強い感情を喚起させる。このような出来事は，感情と記憶の関係を調べる格好の素材となる。そこで，強い感情を引き起こした公共的な出来事や個人的な出来事を利用した研究が行なわれている。しかし，このような自然場面で生起する出来事を対象とした研究計画を立てることはむずかしい。また，実際の出来事を素材とする場合，感情以外のさまざまな要因が出来事の記憶に関与している可能性が高い。そのため，日常場面で出会うような感情的な出来事をシミュレートした実験室的研究も進められている。本節では，実際の出来事やシミュレーション実験による感情喚起エピソードの記憶について見ていく。

(1) 公共的出来事の記憶

　Yuille & Cutshall (1986) は，白昼に銃砲店で実際に起きた銃撃事件を素材とした研究を行なった。事件直後に警察の事情聴取を受けた目撃者に対して，事件から4，5か月後に事件に関するインタビューが行なわれた。2度の事件に関する証言の比較分析により，内容の正確さにはほとんど変化が見られなかった。このことから，強い感情が喚起された出来事は長期間にわたって記憶されることが示唆された。

　強い不快な感情を伴うショッキングな出来事は，その出来事そのものが長期間にわたって記憶されているだけでなく，出来事を知ったときの些末な状況までもが記憶されていることがある。このような現象はフラッシュバルブメモリとよばれ，その特徴の解明が試みられている (Conway et al., 1994；高木，1990；Wright et al., 1998)。フラッシュバルブメモリ現象を初めて報告したBrown & Kulik (1977) の研究では，ケネディ大統領暗殺事件などの衝撃的な出来事を初めて知った時の記憶が調べられた。その結果，ほとんどの者がケネディ大統領暗殺事件を聞いた時の状況を思い出すことができると回答した。このように，出来事の主要な要素のほかに，その出来事を初めて知った時，どこにいたか，誰といっしょだったか，何をしていたかといった出来事と直接かかわりのない周辺的な情報も記憶に残っていた。このため，感情喚起的な状況を

一瞬にして記憶するような特殊なメカニズムが働いているという考え方もある（Bohannon & Symons, 1992；Brown & Kulik, 1977）。

しかしながら，数か月の間隔をおいてくり返しフラッシュバルブメモリの想起を求めると，2度目にはフラッシュバルブメモリの特徴が消失しているという報告もあり，必ずしもその出来事が写真のように正確かつ永続的に記憶されているわけではないことも指摘されはじめている（Neisser & Harsch, 1992）。

大橋（1996）は，阪神淡路大震災の地震前兆現象の想起内容を分析し，フラッシュバルブメモリと思われるような想起内容は事件発生当時は重要な出来事とは認識されていない可能性を指摘している。予期せぬ出来事は，その原因究明のために出来事そのものやその前後の状況について精緻的な処理を導きやすい（Hastie, 1984）。フラッシュバルブメモリは，出来事を聞いたときに瞬間的に形成されるのではなく，出来事の意味づけの後に形成されると考えることもできる（Neisser, 1982）。

フラッシュバルブメモリは，その内容が変容せずに長期にわたって持続するわけではないことや出来事を知った時に瞬間的に記憶が成立するのではないということを考慮すれば，必ずしも特殊な記憶メカニズムを仮定する必要はなく，通常の記憶メカニズムによって出来事が鮮明に記憶されると考えることもできる（McCloskey et al., 1988）。いずれにせよ，フラッシュバルブメモリは，出来事の新奇性や意外性が驚きを喚起することにより形成されるという点では見解がほぼ一致しており（Brown & Kulik, 1977；Finkenauer et al., 1998），感情が記憶に影響を及ぼすことを示す好例といえる。

(2) 自伝的記憶

フラッシュバルブメモリは，人々に共有されている自伝的記憶と見なすことができる。しかし，多くの人に共有されていない個人的エピソードの中にも，長期間にわたって鮮明に記憶されている出来事がある。フラッシュバルブメモリと異なり，個人的エピソードには快感情を伴う出来事も含まれている。たとえば，難関校の入試に合格したことや競技会・コンクールなどで優勝したときのことを鮮明に思い出す人も多いだろう。自伝的記憶を素材とすることにより，出来事に付随する感情の強さだけでなく感情の快－不快についても検討するこ

とができる。
①自伝的記憶の感情の快―不快

　自伝的記憶の形成には感情が重要な役割をはたしており，エピソードにはさまざまな感情が付随している。どのような感情を伴うエピソードが記憶に残りやすいのであろうか。

　Waldfogel（1948）は，大学生を対象として生後8年間のエピソードの想起を求め，エピソードに関する感情の種類を調べた。想起されたエピソードを快，不快，中立の3種類に分類すると，5：3：2の割合となり，快感情を伴うエピソードが優位であった。

　快感情を伴うエピソードが想起されやすいということは，快エピソードが不快エピソードよりも長期にわたって記憶されている可能性を示唆する。この考えを検討するために，特定のエピソードを時間間隔をおいて2回想起させた実験がある（Meltzer, 1930；Steckle, 1945）。これらの研究によって，快エピソードは不快エピソードに比べ10％から20％程度再想起率が高いことが明らかにされている。

　このように，過去を振り返って自伝的記憶の想起を求めると，概して快エピソードが検索されやすい（神谷，1996参照）。しかし，日誌法による研究では，必ずしも快エピソードの記憶が優位であるという強い証拠は得られていない。Wagenaar（1986）は，自分自身の日常生活における出来事を，いつ，誰と，どこで，何をという4つの側面に関して6年間にわたって記録するとともに，個々の出来事の快－不快度や感情喚起度などを評定した。出来事の4側面の一部を手がかりとして他の側面を想起する記憶テストと感情評定との関係を図5-2に示した。出来事の快－不快度については，保持期間が短い場合に効果が認められ，快エピソードは不快エピソードに比べ再生率が高かった。しかし，この快エピソードの優位性は保持期間が長くなると消失した。さらに，出来事に対して自分が深く関与しているか否かという観点から再分析した結果（Wagenaar, 1994），快感情が最も高いと評定された出来事では，自己関与の違いによる再生率に違いは見られないが，非常に不快とされた出来事では，自己関与が強い方が再生率が高かった。つまり，全体的傾向としては不快な出来事ほど再生されにくいにもかかわらず，最もよく覚えているのは自分が深くか

5章 感情とエピソード記憶

かわった不快な出来事であるといえる。

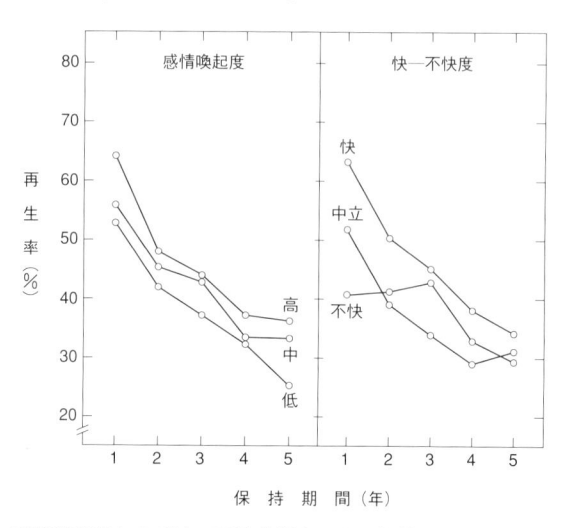

図5-2 感情喚起度および快―不快度評定による保持曲線（Wagenaar, 1986）

日誌法では毎日の出来事が記録されるのに対して，エピソード想起法では想起時点で過去を振り返っていくつかの出来事が想起される。このため，研究方法によって，分析の対象となるエピソード数が大きく異なる。これは，記述されたエピソードの重要度の違いをもたらすと考えられる。神谷（1997a）は，エピソードの想起を求める対象時期として"これまでの人生"と"最近1か月"の2条件を設定してエピソードのくり返し想起を大学生に求めた。その結果，重要なエピソードが多いと考えられる"これまでの人生"条件では，不快エピソードの割合が高くなるとともに，不快エピソードのくり返し想起率が高いことが明らかにされた。

快感情を伴う自伝的記憶ほど，出来事の保持の程度が高いといえるが，出来事に対する自己のかかわりの程度やエピソードの想起を求める対象期間，エピソードの重要度などが影響し，快エピソードの優位性が認められないこともあると考えられる（神谷，2002a）。

②**自伝的記憶の感情の強さ**

エピソードに伴う感情が快か不快かだけでは，どちらのエピソードがより記

憶に残りやすいかをいちがいに論ずることはできない。しかし，感情が喚起された出来事は，感情が喚起されない出来事に比べ記憶に残りやすい。このことから，エピソードの快－不快よりも，感情がどの程度喚起されるかが重要であると考えることもできる。

　この考えを支持する結果がエピソード想起法による研究で得られている（Turner & Barlow, 1951；Waters & Leeper, 1936）。Waters & Leeper (1936) は，クリスマス休暇中の出来事を大学生に書かせ，各出来事を快から不快までの6段階で評定させた。その後，1回目と同様のやり方で休暇中に起きた出来事の2回目の想起が求められた。2度とも想起された出来事の割合は，快エピソードの方が不快エピソードよりやや多かった。しかし，感情強度による分析では，出来事の快－不快にかかわらず，感情強度が高いほど想起率が高かった。このように，日常生活における出来事の記憶は，感情の快－不快ではなく，感情の強さによって規定されると見ることもできる。日誌法による研究でも，ほぼ同様の結論が得られている（Brewer, 1988；Thompson, 1985；Wagenaar, 1986）。既述したWagenaar (1986) の研究でも，図5-2から明らかなように感情喚起度が高い出来事ほどよく記憶されていた。

　Robinson (1980) は，出来事の感情的な強さと快－不快のどちらの要因が自伝的記憶の検索に有効であるかをエピソードの想起に要する反応時間から考察している。反応時間が短いことは，エピソードが取り出しやすいことを意味していると考えられる。この研究では，"怒り""喜び""悲しみ"などの感情手がかり語に対してエピソードが想起されるまでの反応時間が記録され，さらに，エピソードの快－不快や感情の強さなどの評定が求められた。反応時間は，エピソードの感情の強さと負の相関関係にあり，快－不快特性との関連は認められなかった。この結果は，自伝的記憶にとって感情の強さが重要であることを示唆している。

③自伝的記憶に伴う感情の変化

　エピソードに対する感情が時とともに消失していくことは日常的な経験からも予想される。同一エピソードを2回想起させ，エピソードに対する感情を比較すると感情の変化がみられる（神谷，1997a；Levine et al., 2001；Walker et al., 1997）。Holmes (1970) は，エピソードの想起可能性は想起時点でのエ

ピソードの感情の強さによって規定されると仮定した。さらに，エピソードに伴う感情は，快感情に比べ不快感情で急速に減衰するとした。Holmes (1970) の説に従えば，快エピソードと不快エピソードの感情の強さが経験時点で同程度であったとしても，想起時点では快エピソードの感情の強さが不快エピソードのそれを上回ることになる。このため，快エピソードの不快エピソードに対する記憶の優位性が生じると考えることができる。

Walkerら (1997) は，日誌法によってHolmes (1970) の説を検証している。彼らは，被験者に毎日1つの個人的エピソードを記録させ，その感情を快から不快までの7段階で評定させた。エピソードの記録期間終了後に行なわれた記憶テストでは，ランダムな順序で提示されたエピソードに対して，その内容をどの程度鮮明に思い出せるかを7段階で，また，そのエピソードに対する現在の感情を記録の時と同じ快－不快の7段階で評定させた。感情の強さは，エピソードが快か不快かにかかわらず，時間経過とともに低下した。さらに，この低下傾向は不快エピソードでより顕著であった。また，テスト時点での感情の強さと記憶の鮮明度評定との間に関連が認められ，感情の強いエピソードほど記憶が鮮明であった。さらに，快エピソードの方が不快エピソードよりもいくぶんよく想起された。これらの結果は，Holmes (1970) の考えを支持する証拠といえる。

自伝的記憶に伴う感情は時間経過とともに薄れていくが，自伝的記憶が長期にわたって保持される背景には感情が重要な役割をはたしているといえる。

(3) シミュレーション研究

ここで言うシミュレーション研究とは，日常生活で経験する感情喚起的な出来事をスライドやビデオにより呈示し，出来事のどのような側面が記憶されやすいかを検討するものである。このような研究では，快感情を引き起こすエピソード刺激を用意することが困難であるために，もっぱら不快感情を喚起する刺激が用いられている (Bornstein et al., 1998；Loftus & Burns, 1982；Migueles et al., 1999)。

Loftus & Burns (1982) は，銀行強盗に関する短いフィルムを被験者に見せ，その内容に関する記憶テストを行なった。強い感情が喚起されると考えられる

暴力条件では，銀行強盗が逃げる際に発射したピストルの弾が近くで遊んでいた少年にあたり血を流して地面に倒れる場面が含まれていた。一方，非暴力条件では，ピストルの発射前までは同じであるが，その後は銀行の内部のようすを描いた内容になっていた。両条件に共通した内容の記憶成績が分析された結果，暴力条件の記憶成績が低かった。このように短時間の映像を視聴させた後にその内容に関する記憶を調べると，感情喚起条件の成績が中立条件に比べ悪いことが明らかにされている（Clifford & Scott, 1978；Kramer et al., 1991）。

日常生活における感情的エピソードの記憶がすぐれているのに対して，実験室におけるシミュレーション研究では，感情的エピソードの記憶が中立的なエピソードに比べ劣っているという矛盾した結果が得られている。この結果の矛盾は，記憶テストによって調べられるエピソードの内容が影響していると考えられる（Christianson & Loftus, 1987, 1991；Christianson et al., 1991；神谷, 2002b；越智, 1997）。たとえば，Christiansonら（1991）は，7枚の一連のスライドによるシミュレーション実験を行なった。4番目のスライドが条件によって異なっていた（図5-3）。感情条件では，自転車の横で頭から血を流して倒れている女性が描かれ，中立条件では，自転車に乗っている女性が描かれていた。また，感情喚起刺激が単に注意を引きつけるためだけによって記憶が向上するのかどうかを調べるために特異条件が設けられた。この条件では，感情を喚起することはないが注意を引きつけるように女性が自転車を肩に担いで歩いている場面が描かれていた。スライドを見た後，女性の服の色（中心的情報）と背後の自動車の色（周辺的情報）を思い出すことが求められた。その結果，中心的情報の再生率は感情条件で高かった。しかし，周辺的情報については有意な差ではないが，中立条件でやや高かった。また，特異条件における中心的

　　　感情条件　　　　　　中立条件　　　　　　特異条件

図5-3　クリスチャンセンの実験で使用されたスライド（Christianson & Loftus, 1991）

5章 感情とエピソード記憶

情報の記憶は感情条件に比べ低かったことから,感情が喚起されずに単に注意が喚起されるだけでは必ずしも記憶は向上しないことも示唆された。

感情喚起的な出来事の中心的な特徴がよく記憶され,周辺的な記憶が阻害されるという結果は,凶器注目効果とも一致する。この効果は,凶器があるとそれに注意が引き付けられ,凶器をもっている人物の服装や顔など凶器以外の側面に関する記憶が低下する現象であり,犯罪場面のシミュレーション研究によっても確認されている(Kramer et al., 1990;Loftus et al., 1987)。

快感情の喚起効果を検討したシミュレーション研究はきわめて少ないが,神谷(1998)の研究は快感情を扱った実験と見なすことができる。この研究では,日常生活場面で出会うようなエピソードが2者会話の形式で提示され,会話内容によって喚起される感情の効果が調べられた。その結果,快エピソードにおいても,感情の喚起がエピソードの記憶を促進することが明らかにされた。

感情喚起的エピソードの記憶は,さまざまな要因により異なる結果が得られることがある(Christianson, 1992;越智, 1997)。しかし,日常生活の出来事に関する研究やシミュレーション研究の結果から,一般的に感情喚起は,エピソードの中心的特徴やおおまかな内容の記憶を促進し,感情喚起と直接的な結びつきをもたないエピソードの周辺的特徴の記憶を阻害すると結論される。

3. 感情状態と記憶

ある感情状態におけるエピソードの記憶と前節で見てきた感情喚起的エピソードの記憶の違いは,エピソードの処理に先立って被験者の感情が喚起されているかどうかにある。本節では,あらかじめ喚起されている感情状態が記憶に及ぼす影響を見ていく。なお,ここで言う感情は比較的穏やかな持続的感情であるため,"感情"の代わりに"気分"ということばが用いられることも多い。

(1) 感情状態依存記憶

一般に符号化時の文脈と検索時の文脈が類似しているほど記憶成績はよくなる(Eich, 1980)。感情状態を1つの文脈と見なすと,記銘時と想起時の感情状態が一致していると記憶がよくなると予想される。感情状態依存記憶は,あ

る感情状態で経験した出来事は、その内容が快か不快か中立かにかかわらず、再び同じ感情状態になると想起されやすくなる現象である。

　Bower（1981）は、被験者に日常生活で起きた出来事を日誌に記録させ、その出来事が快か不快かを評定することを求めた。その後、被験者は催眠によって快感情状態か不快感情状態に導かれ、日誌に記した出来事を再生した。図5-4は、快、不快エピソードごとに再生されたエピソードの割合を示したものである。快感情状態に導かれた被験者は、快エピソードを不快エピソードよりも多く想起し、逆に、不快感情状態の被験者は、不快エピソードを快エピソードよりも多く想起した。このように、出来事を経験したときの感情状態と想起するときの感情状態が一致していると記憶が促進される。

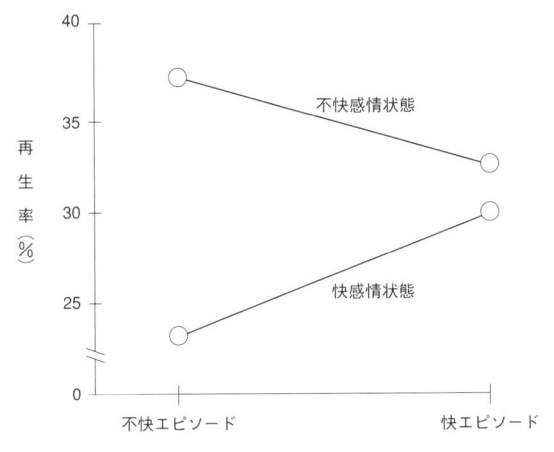

図5-4　2種類の感情状態で再生された快・不快エピソードの割合（Bower, 1981）

　自伝的記憶のくり返し想起による研究でも感情状態依存記憶が確認されている。Eichら（1994）は、快または不快な感情状態で中立的な手がかり単語に対して自伝的記憶の想起を求めた。その数日後、同一または異なる感情状態で再度出来事の想起を求めた。その結果、2度の想起で感情状態が一致している場合は、一致していない場合に比べ、1回目の自伝的記憶の再生が多くなった。

　感情状態が記憶を促進するのは、感情が検索手がかりとして機能するためと考えられている。そのため、感情状態以外に強力な検索手がかりがあるときに

は効果が認められないことが多い（Kenealy, 1997；谷口, 1991）。

(2) 感情一致記憶

　感情状態依存記憶が，記銘時と想起時の感情状態の一致を問題としているのに対して，感情一致記憶は，感情状態と素材の感情価との一致を問題とする。つまり，特定の感情状態にあるときには，その時の感情状態と一致する感情価をもつ内容の処理が促進されるもので，記銘段階に着目した感情一致符号化と検索段階に目をむけた感情一致検索がある。

　Bowerら（1981）は，催眠によって幸せな状態か悲しい状態に被験者を導き，物語を読ませた。この物語には，アンドレとジャックという2人の大学生に起こる日常的な出来事が描かれていた。アンドレはすべてのことがうまくいっている幸せな人物であり，ジャックは何もかもうまくいかない不機嫌で落ち込んだ人物であった。被験者は，この物語を読んだ翌日に中立的な感情状態で物語を再生することが求められた。その結果，幸せな状態で物語を読んだ被験者はアンドレに関することを多く再生し，悲しい状態で物語を読んだ被験者はジャックのことを多く再生した。この結果は，感情一致符号化によるものと解釈される。

　感情一致検索の研究では，被験者を特定の感情状態に誘導した後に自伝的記憶の想起を求めることが多い（Salovey & Singer, 1989；Teasdale & Fogarty, 1979）。たとえば，Salovey & Singer（1989）は，被験者を楽しいか，悲しい，あるいは中立な感情状態に導いた後，子どものころと過去一週間の自伝的記憶を想起させ，各出来事を6種類の感情次元で評定させた。図5-5は，想起された自伝的記憶に関する楽しさと悲しさの2つの評定平均値である。図から明らかなように感情状態に一致した自伝的記憶が想起されやすかった。この傾向は，くり返しリハーサルされ安定した思い出となっている子ども時代の出来事よりも最近の出来事でより顕著であった。

　感情一致検索効果は日常の自然な感情状態においてもみられる（Berntsen, 1996；神谷, 2002c；多田, 1998）。Berntsen（1996）は，日常生活の中で思い出そうとする意図なしに意識に上ってくる自伝的記憶を分析し，出来事の快−不快とそれが想起されたときの感情状態が一致していることを明らかにしている。

感情一致記憶は快感情状態では明確であるが，不快な感情状態では認められなかったり (Natale & Hantas, 1982)，逆に感情不一致効果がみられることもある (Parrott & Sabini, 1990 ; Smith & Petty, 1995)。たとえば，Parrott & Sabini (1990) は，試験の結果が予想外によかったり，悪かったりしたときのような自然に喚起された感情状態のもとで自伝的記憶の想起を求めた。このような状況では，感情状態と一致しない自伝的記憶の検索が促進された。自然な状況では，感情状態のバランスを回復するような自伝的記憶が利用されやすくなると考えられている。

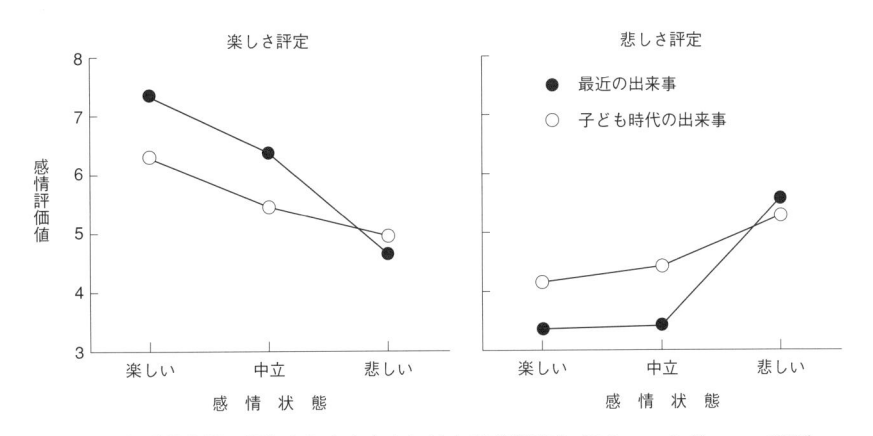

図5-5　各感情状態で想起された出来事に対する感情評定 (Salovey & Singer, 1989)

(3) パーソナリティ特性としての感情：抑うつ，不安

　これまで見てきたように，不快な感情状態に導かれると不快刺激の処理が促進される。このような現象が自然な感情状態でもみられるかどうかを検討するために，臨床的に抑うつあるいは不安と診断された者と健常者との比較や健常者の中で抑うつ，または不安傾向の高い群と低い群との比較が行なわれている。
　Clark & Teasdale (1982) は，うつ状態の変動がみられるうつ病患者に対して，うつ状態が軽いときと重いときに自伝的記憶の想起を求めた。両うつ状態で想起されたエピソードの総数に差はなかったが，低うつ状態では快エピソードの想起割合が高く，高うつ状態では不快エピソードの想起割合が高かった。

5章 感情とエピソード記憶

　抑うつ状態にある患者と健常者の自伝的記憶の想起を比較検討したWilliams & Broadbent（1986）の研究でも，"楽しい"や"悲しい"といった単語を手がかりとして自伝的記憶の想起を求めると，抑うつ者は，快感情手がかり語に対してエピソードを想起することが健常者に比べ困難であった。さらに，エピソードを想起するまでの反応時間をみると，不快エピソードの想起時間では両者の違いは見られなかったが，快エピソードの想起では抑うつ者は健常者に比べ長い時間を要した。これらの結果は，うつ状態が快事象の想起を妨げる働きがあることを示唆する。また，抑うつ者は，健常者と比べると全般的な記憶能力の低下がみられる（高橋，1997）。そのため，快エピソードだけでなく，不快エピソードの想起においても抑うつ者は健常者よりもエピソードの想起に長い時間を要するという結果も報告されている（Kuyken & Dalgleish，1995）。

　抑うつと記憶の間には用いられる刺激素材の違いにかかわらず，かなり明白な関係が認められる。一方，不安特性に基づく同様の研究では一貫した結果は得られていない（Mathews & MacLeod，1994）。しかし，個人的エピソードを用いた研究では，不安の高さと想起される自伝的記憶の特徴に関連が認められることが多い。Burke & Mathews（1992）は，不安患者と健常者を対象として中立的な単語を手がかりとする自伝的記憶の想起を求めた。その結果，不安患者は，くよくよした出来事の想起が多く，楽しい出来事の想起が少なかった。このように，自伝的記憶を素材とした研究では，不安状態と一致した出来事が想起されやすい（Davis，1987；MacLeod et al.，1997）。また，エピソードの検索時間を指標とした研究においても，高不安者は，幸せと関連する手がかり語に比べ不安と関連した手がかり語に対する自伝的記憶の想起が速いことが明らかにされている（Richards & Whittaker，1990）。

　抑うつや高不安などの感情障害者による研究では，得られた結果が感情状態に起因するものなのかパーソナリティ特性に起因するものかを判断することがむずかしい。しかし，うつ状態の程度によって想起される自伝的記憶の性質が異なること（Clark & Teasdale，1982）や抑うつ回復者では不快刺激への偏向傾向が消失すること（Bradley & Mathews，1988）を考慮すれば，感情状態による影響と考えるのが妥当であろう。したがって，感情一致記憶は，慢性的に特別の感情状態にある個人を対象とした研究結果からも支持されているといえ

よう。

　本節では，感情状態依存記憶と感情一致記憶についてみてきたが，この2つの記憶現象の区分の曖昧さが指摘されている。日常的な出来事を素材とする感情状態記憶研究では，出来事のもつ感情価とその出来事を経験した時，つまり記銘段階の感情状態を分離できないという問題がある。このため，日常的エピソードを素材とする感情状態依存記憶は，感情一致記憶によって解釈できることもある（Blaney, 1986）。

　2つの記憶現象を区別するポイントは，感情的に中立な刺激の保持の違いにある。感情効果が感情一致記憶によるものとすれば，学習時とテスト時で導入された感情が快か不快かにかかわらず，中立刺激の想起はほぼ同程度になることが予想される。一方，感情状態依存記憶によるものとすれば，符号化時と検索時で感情が一致している場合は，一致していない場合に比べ，中立刺激の想起もよくなるはずである。日常的なエピソードには何らかの感情が伴っていることが研究素材としてのメリットであるが，感情状態依存記憶のみを問題にするのであれば，日常的な素材でありながらも感情的に中立なエピソード刺激を用いた検討が必要であろう。

4．感情と記憶の相互作用の説明理論

　本章で取りあげた感情と記憶に関連するさまざまな現象を包括的に説明する理論はなく，多種多様な理論が提唱されているのが現状である。ところで，記憶に及ぼす感情の影響には2つの要因が関与している。1つは感情の快－不快といった感情の種類の影響であり，他の1つは，感情の喚起の強さによる影響である。快－不快の影響は，感情ネットワーク理論や自己スキーマ理論による解釈が可能である。一方，感情喚起の効果は，情報処理に費やされる処理資源，つまり注意の観点から解釈するのが適当と考えられる。そこで，はじめに注意の役割に言及し，次に感情ネットワーク理論とスキーマ理論について見ていく。

（1）注意の役割
　ある事柄を覚えたり，思い出すことには，注意がかかわっている。事象のど

の側面にどの程度の注意を向けるかが，その事象に関する記憶を規定する。感情が喚起される事象であればより多くの注意が向けられ，記憶が促進されることになる（Bower, 1992）。しかし，注意が喚起されるだけでは，記憶の促進に必ずしも結びつかないことは，既述したChristiansonら（1991）の研究からも明らかである。感情が喚起され，注意が集中した結果，より精緻な情報処理が行なわれると考えるべきであろう。感情的事象は中立的事象に比べ実際に精緻化処理が行なわれやすいことも示唆されている（Christianson & Loftus, 1991）。

　注意が記憶課題とかかわりのない不適切な側面に向けられるならば，記憶が低下すると考えられる。Ellis & Ashbrook（1988）は，注意の概念と深いかかわりのある理論としてリソース配分（resource allocation）説を提唱している。人が記憶課題のような情報処理課題を遂行する際にはリソース（心的エネルギー）を必要とする。しかし，抑うつ的な感情状態にある者は，課題の不適切な側面にリソースを配分したり，感情状態そのものを考えることにリソースを消費してしまう。このために，記憶課題の適切な側面に注がれるべきリソースが減少し記憶が低下すると考えられている。

　感情喚起が適切なリソース配分を導くならば記憶は促進され，感情喚起によってリソース配分の制御がうまく機能しない場合には記憶が悪化するといえよう。日常生活における実際の出来事の研究や実験室におけるシミュレーション研究で明らかにされている感情喚起的刺激の中心的特徴の記憶が促進され，周辺的特徴の記憶が抑制されることもリソース配分説で解釈できよう。

(2) 感情ネットワーク理論

　Bower（1981, 1992）は，感情が記憶に及ぼす効果を説明するために，意味記憶ネットワークモデルの中に感情の要素を組み込んだモデルを提唱している（図5-6）。このモデルでは，概念やイメージなどの表象がそれぞれ固有のノード（図中では楕円）で表わされるのと同じように，感情もそれぞれ固有のノードとして表わされている。感情ノードは，その感情と結びついた経験と結合している。そのため，ある感情が活性化されると，ネットワーク上を活性化が伝播し，その感情と結びついているエピソードが想起されやすくなる。図5-6に

日常的素材と感情

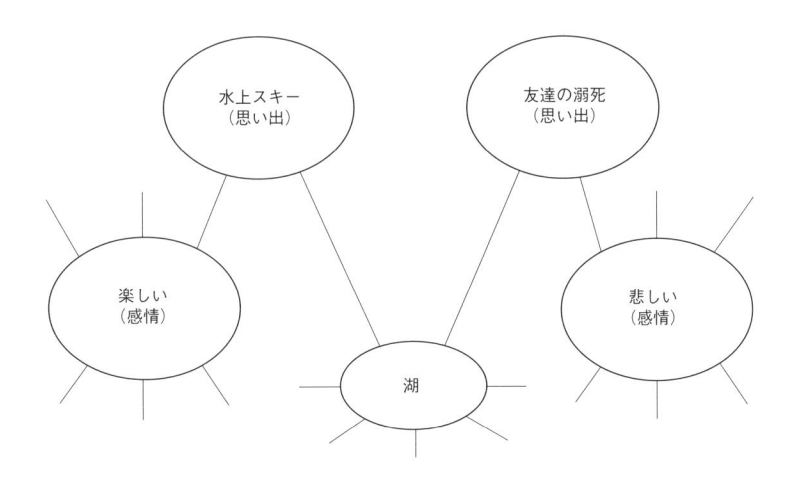

図5-6　感情ネットワークモデル（Bower, 1992）

示されているように，湖ということばから連想されるエピソードは，悲しい感情状態では，友達が湖で溺れたことが想起されやすくなり，楽しい感情状態の時には，湖での水上スキーのことが想起されやすくなる。このモデルでは，ネットワーク内の感情は，検索手がかりとしての機能をはたすことが想定されている。

　自伝的記憶などの日常的な素材を用いた感情状態依存記憶や感情一致記憶に関連する研究結果の多くは，感情ネットワークモデルによって説明できる。しかし，このモデルでは適切に説明できない現象もある。すでに述べた感情不一致記憶も1つの例である。不快な感情状態では，不快情報の処理が必ずしも促進されるわけではないことをこのモデルで解釈することは困難である。さらに，処理すべき材料を自分自身に関連づけると記憶が促進される自己関連づけ効果（self-reference effect）とよばれる現象にかかわる感情効果の説明もむずかしい。さまざまな認知的課題の遂行においては，被験者に求める課題が自己にかかわるものかどうかが重要な要因であることが示唆されている（Bradley & Mathews, 1983；堀内，1998；川瀬，1992；Lyubomirsky et al., 1998；富山，1999；筒井，1997）。Pyszczynskiら（1989）は，あらかじめ自分自身に関する物語を書かせることによって自己に注意を向けさせた場合にのみ，抑うつ者は

不快エピソードを多く想起するが，自己に注意を向けさせない場合には不快エピソードの想起数は健常者と差がないことを明らかにしている。

自伝的記憶を素材とした場合に感情の効果が認められやすいのは，自伝的記憶が自己にかかわる素材であるためともいえる。いずれにしても感情と記憶の関係を説明するためには自己という概念を考慮する必要がある。

(3) スキーマ理論

スキーマ（schema）は，過去経験が構造化された知識の枠組みであり，記憶過程にさまざまな影響を及ぼす（Alba & Hasher, 1983）。

Friedman & deWinstanley（1998）は，あるサンクスギビングの夕食の状況をどれくらい思い出せるかを6か月間にわたって調べた。夕食全般に関する記憶や会話内容，服装に関する記憶は時とともに低下したが，食べたものやそこにいた人に関する記憶は鮮明であった。サンクスギビングという一般的な知識から再構成できる情報の減衰が少ないのは，スキーマの働きによると考えられる。

出来事を思い出すという行為は，その出来事の生起からしばらくの間は，その出来事を再現（reproduction）することにほかならないが，ある時点からは，その出来事を再構成（reconstruction）するようになると考えられる（Brewer, 1986）。スキーマは，検索の段階では特定の記憶を想起するための枠組みとして働く。

スキーマ理論では，感情がこのような枠組みとして機能すると仮定し，感情と記憶の関係を説明しようとする。外界を認識するためのスキーマがネガティブなものであれば，ネガティブな情報が符号化されやすくなったり，想起されやすくなると考えることができる（Bradley & Mathews, 1983）。抑うつ患者や不快な感情状態にある健常者は，ネガティブなスキーマが活性化されているために不快情報の処理にバイアスがかかるといえる。さらに，スキーマは各個人が有する枠組みであることから，自分自身にかかわりのある情報の処理ほどスキーマの影響を受けやすいと考えられる。上述したの自己に注意が向けられていない状況では感情状態の影響が認められないという結果（Pyszczynski et al., 1989）は，抑うつ者であっても，自分自身とのかかわりのない課題ではネガティブなスキーマが活性化されにくいためと考えることができる。

5. 終わりに

さまざまな現象として現われる感情と記憶の関係を単一の理論で説明することは,今のところ困難である。しかし,本章で取りあげた感情ネットワーク理論とスキーマ理論は,ともに知識構造に着目しているという点で類似しており,両理論の統合も模索されるべきであろう（川瀬,1996）。

感情と記憶の関係の説明理論として知識構造が問題となることを考慮すれば,エピソード記憶の構造を解明することも今後の重要なテーマとなろう。日誌法による自伝的記憶の先駆的研究を行なったLinton（1982）によれば,初めての新奇な出来事は,その出来事に固有のエピソード記憶を形成する。しかし,類似した出来事をくり返し経験することにより,しだいに個々のエピソードに固有の記憶が薄れ,それらの出来事に共通した要素からなるより一般的な記憶が形成される。

このように自伝的記憶には,一般化あるいは抽象化の程度に違いがあり,およそ3種類でとらえられることが多い（Belli,1998；Conway & Pleydell-Pearce,2000；若林,1999）。3種類の自伝的記憶の例を表5-2に示した。広範囲的（extended）エピソードは,種々のテーマを含み,かつ時空間的な広がりをもっている。"高校生だったころは,……","○○会社で働いていたときは……"といったような想起がされ,その期間を通じて一般的であった内容が記述される。概括的（summarised）エピソードは,複数の類似した出来事が要約されたものであり,類似した出来事の典型的な内容が想起される。"休日に釣りに出かけた"思い出や"母親に小言を言われた"思い出は,特定の1つの出来事に言及するものではない。これに対して,個別的（specific）エピソー

表5-2 自伝的記憶の3タイプ

自伝的記憶のタイプ	エピソードの例
広範囲的	・小学校の低学年の頃は友だちもなくさみしい毎日だった。 ・父親の在外勤務のためにイギリスで過ごした2年間は楽しかった。
概括的	・休日には釣りにしばしば出かけた。 ・母親に勉強のことでよく小言を言われた。
個別的	・小学校2年生の運動会の徒競走で一番になった。 ・第一希望の高校の受験に失敗した。

ドは，時間的広がりがもっとも狭く，時空間的に単独の出来事として特定できるものである。これらの3タイプのエピソードは，時間的要因とテーマ的要因によって区分されているが，相互に密接な関係にある。また，どのレベルのエピソードにもそれぞれ感情を伴っていると考えられる。自伝的記憶システムの中に感情をどう位置づけるかは今後の課題であるが，感情障害をもつ人は個別的エピソードの想起が困難であることが示唆されている（Kuyken & Dalgleish, 1995；Swales et al., 2001；Williams & Broadbent, 1986）。どのレベルの自伝的記憶を研究の対象とするかによって，エピソードの感情特性やエピソードの検索時間が変わってくると考えられるので，自伝的記憶を素材とする場合，エピソードのタイプを考慮することが重要であろう。

また，自伝的記憶のようなエピソード記憶がしだいに意味記憶へと変容していくとするならば，エピソード記憶と意味記憶を統合したモデルの構築も期待される。意味記憶では，感情は必ずしも重要な要因ではないと考えられているため，意味記憶と感情の関係を検討した研究はほとんど見られないが，この点に関する実証的な研究も望まれる。

感情は，刺激が処理される側面を方向づけたり，刺激処理に用いられる記憶方略に影響を及ぼすと考えられる。しかし，処理が回避されるような場合にも感情喚起刺激の記憶がすぐれていることがある。神谷（1997b）は，中立的な画像刺激の中にエロチックな感情喚起的画像刺激を加えた記憶実験を行なった。被験者の内省報告から精緻化処理が行なわれなかったにもかかわらず，感情喚起刺激の記憶成績が高いことが明らかにされている。また，感情喚起的事象に対して，より強い感情反応を示す者ほど記憶成績が高いという結果もあり（Bohannon & Symons, 1992），強い感情が喚起されたときに，処理方略以外のメカニズムが働いている可能性も考えられる。

強い感情を喚起する刺激の記憶には脳内で分泌されるアドレナリンが関与しているという神経生物学的メカニズムが提唱されている（Gold, 1992；McGaugh, 1992）。Cahillら（1994）は，この考えを検証するために被験者にβ-アドレナリン受容器の活動を阻止するプロプラノロルを与え，12枚のスライドで構成された物語の記憶を調べた。物語は2種類あり，1つは子どもが事故に遭い手術を受けるという強い感情を喚起する内容であり，他の1つはスラ

イドの構成は類似しているが強い感情が喚起される場面が含まれない中立的内容であった。感情喚起事象の記憶にはβ－アドレナリン受容器の活発化が関与しているとすれば、この受容器を封鎖することで感情的な物語の記憶が阻害されることが予想される。スライドの視聴から1週間後に行なわれた記憶テストの結果、感情喚起物語では、プロプラノロルを投与された群は、偽薬を投与された群に比べ記憶が劣っていた。しかし、中立的感情物語では、両投与群に記憶成績の差は認められなかった。このような知見は、心理学的な情報処理メカニズムだけを問題にするだけでは不十分であり、神経生物学的観点も視野に入れる必要があることを示唆する。

　生態学的妥当性のある研究が志向される中で、自然に生起した記憶現象や日常的な素材を利用した研究が精力的に行なわれている。このような研究は、通常の生活場面で人間の記憶がどのように機能しているかを明らかにする手がかりを与えてくれるものと考えられる。しかし、伝統的な実験室的研究と比べた場合、統制条件に欠けることが多い。日常的記憶研究を行なう場合にも統制条件を意識した研究が望まれる。感情と記憶の関係を説明する理論の構築を長期的目標としつつ、短期的目標として、感情と記憶の関係に影響を及ぼす要因を特定していくことが求められる。

6章

音楽と感情

1．はじめに―人間の音楽行動の諸側面―

　音楽と感情について論じる前に，人間の音楽行動にはどんなものがあるか考えてみよう。音楽行動には，おおまかにいって2つのカテゴリーがある。作曲や演奏などの「表出行動」と，鑑賞という「受容行動」である。音楽と感情の問題を考える場合には，演奏や能動的な音楽療法など音楽の表出に伴う感情と，鑑賞やBGMや受動的な音楽療法など音楽の受容に伴う感情とを分けて考えた方がよいだろう。一般的には，前者は激しい生理的な変化とともに，情動といわれるような大きな感情のうねりを演奏者にもたらす。これに対して，後者は気分とよばれるような，起伏の小さな一定の感情状態に聞き手を導き，生理的な変化も比較的小さいと考えられるからである。さらに，合奏や合唱の場合は，音楽の演奏そのものによって生じる感情だけでなく，人間関係や共同行為からも感情の動きが生じる。また，ポップスやロックなどのライブでの，演奏者と観客との間の相互作用によって生じる非常に激しい感情も無視できない。

　カラオケブームによって素人の「演奏」が盛んになったとはいっても，多くの人にとって音楽とは「きく」ものである。ここで音楽を「きく」と，あえて平仮名にしたのは，「きく」という日本語にはさまざまな意味が含まれているからだ。話し声や街の音と同じように1つの音刺激を受容するという一般的な意味では，「聞く」という漢字を当てることが多い。それが，「聴く」あるいは「聴き入る」と書いた場合には，音楽の芸術性や構造，歌詞の意味内容などに真剣に耳を傾けているようすが浮かんでくる。反対に，「聞こえる」となると，音楽は注意を傾ける対象ですらなく，環境的な背景となって流れていってしまうものになる。このような音楽の聴取に関する表現の違いは，単なることば遊びではなく，人がどのようにして音楽と接しているか，すなわち「聴取態度」

と深くかかわってくる。そして，音楽と感情の問題を考える際に，聴取態度を抜きにすることはできないのである。

たとえば，Swanwick（1992）は著作の中でLee（1932）が被験者の反応を「聴者」と「聞者」に分けていることを紹介している。「聴者」は，変化しているものを評価したり高度で複雑な活動であるという意識で聴く。この場合，不注意は「失敗」である。一方，「聞者」には空想したり音楽から注意をそらす傾向がある。彼らは音楽に対する注意を持続する必要も考えない。

病院やオフィスなどでかすかに流れるBGMの場合，そこにいる人々にとってそのBGMはまさに背景であり，環境の一部である。したがって，聴覚的には確かに処理されてはいるのだが，その処理を意識することはない。しかし，なかば自動的に処理された音楽でも，人々を弱いながらも一定の気分に導くことがある。そして，このような音楽によって導かれた気分が，ほかの刺激に対してその人が行なう認知的処理に影響を及ぼすことがある。病院で流すBGMは，患者の不安を少しでも和らげようとするためのものであるし，オフィスでのBGMは来客に良いイメージをもってもらうとともに，従業員のストレスを和らげるためのものである（もちろん，感情を操作する以外にも，BGMには雑音を消す「マスキング」という働きもある）。ただし，このような気分の影響というのは，対人関係から生じる感情に比べれば，はるかに弱いものではある。それに，BGMの効果はけっして一定した普遍的なものではない。周囲の騒音や環境音の大きさや音質，対象とする人々の年齢や仕事内容など，BGMを流す状況によって適したBGMは変わってくる。だから，場合によっては，BGMが人々に不快感を与えることさえあるのだ。

BGMのように自覚しないで聞くのではなく，もう少し意識的に音楽を聞く場合はどうだろうか。詳しくは3節で述べるが，音楽を使って気分を誘導するという実験がいくつか行なわれている。そして，その結果，聞いた音楽の種類によって一定の方向に気分が導かれるだけでなく，ことばの記憶や人物に対する評価などが影響を受けることがわかっている。

さらに，音楽の感情誘発的な性質と，運動誘発的な性質を利用して，より積極的に利用を試みているのが，音楽療法である。音楽療法は音楽を利用した心理療法の一種であり，非言語（ノンバーバル）な技法としてたいへん興味深い

ものではある。近年はさまざまな「○○テラピー」への人気と相まって，世間での関心も高くなっている。

　しかし，一般の人になじみが深い音楽を用いるものであるがゆえに，音楽療法について誤解されている面も多い。特に，その専門性についての認識が非常に甘い。また，各自がそのときの気分にあわせて音楽を選び気分を調整するといった，趣味的要素の強いセルフコントロール的なものまで，音楽療法だと思われている節がある。極端な場合，楽器が演奏できれば音楽療法を行なうことができると思っている人さえいる。しかし，心理療法である以上は，単に自分の経験に基づいた選曲ができるとか，演奏技術・音楽教育技術を応用するというだけでは不足である。適用しようとする精神症状や，音刺激を与えた場合の神経レベルでの反応などに対する，高度に専門的な知識と理解，そして専門家のもとでの臨床的訓練が必要である。このことについては，第4節で述べる。

2．音楽聴取の生理学的研究

　音楽を聞くことによって，脳波や，呼吸や血圧，眼球運動，あるいは内分泌系などの生理的な変化がもたらされることは，多くの研究で示されている。観察されたデータは，私たちの日常的な経験と一致することも多い。しかし，これらの生理学的指標に現われた変化が具体的にどのような心理的意味と結びついているのかは状況によって異なるため，いまだにそれほど明らかになっているわけではない。

　そもそも，どのような生理的変化がどのような感情や認知的処理と結びついているか，また，それらがどのような行動として表出されるのかについてのモデル自体，まだ模索中なのである。

　それに加えて，音楽行動の生理学的研究が，非常に基礎的な，いわば音刺激に対する生理反応の記録に過ぎなかったり，数名の脳損傷患者の症例報告であることも多い。悪いことに，厳密な統制実験や正しい統計処理の手続を踏まず都合のよいデータだけを集めて恣意的な解釈をしたと思われるようなものまである。そして，そのような解釈ほど人目に触れやすく，結果だけが一人歩きして誤った知識が広まってしまうことになる。

いうまでもなく，基礎的な生理反応の測定や症例検討そのものは重要な研究である。たとえば，音楽を聞いたり演奏したりするときに大脳の特定部位が活性化するとか，ある部位が損傷を受けると特定の音楽行動が成立しなくなるといった研究は，音楽行動と大脳半球の活動との機能的な結びつきを解明する上で，非常に貴重な知見である。しかし，残念ながらこれらの研究だけでは，音楽がなぜ感情を喚起するのか，つまり，どのようなプロセスをたどって音刺激が心理的・生理的に感情を喚起するのかを明らかにしてはくれない。音楽による感情喚起のしくみや，その感情がもたらす行動への影響については，これらの研究に加えて感情反応の生理学的研究や心理学的研究と関連づけて考えていく必要がある。

(1)「音楽＝右脳」説の根拠はどこに？

幼児向け音楽教育や創造性開発の広告などでしばしばみられるのが，音楽脳＝右脳という単純化された構図である。このような発想は，おそらくは初期の左右大脳半球における機能差研究がもとになっていると思われる。この種の研究の先駆けとなったのが，Milner（1962，1967）による側頭葉切除患者の音楽能力研究や，Sperryら（1969）による分離脳患者の機能研究である。Milner（1967）は，側頭葉切除手術を受けた患者に対して，手術の前後に「シーショア音楽テスト」という音楽能力テストを施行した。その結果，左側頭葉を切除された患者に比べて右側頭葉を切除された患者では，音色の判断や音の記憶の成績が低下し，音の長さや大きさの判断にも誤りが増えた（切除前の成績は同等だった）。

また，Kimura（1964）の，健常者を対象とした両耳分離聴法（dichotic listening test）による研究も，音楽機能の半球差を考える上で大きな役割をはたしてきた（両耳分離聴法とは，左右の耳に異なる刺激を同時に提示し，刺激をより正確に処理した耳の，反対側の半球がその処理に優れているとみなす方法である）。彼は，左右の耳に同時に異なる曲を提示すると，左耳に提示された曲の方がより正しく知覚されること，つまり，右半球の方が左半球よりも旋律の知覚が優れていることを示した。

さらには，音楽とは直接関係ないが，表6-1，表6-2のようにどちらかという

6章 音楽と感情

と右脳が並列的・同時的で全体的な情報処理に優れ，左脳が直列的・継時的で部分的な処理に優れているという傾向が多くの研究で示されている（Bradshaw & Sherlock, 1983；Cohen, 1973；菊池, 1989）。

表6-1 脳の機能分類 (Springe & Deutsch, 1989)

左 半 球	右 半 球
言語的	非言語的，視空間的
継時的，時間的，ディジタル的	同時的，空間的，アナログ的
論理的，分析的	ゲシュタルト的，総合的
合理的	直観的
西洋的思考	東洋的思考

表6-2 脳の機能差 (Kolb & Whishaw, 1990)

機能	左半球	右半球
視 覚 系	文字，単語	複雑な幾何的パターン，顔
聴 覚 系	言語関連音	非言語環境音，音楽
体性感覚系	?	複雑なパターンの触覚再認，点字
運 動	複雑な随意運動	空間的パターンをなす運動
記 憶	言語的記憶	非言語的記憶
言 語	話す，読む，書く，計算	プロソディ？
空 間 処 理		幾何，方向感覚，図形の心的回転

　以上のような研究から，短絡的に音楽＝右脳説が生まれてきたものと思われる。しかし，研究全体を見渡せば必ずしも音楽機能がすべて右脳で担われているわけではないことは，すでに明らかである（Bever & Chiarello, 1974；Burton et al., 1989；三雲・梅本, 1991；Petsche et al., 1995）。たとえばDavidson & Schwartz (1977) では，音楽経験の豊富なグループは，そうでない者に比べて音楽を聞く際に左脳の活性化が大きいことを示している。音楽が左脳でも処理されていることは，脳損傷患者についての研究からも明らかである（Peretz, 1990, 1993；Peretz & Babai, 1992）。

　もちろん，このことは，右脳が音楽の処理に重要な役割をはたしていることを否定するものではない。たとえばZatorre & Halpern (1993) では，右側頭葉を切除された患者が，左側頭葉を切除された患者や健常者に比べて，歌詞のピッチ（高さ）をイメージする課題の成績が低かった。この結果は，右側頭葉が歌詞ピッチのイメージ形成に寄与していることを示している。

結局のところ，音楽が左右いずれの半球でおもに処理されるかについては，さまざまな要因が複雑に絡み合っているのである（詳しくは，谷口，1991aを参照）。たとえば，音楽の種類や使用する要素の性質，聞く人の音楽経験や音楽的知識，聴取態度（どのような聞き方をするか），処理方略（聞いたものをどのように処理するか），課題の種類（どんな反応が求められるか）などである。さらに忘れてはならないのは，たとえある処理においてどちらか一方の半球が優位という結果が得られたとしても，それは，その処理がその半球でのみ処理されているというわけではない，ということである。

(2) 感情も音楽も右脳か？

音楽だけではなく，感情もまた右脳と直接結びつけて考えられることが多い。図6-1に見られるように感情の処理は，大脳辺縁系によるものと大脳新皮質によるものとの，二重プロセスになっている。このことに関する最近の脳生理学研究の成果は，しばしば一般向けの教養番組でわかりやすく紹介されている。そこでは，感情処理の基礎として，まず大脳辺縁系が，もっとこまかくいえば「扁桃体」が重要な働きをしていることが紹介される。この部分は，簡単にいえば感情刺激について大雑把であるがすばやい一次的評価（好き嫌いなど）を

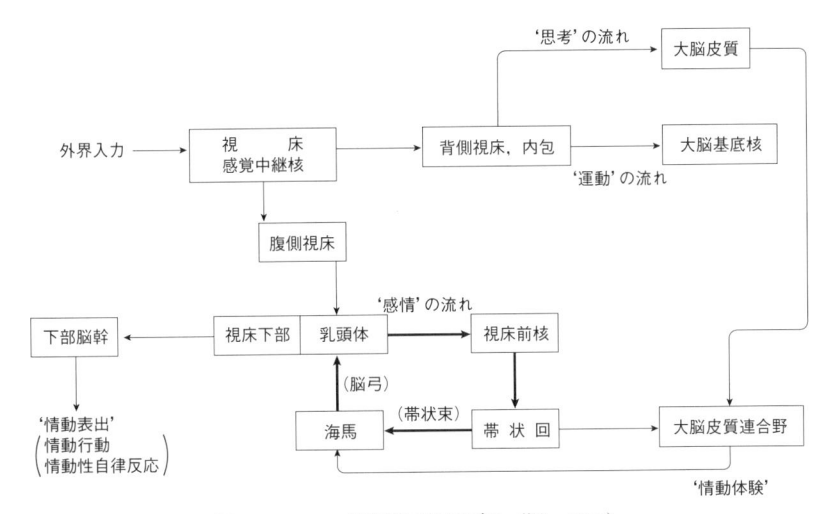

図6-1　Papezの情動回路モデル（堀，1991）

6章 音楽と感情

行ない，それによって身体反応や自律反応が起こると考えられている。一方，大脳皮質では，感情刺激の質や意味についての，詳細な処理が行なわれる。

さて，大脳半球の左右いずれが感情を担っているかということになると，結論はそう単純ではない。たとえば，人の顔の表情（Strauss & Moscovitch, 1981），ことばの感情的な調子の判断（Bryden et al., 1982）が，ともに右脳で優れているという実験結果がある。これらの研究から，感情は右脳で処理されているかのように思われてしまったのだろう。そうして生まれた「感情＝右脳」説が「音楽＝右脳」説と結びついたとき，音楽教育が右脳の働きを豊かにし，それが創造性のある情緒豊かな子どもの育成につながる，といった命題を導いてしまうのだろう。しかし，音楽が必ずしも右脳だけで処理されるのではないのと同様に，感情も右脳だけで処理されているわけではない。

ことを少しでも簡単にするために，感情をポジティブ感情（高揚・楽観など）とネガティブ感情（抑うつ・悲観など）に二分して考えていこう。じつは，脳損傷患者の研究や，アミタール法（薬品を注入して脳の片側だけを機能低下させる方法）を用いた研究から，右脳はおもにネガティブな感情と，左脳はおもにポジティブな感情と結びついていると考えられる（Gainotti, 1972）。乳児でも，笑顔の女性を見ると左脳の活動が活発になることがわかっている（Davidson & Fox, 1982）。このように，感情の処理が大脳の左右で分担されているらしいという研究結果は多いのだが，それでもなお堀（1991）は，否定的な研究もあることから，感情機能の左右への局在についての解釈には注意が必要であると警告している。

(3) 音楽による覚醒水準の変化

ところで，音楽による感情の変化といった場合，どのような質の主観的感情が喚起されるかということに目が向きがちであるが（3節），もう1つ，覚醒水準の高低という側面があることも忘れてはならない。覚醒水準とは，簡単にいえば脳を含む神経系がどの程度活発に働いているかということである。

覚醒水準の変化を生理的に測定する方法としては，脳波，皮膚温，皮膚電位，眼球運動，筋電，心拍，呼吸などが用いられる。岩城は一連の研究の中で，これらの手段を用い，音楽を聴取することによって覚醒水準がどのように変化す

るかを詳細に検討している。たとえば，脳波と皮膚温を指標として音楽聴取による覚醒水準の変化を検討したり（岩城，1994），脳波を指標として反復聴取が覚醒水準にどのような影響を及ぼすかについて検討している（岩城，1998）のである。特に岩城（1994）の研究では，特定の音楽が被験者の覚醒水準を一律に低下させたり上昇させたりするのではなく，もともと覚醒水準が低い被験者では覚醒水準を上昇させる一方で，覚醒水準が高い被験者では覚醒水準を低下させるという，覚醒調整効果がみられた（図6-2）。これは非常に興味深い結果である。覚醒水準がそのまま感情の質や強度を決定するわけではないにしても，一般に信じられている音楽の普遍的な感情誘発効果（音楽作品は多くの人の感情を同じ方向に動かす）に対して，それが必ずしも正しいとは限らないことを示唆しているからである。

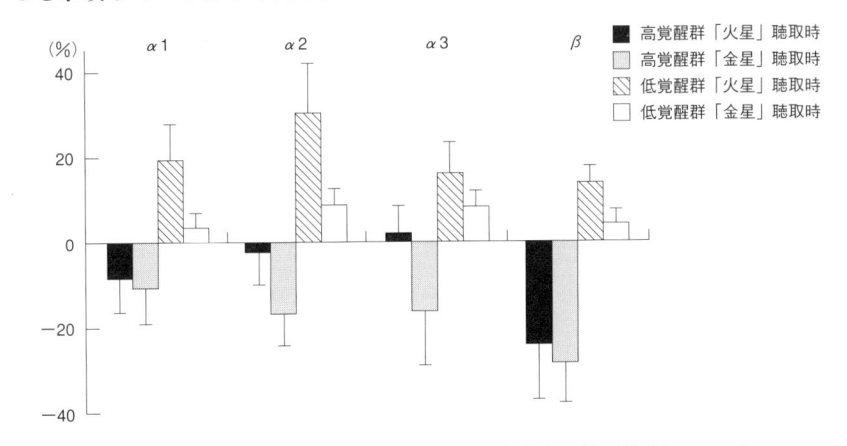

図6-2 覚醒水準操作時と音楽聴取時の脳波変化率の差（岩城ら，1994）
覚醒水準を高くした群と低くした群に，ホルストの「惑星」より「火星」と「金星」を聴かせた。閉眼安静時を基準として，覚醒水準操作時の脳波変化率，および音楽聴取時の脳波変化率を求め，さらに両者の差を求めた。高覚醒群は聴取時に負の値となり脳波の振幅が減少，一方，低覚醒群では正の値となり，振幅が増加していることがわかる。

3．音楽によって喚起される感情

音楽は感情を表わし，聞き手に感情反応を喚起する。音楽療法は，まさにこの原理を利用しようとしたものである。音楽による感情反応を確かめるには，

6章 音楽と感情

客観的な生理学的指標，主観的な心理評定尺度や内観報告を用いる方法のほかに，絵画に対する反応など音楽と直接関係のない課題のパフォーマンスに対する影響を調べるという，間接的な方法がある。ここでは，音楽によって喚起された感情が，他の行動にどのような影響をおよぼすかをみていく。そして，音楽のどんな要素が感情を喚起するかについて考えてみたい。

(1) 音楽による感情と絵画に対する反応

かなり古い研究であるが，絵画に対する反応を見るため，たとえばZack (1951) は，児童に2種類の音楽を聞かせて絵を描かせた。すると，音楽の種類によって描かれた絵のようすは異なり，たやすく分類することができた。また，谷口 (1995) では，抑うつ的な音楽を聞かせるグループと何も聞かせないグループに，TAT（主題統覚テスト）図版の1つを見せて印象を評価させた（図6-3）。その結果，抑うつ的な音楽を聞いたグループでは，「沈んだ」「悲しい」という評価が高く，逆に「陽気な」「明るい」という評価は低かった。つ

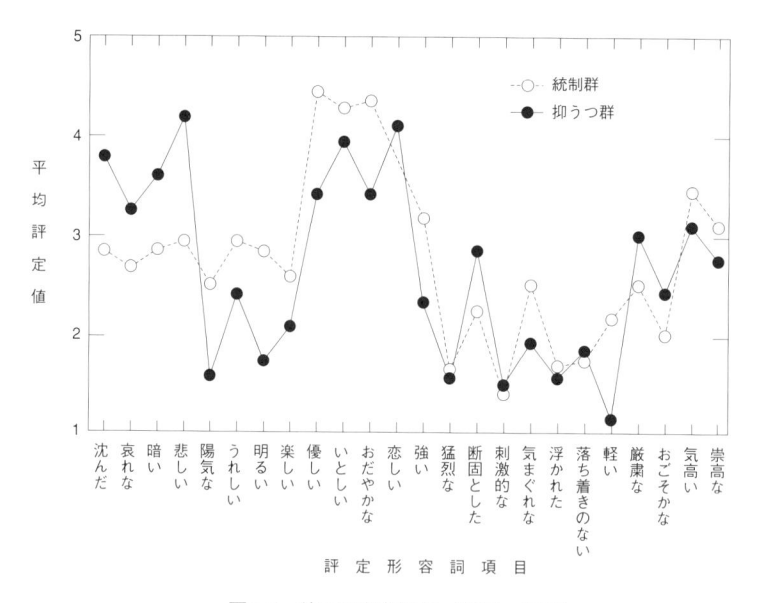

図6-3 絵画の印象評定（谷口，1995）

まり，絵画の印象をより抑うつ的に評価したと考えられる。抑うつ的な音楽を聞いたグループでは，さらに，「優しい」「おだやかな」という評価も低く，音楽によって喚起された抑うつ的な気分のせいで，絵画のもつ親和的な側面を低く評価するようになったと考えられる。

(2) 音楽による感情とことばの認知

ところで，描画や，絵画に対する印象評価は，音楽による感情喚起の影響が反映されやすいと思われる課題である。それでは，一般にはあまり感情の影響を受けないと考えられている，もしくは感情の影響を想定していない課題ではどうだろうか。

記憶研究では，一部の研究者をのぞき，以前は気分とか感情といった要因をほとんど無視していた。ところが，1980年代くらいから，被験者の気分が文章やことばの記憶や対人評価に影響を及ぼすことが確認されるようになった。このような研究では，大別すると，ことばによる気分の操作か，ことばを使わない気分の操作のいずれかの方法を用いている。ここで紹介する，音楽を使って被験者の気分を誘導する方法は，後者の「非言語的気分誘導」の1つである。

まず，音楽によって気分を誘導した後に課題を行なわせた研究を2つ紹介する。Clarkら (1983) では，音楽を聞かせるだけではなく，一定の気分になるよう努力するように被験者に求めた。その結果，性格形容語の再生において，気分が高揚する音楽を聞いたグループではネガティブ語の再生がよく，抑うつ的な音楽を聞いたグループではポジティブ語の再生がよかった（残念ながら，この結果は「気分一致効果」という一般的な現象とは反対の結果であった）。同様の方法を用いたClark & Teasdale (1985) では，女性のみで性格形容語の気分一致再生が得られた。このように，音楽を聞いたあとに課題を行なった場合の結果は，やや不安定なものである。それは，音楽による感情喚起の効果が短時間しか持続しない限定されたものであるためかもしれない。

これに対して，音楽を聞きながら課題を行なわせた研究では，弱いながらも比較的一貫した結果が得られている。たとえばEich & Metcalfe (1989) の第1実験では，被験者にある気分になる曲をくり返し聴かせながら単語を生成させたり，音読させたりした。2日後に，同じ気分または違う気分を誘導する別

6章 音楽と感情

の曲を聞かせながら，前回学習した単語を再生させた。その結果，学習時と再生時の気分が同じ被験者の方が成績がよかった（気分状態依存効果）。

また，谷口（1991b）の第1実験では，被験者に抑うつもしくは高揚気分を誘導するような2曲を連続して聞かせながら，性格形容語の社会的な望ましさを判断をさせた。その後，これらの単語を再生させたところ，抑うつ的な音楽を聞いたグループの方が社会的に望ましくない形容語の再生がよかった（気分一致効果）（図6-4）。同じく第2実験では，音楽を聞かないときと聞きながらの2回，意味の曖昧な性格形容語に対する個人的な好ましさを判断させた。この結果，音楽を聞かないときに比べて，抑うつ的な音楽を聞いたグループでは否定的な判断が増加し，高揚的な音楽を聞いたグループでは肯定的な判断が増加するという傾向が見られた（図6-5）。

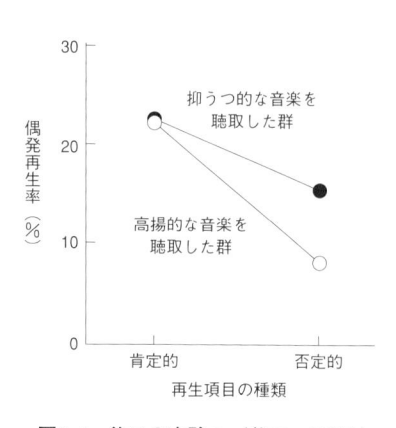

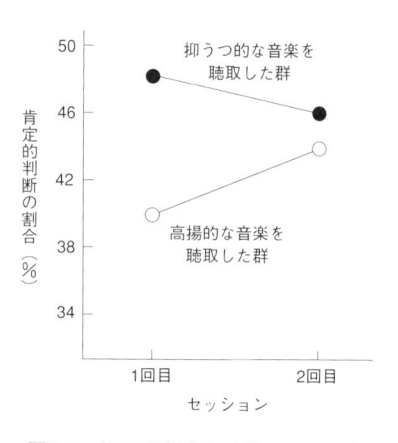

図6-4 谷口の実験1（谷口，1991b）　　**図6-5** 谷口の実験2（谷口，1991b）

このように，聞く音楽の感情的性質の違いによって，音楽聴取以外の課題のパフォーマンスが異なることが，事実として示されている。そして，使用される音楽作品が異なっていても，感情的性質が似ていると，結果も類似していることから，これらの現象は気分一致効果とみなしてよいと考えられる。すなわち，音楽聴取によって一定の気分が生起し，その気分の影響によって課題の処理に違いが生じる，と推測される。使用している音楽はたいていの場合歌詞がついていないものであり，言語課題に対して直接言語的に干渉しているとは考

えられないことからも，その可能性は高いといえるだろう。ただし，音楽によって誘発される感情の強さは，対人関係やストレスなどから生じる感情に比べると，かなり穏やかであり，また，その性質も若干異なっていると考えられる。したがって，課題によっては，音楽による喚起された感情は，必ずしもそのパフォーマンスに影響するとは限らないことに留意する必要がある。

(3) α波音楽とか1/f音楽というのは何だろうか？

　人間の脳波には，さまざまな周期をもった成分が含まれている。その1つに，α波とよばれる，8から13Hzの周波数成分があることは，よく知られている。α波は一般にストレスのない安静な状態のときによく観察される。たとえば，目を閉じてゆったりとしているとき（閉眼安静時）や，座禅を組んで雑念が追い払われたときなどである。α波はけっして規則正しい波形ではなく，1/fゆらぎとよばれる，わずかなゆらぎを示す。

　α波以外にも1/fゆらぎを示す現象はたくさんある。肌に心地よいそよ風とか，小川のせせらぎ，星の瞬き，かすかな木々のざわめき，穏やかな海の波の音などである。名曲といわれるクラシック音楽の中にも，1/fゆらぎをもつものがあるといわれている。つまり，リラックスできるようなものを調べてみると，多くが1/fゆらぎをもっている。1/fゆらぎには適度に規則性があって，しかもその規則性は適度に破られている。

　それで，そのような「名曲」を集めて1枚のCDに編集したものが，「1/fゆらぎの音楽」とか「α波音楽」と銘打って数多く販売されている。既成の曲だけでなく，1/f理論に則って作られた，オリジナルの音楽や環境音のようなものもある。

　それは，α波に似た1/fゆらぎをもつ刺激（音楽）を与えることで，心やからだをリラックスさせることができるのではないか，という発想から生まれたものだ。

　ところが，この，「1/fゆらぎをもつ（クラシック）音楽」というのが曲者である。そもそも，何をもって1/fゆらぎと謳っているのだろうか。音楽作品の楽譜上の要素だけでも，音高，音長，和声，リズム，拍子，テンポ，音量変化，指定楽器というように，あげていったらきりがないくらいである。まして，演

6章 音楽と感情

奏されたものになれば，演奏者によって同じ曲でもかなり違った演奏になることは周知の事実である。いったい，その中のどの情報を利用してゆらぎを調べるのか。しばしば行なわれるのは，演奏された音の周波数と振幅をもとにしたスペクトル解析である（たとえば図6-6）。

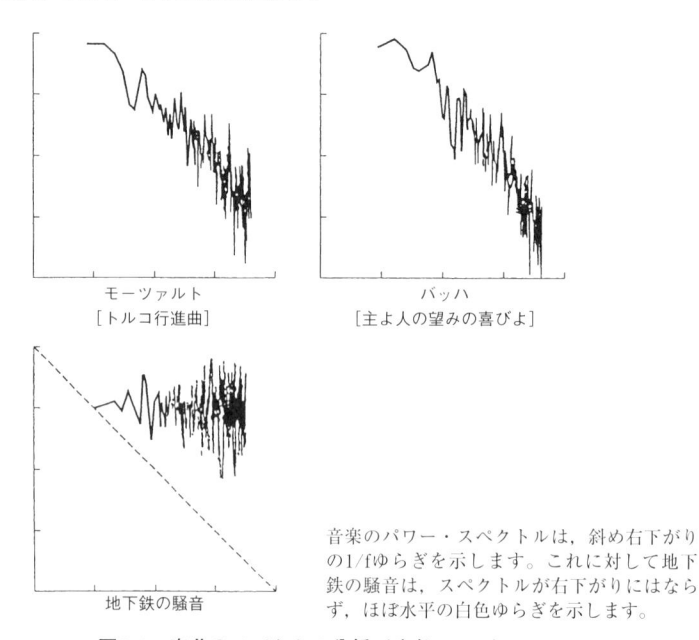

モーツァルト
[トルコ行進曲]

バッハ
[主よ人の望みの喜びよ]

地下鉄の騒音

音楽のパワー・スペクトルは，斜め右下がりの1/fゆらぎを示します。これに対して地下鉄の騒音は，スペクトルが右下がりにはならず，ほぼ水平の白色ゆらぎを示します。

図6-6　楽曲のスペクトル分析（武者，1998）

また，よくみられる実験に，1/fゆらぎをもつとされたAという曲を聞かせると，しだいにα波成分が増加する，というものがある。このような実験には，「人間はほっといてもしだいに環境になれてリラックスしていく」という，ちょっと考えれば誰でも思いつくような要因が抜けている。音楽を聞かなくても，目をつぶってベッドに横になっている（閉眼安静）だけで，α波は出やすくなる。もしかしたら，音楽を聞かせるよりも効果があるかもしれない。ならば，Aという曲の効果を検討するためには，少なくとも，聴取と同じ時間だけ閉眼安静状態にある場合と比較する必要があるということだ。いわゆる，対照条件とか統制条件とよばれるものが欠落しているのである。

そのような実験の不備を差し引いたとしても，音楽を構成している一部の要

素から求められたゆらぎが，本当にその作品のゆらぎを表わしているといえるのかどうか疑問である。極端な話，1/fゆらぎをもつ作品を逆から演奏していっても原理的には同じゆらぎをもつはずだが，とても同じ心地よさを感じることはないだろう。まして，そのような根拠さえも示さずに選曲者のイメージで集められた「1/fゆらぎ音楽」は，本当に聞く人を効果的にα波状態に導くことができるのか。「1/fゆらぎ音楽」ではない音楽ではリラックスできないのか。音楽の効能を謳う以上は，その範囲なり程度なりをもっと明らかにして欲しいものである。

4．音楽を用いた心理療法

(1) 音楽の有効性についての逸話

一般の人に音楽療法を紹介する際に，必ずといっていいほど触れられるのが，旧約聖書サムエル記における，ダビデがハープを演奏してサウルの憂うつ症を治療したという話である。また，バッハの「ゴルトベルク変奏曲」も，不眠症の貴族の依頼によって作曲されたということでしばしば紹介される。その他，ギリシア・ローマ期からルネサンス期にかけて，この手の話は非常に多い。このように，音楽によって感情をコントロールし，精神的な治療に用いるという発想は古くからあったといえるだろう。だが，語り継がれている事例の多くは，単なる逸話であったり，直観的なものであったり，宗教的行為と深く結びついたものであり，音楽が本当に治療に役立ったのかどうかの検討が行なわれていない（皆無というわけではない）。

もちろん，心理療法全般において，療法の効果があるかどうかを評価することは非常にむずかしい。一般に，心理学では，Aという実験条件が効果があることを示すために，A以外のすべてを同等にした統制条件を設けて，実験条件と統制条件における結果の違いを統計的に比較検討する。心理療法における音楽の使用の効果を検討する場合でいえば，音楽使用の有無以外（症状，性格，生育歴，生活環境，音楽的素養，カウンセラーなど）を，少なくとも実験グループ間ではすべて同等にする必要がある。ところが，音楽療法に限らず臨床場面一般において，実験グループを設けて条件を統制すること自体に，かなりの

困難を伴う。そこで，どうしても個々の事例において治療効果の検討を行なうことになりがちであり，そのため，使用した音楽の効果に関して，恣意的な評価が侵入しやすくなってしまうのである。

(2) 現代的音楽療法事情

　それでは，音楽療法，広くは心理療法には，科学はまったく関与し得ないのであろうか。けっしてそんなことはない。医師による病気や怪我の診察・治療に基礎医学研究や薬学研究が大きく貢献してきたように，心理療法にも基礎的な心理学研究を生かすことができるはずである。実際，海外での音楽療法には，十分とは言えないまでも，20世紀の半ば以降からは，科学的な根拠に基づいて実践しようとしているものもある。たとえば第二次世界大戦以降，アメリカでは音楽療法に関する理論と実践が発展した。

　もっともアメリカにおける音楽療法は，はじめから科学的なアプローチに基づいていたわけではない。それは，帰還兵に対応するための，社会的な要請であった。身体的な外傷は回復しても，戦場での恐怖や，特に非戦闘員への殺戮などが心理的な外傷体験として残る。そのため，精神面でのリハビリテーションの重要性が注目されたのである。第二次世界大戦の最中や戦後のアメリカでは，慰問演奏を聞いたり，病院に招かれた演奏家や音楽教師の指導を受けて音楽を演奏することが，医学的な治療だけでは対処できない帰還兵たちの精神的回復や士気の回復を助けたことが多く報告されている（村井，1995）。

　しかしそのような音楽の効用について報告は，たぶんに主観的な評価に基づいたものである可能性も高い。そこで，事例報告だけではなく，より科学的な治療効果の検証が要求されるようになり，同時に，専門家の育成や資格制度の確立が急務とされた。その結果，1950年にアメリカ音楽療法協会（NAMT）が設立され，統一カリキュラムによる公認音楽療法士（RMT）の育成と資格認定を行なっている。また，イギリスでも1958年にイギリス音楽療法協会が設立され，音楽療法士の資格認定を行なっている。一般に西欧における公認音楽療法士の資格は，大学や大学院にて音楽と心理学・精神医学の双方を修めた者のみが取得できるようになっている。

　日本では1995年に全日本音楽療法連盟（JFMT）が設立され，推奨カリキュ

ラムを修めた者や，一定の療法経験をもつ者に対して「全日本音楽療法連盟認定音楽療法士」の資格が与えられている。このことは，混沌とした日本の音楽療法の世界における，1つの前進ではある。しかし，その一方で，統一資格に対する反発や不満もないわけではない。たとえば，JFMTによるカリキュラムのガイドラインは，音楽技術寄りで，臨床心理学や行動心理学，精神医学などの講義や実習にまわる時間は相対的にかなり少ない。したがって，どうしても基礎・実験系の心理学（知覚，生理，学習，行動など）や，統計を用いた科学的アプローチに関する授業は削られることになる。

音楽療法（心理療法）を行なうのに，なぜ医学や統計や基礎心理を学ぶ必要があるのか。筆者もしばしば学生からこのような問いかけを受ける。その理由は多々あるが，1つは，症状とその原因を正しく見きわめ，治療の効果を正しく評価するためである。音楽療法はどんな場合でも有効か－否。音楽を用いることによる副作用は絶対にないのか－否。音楽療法を行なって症状が緩解したら，即音楽の効果だといえるのか－否。治療者の経験や感性はもちろん大切である。しかし，それだけではなく，科学的なアプローチを取り入れ，他の分野の成果をも生かすことが，音楽療法を単なる思い込みや自己満足に終わらせないためには不可欠である。何よりも，「なぜ音楽を用いるのか」という問題への積極的な答を見つけることにつながるのではないだろうか。

ところで，アメリカで多く利用されている音楽聴取を主体とした受動的な音楽療法やGIM（Bonny, 1993）などと，たとえばイギリスのアルヴァンを源流とする障害者を対象とした即興演奏を主体とした能動的な音楽療法では，そのプログラムや治療対象が大きく異なっている。

もっとも大きな違いは，受動的音楽療法が基本的に音楽聴取による気分変調やそれに伴う生理学的変化をベースにしたものであるのに対して，能動的音楽療法は演奏による生体の活性化や感情表出，および非言語的（ノンバーバル）コミュニケーションをベースにしていることである。このようなベースの違いのために，どちらかといえば受容的音楽療法は，感情障害や心身症，軽度の抑うつや落ち込みや悲しみなどを対象とした感情コントロールに用いられることが多い。一方，能動的音楽療法は知的障害や自閉症，それに痴呆などを対象とした，感情表出を伴うノンバーバル・コミュニケーションや機能訓練のための

ツールとして用いられる傾向が強い。

　リラクセーションのための音楽聴取は，しばしば受容的音楽療法と混同される。前節で述べたようなα波音楽とか1/fゆらぎ音楽といったものは，聞く人の状態や特性を個別に考慮したものでない以上，音楽療法とよべるようなものではない。最近はやりの「ヒーリング（癒しの）」音楽も同様である。

　受容的音楽療法は，クライアントの症状や心理状態，性格傾向，音楽の好みなどを考慮した上で，個別に処方が行なわれなければならない。ほとんど教義と化しているものに，「同質性原理」とよばれるものがある。どんな音楽療法の本でも，必ずといってよいほど紹介されている。クライアントの心理状態に近い性質をもつ音楽からはじめて，徐々に浮上させていかなければならない，という原則である。そしていくつかの著名な音楽処方例と合わさって，しばしば誤用されている。たとえば，「うつ病の場合には抑うつ的な○○という作品を聞かせればよい」というように，症状に対して音楽処方を固定してしまうという誤りである。そうではない。そこでは，選曲（処方）自体が，クライアントとセラピストとの相互作用であるべきなのだ。はじめから音楽が固定されてしまっては，両者の交流は生じ得ないだろう。

　能動的な音楽療法は，クライアントとセラピストが音や音楽を媒体として相互に作用しあう場である（稲田，2000）。そこでは，音楽は，芸術としてそれ自体が目的であるのではなく，感情表出や意志伝達の手段として用いられる。クライエントとセラピストがともに音楽を創造しながら自分の感情や意志を伝え合うことで，共有体験が生まれる。主体はあくまでクライアントである。療法の中で音楽を使用することが先にあるのではない。症状や障害の診断名によって一義的に使用が定まるのでもない。クライアントとの相互作用において音楽を用いることに必然性があるから，音楽療法を行なうのである。

5．最後に

　2節で述べたように，音楽行動にかかわる生理学的研究は，まだモデルを構築できるほど成熟したものとはいえない。もちろん，昨今の脳科学研究ブームの中で，脳波，PETやf-MRIを使用した音楽に関する神経科学的研究も活発に

行なわれている（谷口，2000）。しかし，そこで明らかになってきているのは，あくまでもある刺激や行動に対して，脳のどの部位ないし複数の関連部位が反応するかにすぎない。それはとうてい，われわれが音楽をどのように聴くか，それがどのように感情と結びつくのかを理解できるようなレベルではない。今後の方向としては，音楽刺激に対する脳の特定部位の活動を追求するだけではなく，感情と脳に関する研究の知見を踏まえた上で，音楽聴取に伴う感情反応の起源を探る研究が必要なのではないだろうか。

7章

対人感情の認知理論―もう1つの理論的視座―

　「人を好きになったり，嫌いになったりするのに理由などない」と考えている人も多いのでないか。たしかに，ある人に好感をもったり心惹かれるとき，あるいは，この人とは合わないと感じるとき，それがなぜなのか自分では明確に説明できないことも多い。そこには，ことばにならない何か神秘的な力が働いているとさえ感じられることもある。しかし，客観科学としての心理学は，他者に対する好悪の感情の生起には必ず合理的根拠があるとの見解に立ち，対人感情の成立と維持にかかわる要因を1つひとつ解明し，その背景にある共通原理を明らかにしてきた（中村，1996参照）。なかでも，強化理論（reinforcement theory）[1]や社会的交換理論（social exchange theory）[2]は，近年の社会心理学において大きな位置を占めてきた。それらによれば，人間は基本的に自分に報酬をもたらしてくれる（と認知した）相手に魅力を感じるものであるということになる。もちろん，ここでいう「報酬」という概念には，心理的意味合いがたぶんに含まれている。たとえば，相手が精神面で自分にないものを補ってくれるとか，相手の存在が自分の意見に合意的妥当性を与えてくれたり自尊心の維持高揚に寄与するといったようにである。また，認知的均衡（cognitive balance）[3]を維持できる相手に魅力を感じるというのも，それによって不快な緊張感が取り除かれ快適な心理状態がもたらされるのであるなら，この範疇に入ると考えられる。なお，これらはすべて，対人感情を動機論的観点から説明するものとして位置づけられよう。他者に対する好悪の感情を何らかの欲求充足と結びつけて考えているからである。

　これに対し，対人感情を既有知識や個人の過去経験との関係で論ずる論者もいる。このような認知論的観点[4]は，従来，あまり注目されることはなかったが，社会的認知研究の興隆とともにしだいに重視されるようになり，最近，研

究が急速に進展しつつある。本稿では，そのような研究動向を概観し，対人感情の性質を理解するための新しい理論的視座を提供したい。

1．対人感情の認知基盤

　対人好悪の感情は，個人の当面の欲求や動機の充足にとって相手が有用かどうかという機能的価値の観点からつねに決定されるわけではない。それとは別に，過去に起こった事象の記憶や経験によって獲得した知識も大きな役割をはたしている。それは，対人感情が必ずしも対象人物に本来的に備わっている属性によって喚起されるものではなく，主体がすでに保有している認知的表象によって先験的に規定されることを意味している。ここでは，対人感情の源泉となる認知的基盤にはどのようなものがあるかを見ていくことにする。

(1) カテゴリカルな知識と対人感情

　ある人をどのくらい好きかを答えるよう求められたとき，われわれはどのようにするであろうか。一般的には，その人の属性を1つひとつ思い起こし，それぞれの好ましさを査定し，その合計値や平均値に基づいて答えると考えられる。その際，個々の属性に重みづけを行なうこともあるであろう。Anderson (1974, 1981) による印象形成の情報統合理論 (information integration theory) は，まさにこうした考え方が基礎になっていた。しかし，Fiske (1982) やFiske & Pavelchak (1986) は，このようにデータに即したボトム・アップ型の感情反応は，かなり限定された状況でしか起こらないのではないかと考えた。人間の情報処理容量には限界があるため，上記のような複雑な評価計算を日常的に行なっているとは考えにくいからである。何か特殊な事情がありその必要に迫られているのでなければ，われわれはもっと処理負荷の少ない別の方略を採っているはずだという。では，それはどのようなものなのだろうか。

　Fiskeらは，印象形成場面では，相手の性別や人種といったカテゴリカルな属性がまず注目され，そのカテゴリーに付着している感情価に基づき反応が起こると述べている。このようなトップダウン型の感情は，カテゴリー引き金感情 (category triggered affect) ともよばれ，その反応は速やかで効率的であ

7章 対人感情の認知理論―もう1つの理論的視座―

る。たとえば,「政治家」に強い偏見を抱いている場合,相手が「政治家」であるというだけで嫌悪感をもってしまい,相手の個人的特性は度外視するであろう。また,このときの嫌悪感は,その人物が「政治家」に典型的な人物であると知覚されるほど強くなる。しかし,その人物が「政治家」らしからぬ人物であれば,個人的特性に注意が向けられ,相手に対する感情も個人的特性に基づいたものになる。もちろん,知覚者に「政治家」に関する知識がそれほどない場合は,当然ながらカテゴリカルな情報の影響は小さくなる。図7-1は,Fiskeら(1980)の行なった実験結果の一部である。この実験では,「政治家」に関する知識の豊富な被験者と知識の乏しい被験者に,架空の人物の写真と職業名,および性格特性を描写した文章を提示し,人物の魅力を評定させている。すると,「政治家」に関する知識の豊富な被験者は,人物の職業が「政治家」だと知らされ,その外見がいかにも「政治家」らしい場合に,嫌悪感が強くなった。一方,「政治家」に関する知識の乏しい被験者は,外見が職業名と一致しているか否かによる違いは表われていない。なお,被験者に与えられた文章には,「政治家」的特性とそうでない特性が半数ずつ記述されていた。したがって,ここでの結果は,カテゴリカルな知識表象(政治家ステレオタイプ)の有無が特定個人に対する感情を大きく左右するものであることを示唆している。

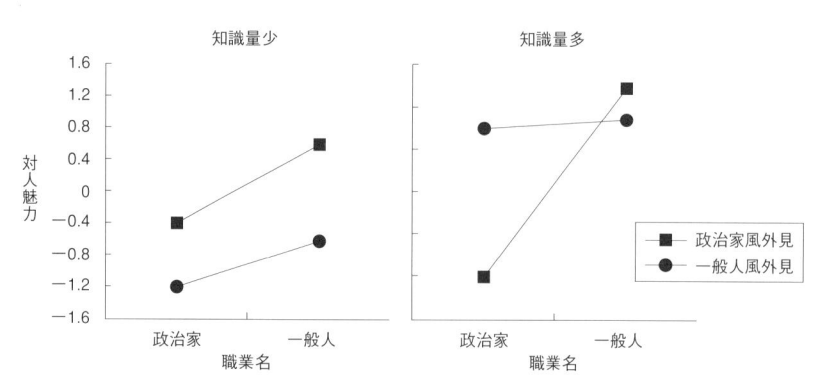

図7-1 政治家ステレオタイプが対人魅力に及ぼす影響 (Fiske,1982を一部改変)

対人感情は,相手の特徴に基づいているようでいて,じつは主体の側の既存知識によってかなりの程度先験的に規定されているといえる。また,カテゴリ

カルな知識表象は，広く社会に共有されている知識である。それは，これを共有する社会の構造と価値観を反映するものとしてとらえられる。したがって，対人感情がカテゴリカルな知識に左右されるということは，われわれが特定個人に抱く感情が自分の所属する社会の制約を強く受けているのだと言い換えることもできる。

(2) 個人的記憶と対人感情

対人感情を規定する認知表象は，カテゴリカルな知識のように社会一般に共有されているものばかりではない。個人に固有の記憶表象も重要な役割をはたしている。

①既知感

以前に見たことのあるものや会ったことのある人には親近感を覚え，それが対象への魅力につながることがある。このような現象を最初に実験的に検証したのは，Zajonc（1968）である。彼は，無意味綴りや表意文字，顔写真を反復提示し，提示回数が多いほどそれらに対する好感度が上昇することを明らかにした。このように対象に単にくり返し接触するだけで好感度が増すという単純接触効果（mere exposure effect）は，日常的場面での実際の人物に対しても生ずることが確認されている。たとえば，Saegertら（1973）は，被験者にグループ単位で味覚測定課題にくり返し参加させるという実験を行なった。その際，毎回のグループ構成を変えることで，互いに顔を合わす回数が相手によって異なるように操作した。実験中は互いに会話をすることはいっさい禁止されている。実験終了後，参加者の好意度を相互に評定させたところ，顔を合わせた回数が多い相手ほど好意度が高くなる傾向が見いだされ，それは，味覚測定課題で用いられた刺激材料の快・不快に関係なく認められた。単なる接触の効果が現われたのである（図7-2参照）。ただし，このような効果が認められるのは，対象となる人物が会って（見て）不快でない場合に限られる。Perlman & Oskamp（1971）の実験では，犯罪の容疑者の写真を反復提示しても好意度は増大しないことが見いだされている。これらの結果は，ある人物に対する感情が，その人物を過去に見たことがある，過去に会ったことがあるという記憶によって影響されることを示している。その対象が既知であるか未知であるかと

7章 対人感情の認知理論―もう1つの理論的視座―

いう情報が対象の好悪を決定する1つの要因になっているといえる。既知の対象は、それがネガティブな刺激価をもっていない限り、少なくともリスクは少ないとみなせるので、接近感情が起こるようになっているのかもしれない。

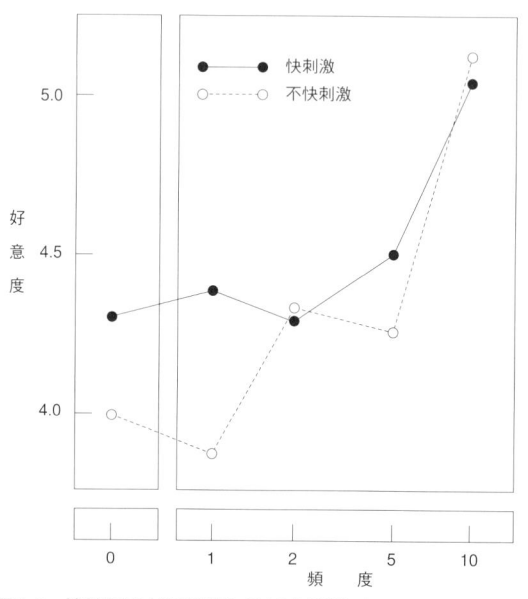

図7-2 接触頻度が好意度に及ぼす影響 (Saegert et al., 1973)

②過去の事例

上に述べた単純接触効果は、過去に出会った人物と同一の人物に対する好悪の感情が問題にされていたが、同一ではなく類似した人物に対する感情が問題になることもある。たとえば、Lewicki (1985) は、次のような興味深い実験を行なっている。被験者は、2人の若い女性の写真を見せられ、どちらの方が「親切」で「やさしい」と思うかを答えさせられる。写真からだけでは判断しがたいのであるが、事前のセッションで、とても「親切」な実験者に出会っていた被験者は、2枚の写真のうち、その実験者に外見がよく似ている（髪が短く眼鏡をかけている）女性の写真を選択したのである（図7-3参照）。また、別の実験では、事前に「意地悪な」実験者に出会うよう設定しているが、このと

きは，被験者はその実験者と外見がよく似た別の実験者を避ける傾向を示した。過去に接触した人物事例が，それと類似点をもつ新たな人物に対する感情に影響を及ぼすことが窺える。

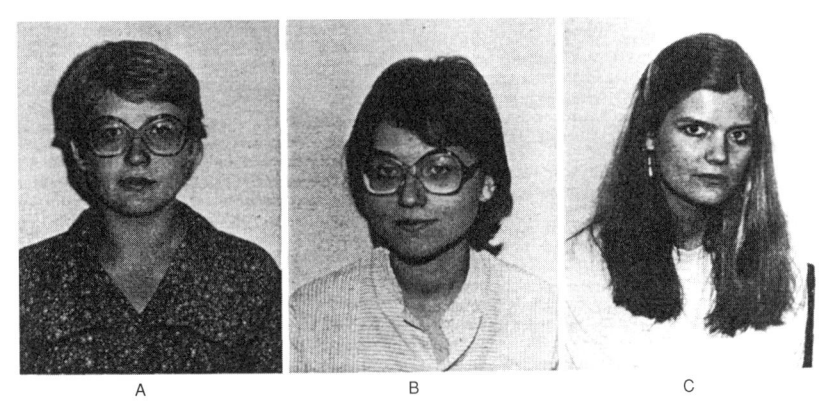

図7-3 ルイスキーの実験で用いられた刺激人物（Lewicki, 1985）
Aが事前に出会った人物，B, Cが後で見た写真の人物

このように，ある対象に対して学習した反応様式が，それと類似した対象にも適用される現象を一般に転移（transference）という。Lewicki（1985）の実験では，外見という知覚レベルの類似性に基づく感情の転移が取りあげられているが，最近，内的特性をも含んだもっと広義の類似性に基づいて起こる転移が研究者の関心を集めている。Andersenは，一連の研究を行ない，人間は，過去から現在にいたるまでにかかわった重要他者（significant other）との関係から学んだことを，新たに出会った類似人物との相互作用において参照することを明らかにしている（Andersen & Glassman, 1996参照）。重要他者とは，両親，親友，恋人，先生など，自分にとって重要な存在，自分に強い影響を与えた相手であれば誰でも該当する。重要他者については，当然ながら豊潤でよく構造化された記憶表象が形成される。そして，新たに出会った人物が，特定の重要他者と類似していると，その重要他者の表象が活性化され，当面の人物に対する認知，感情，行動を規定する準拠枠として機能する。すなわち，重要他者のもっている特性を，その人物に付与したり，重要他者に抱いていた感情を，その人物にも抱くようになる。

7章 対人感情の認知理論―もう1つの理論的視座―

Andersen & Baum（1994）は，被験者に，自分が好意的感情を抱いている重要他者（ポジティブ他者）と非好意的感情を抱いている重要他者（ネガティブ他者）の特徴を列記させ，それらに基づいて被験者ごとにそれぞれに類似した刺激人物を設定し提示した（類似条件）。被験者には各人物の特徴を覚えるように教示し，事後に人物に対する好意度を測定している。その際，比較のために，別の被験者の重要他者に類似している人物を提示する条件も設け（非類似条件），同じように好意度を評定させている。なお，いずれの刺激人物も，好ましい特徴（たとえば,よき助言者である，分別がある）と好ましくない特徴（たとえば,すぐ不機嫌になる，自己中心的）を同数ずつ有するように構成されていた。図7-4をみると，刺激人物自体のもつ特徴の望ましさはいずれも同程度であるにもかかわらず，その人物が被験者自身の「ポジティブ他者」に類似していると好意度が高くなり，「ネガティブ他者」に類似していると好意度が低くなっている。このような転移効果は，相手に対する接近・回避動機（気持ちを共有したい，心理的に距離をおきたい）や，相手への対人期待（相手が自分に好意をもち，受け入れていくれるどうか）にも表われることが，Andrsenら（1996）によって確認されている。

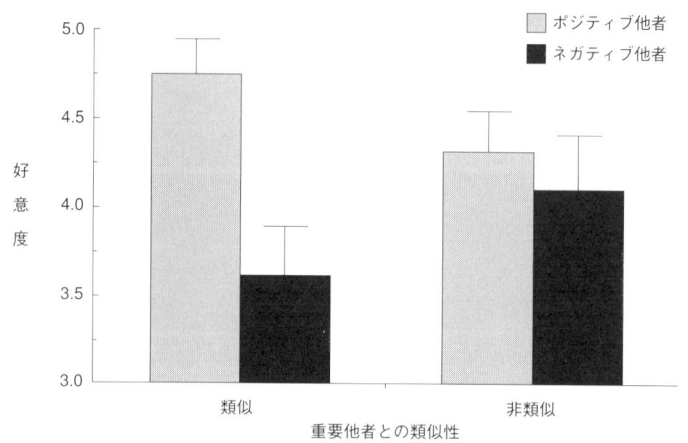

図7-4 重要他者との類似性と対人感情（Andersen & Baum, 1994）

「転移」という現象や概念自体は，精神分析学の分野では古くから知られて

いる。ただし，それは，主として治療場面において，クライエントが過去の重要人物（幼少期の両親）に対して抱いた感情を，現在自分が関係しているセラピストに振り向けるという意味で用いられている。しかも，その感情は社会的に容認できないような抑圧された感情であることが多い。Andersenは，「転移」は，このように臨床場面で観察される病理的現象に限定されるものではないと考えた。過去の対人関係が，現在の対人関係のなかで再現されることは，日常的に起こりうるごく一般的で基本的な現象であると推察されるからである。したがって，彼女の論考とそれに基づく一連の研究は，精神分析学における「転移」という概念を対人関係全般に適用できるように拡張する試みであるととらえられる。そして，そこで得られている結果は，重要他者の記憶表象が，先述したカテゴリカルな知識表象と同様に，所与の情報を超えてトップダウン的に対人感情を規定しうることを示唆している。

2. 対人感情の精緻化

(1) 認知的評価次元と対人感情

　以上，カテゴリカルな知識や個人的記憶が，いかに対人感情に影響するかをみてきた。ただし，そこで取りあげられている感情は，好き－嫌いといった基本的ではあるが内容的には比較的単純な感情である。しかし，私たちが他者に抱く感情は，もっと多様で陰影に富んでいる。そのような感情は，どのようにして生成されるのであろうか。精緻な感情の生成には，高度で精密な認知の介在が考えられるが，それは具体的にどのようなものなのであろうか。対人感情を含むさまざまな感情の生起がどのような認知過程を経て生起するかについては，近年，多くの論者がそれぞれ独自の枠組みを用いて体系的に記述することを試みている（Clore et al.1994；Karasawa, 1995；唐澤，1996参照）。認知的評価理論（cognitive appraisal model）と総称されるこれらの理論では，生起した事象やそれを取り巻く状況を認知者が種々の観点から評価し，その結果の組み合わせにより，経験される感情の質が決定されると論じられている。

　唐澤（1995，1996）は，諸理論を総合的に比較検討し，共通性の高い評価次元を5つあげているが，とりわけ普遍性の高いものとして2つの次元を指摘し

7章　対人感情の認知理論—もう1つの理論的視座—

ている。1つは，状況の望ましさの程度を評価する次元であり，これは，快・不快という感情の基本的分化に寄与している。もう1つは，事象の原因や責任の所在を評価する次元であるが，これは，単なる快・不快を超えた道徳的感情（怒り，哀れみ，罪悪感，プライド）の生起に関与すると考えられている。これら主要な2次元のほかに，重要性，確実性，適応性の評価にかかわる次元があげられており，それらが，生起する感情の強さやニュアンスに影響を与え，多様な感情が分岐していくことになる（詳細は，唐澤，1996参照）。

なお，ここで重要なことは，こうした認知的評価理論に基づけば，対人感情の生起には事象の原因と責任の所在の評価の次元が深くかかわっている点である。事象を引き起こした主体が「人」なのか「状況」なのか，人であれば，それは「自分」なのか「他者」なのかという点が問われ，それが「他者」であると認定されたとき，その他者に感情が向けられることになる。たとえば，Roseman（1984，1991）の理論によれば，他者によって望ましい状況がもたらされた場合は，その他者に好意的感情を抱くようになり，望ましくない状況がもたらされた場合は，嫌悪感や怒りのような非好意的感情を覚えることになる。そして，この非好意的感情は，知覚者が自己の力をどう評価するかによって変わってくる。その状況において自分が優位に立てる力があると思ったときは，嫌悪感より怒りの方が強くなり，自分にはそのような力がないと思うときは，逆に嫌悪感の方が優勢になる。テニスのダブルスの試合でパートナーのミスで負けた場合，パートナーが後輩であれば，それは怒りに，先輩であれば，それは嫌悪感に結びつくことになる。また，Weiner（1986）は，統制可能性（controlability）の評価が失敗や過ちを犯した他者に向けられる感情に影響することを指摘している。統制可能性とは事象の原因が当事者の意思によってコントロールできるものかどうかを評価する次元である。パートナーが試合でミスをしたとき，それが不注意や怠慢によるものであれば怒りを感じるが，才能のなさが原因であれば哀れみを感じる。不注意や怠慢によるミスは努力によって防止できるが，才能はもって生まれたものだからである。

他者に対する感情が生起するのは，事象の原因や責任が他者に帰属された場合だけとは限らない。Reisenzein & Hofmann（1992）は，事象が生起したとき，それが誰に影響を与えるものなのか，自分なのか他者のなのかという観点

から評価され，その結果，事象の焦点が他者にあれば，その他者に対し何らかの感情が生起すると述べている。知人が名誉ある賞を受賞すれば，その知人に祝福や羨望の感情が起こるし，災難に見舞われたことを知れば，哀れみや同情を感ずるであろう。彼らは，さらに，自分と他者の関係の質が，これらの感情に影響を与えるとも述べている。たとえば，もし受賞した知人が自分の嫌いな人物であれば，祝福や羨望は腹立ちや妬みに変わるであろうし，災難にあった知人が日ごろ仲の悪い人物であれば，同情どころか小気味よさすら覚えるかもしれない。

　認知的評価理論の中でもっとも包括的な理論であるOrtonyら（1988）のモデルをみても，対人感情の生起には複数の評価次元が関与していることが推察される。彼らのモデルでは，事象が生起したとき知覚者が注意を向ける要素として，事象の結果，事象を引き起こした主体，事象に含まれる実体の3つがあげられており，そのいずれに焦点が当てられるかによって，感情が分岐，階層化されていく様相が異なることが示されている。そして，図7-5をみてわかるように，3つのうちいずれに焦点が当てられたとしても，他者との関連性が評価され，その結果に応じて異なる感情が生起することがわかる。また，このモデルの重要な点は，同時に複数の要素に注意が向く場合を想定し，それぞれにおいて生起した感情が合成されるうることを主張している点である。たとえば，対人感情の1つである「感謝」は，事象の結果とその主体である行為者に同時に注意が向いたことによって生ずる感情であると記述される。まず，事象自体の望ましさからくる快感情が自己に関連付けられたことで喜びになり，一方，行為者への満足感が他者に関連付けられたことで賞賛になる。そして，両者が結びついた結果が「感謝」である。

　以上，対人感情は，主体が事象や状況を多次元的に評価し，それらの結果を総合することによって生成されるといえる。そして，何をどう評価するかにより，他者に対し，異なるニュアンスをもった多種多様感情が生起する。環境を多角的，総合的に評価するかなり高度な情報処理能力が対人感情の生成過程を支えているのである。

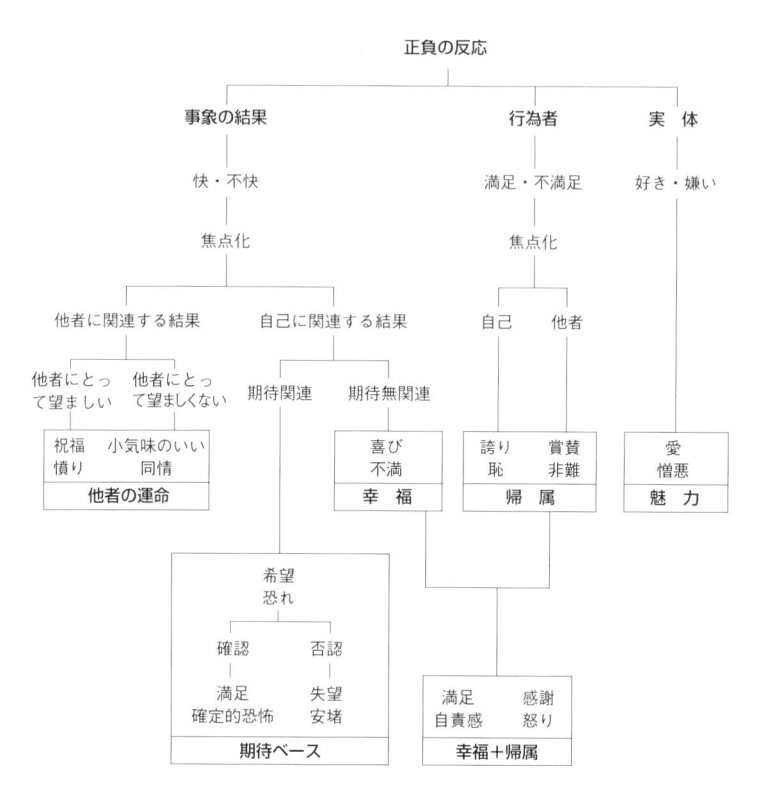

7章 対人感情の認知理論—もう1つの理論的視座—

```
                          正負の反応
        ┌──────────────────┼──────────────────┐
      事象の結果           行為者              実体
        │                  │                  │
      快・不快          満足・不満足         好き・嫌い
        │                  │
      焦点化              焦点化
   ┌────┴────┐         ┌───┴───┐
他者に関連    自己に関連    自己    他者
する結果      する結果
┌───┴───┐   ┌───┴───┐
他者にとっ 他者にとっ 期待関連 期待無関連
て望ましい て望ましくない
┌─────────┐ ┌─────────┐  ┌─────────┐  ┌─────┐
│祝福 小気味のいい│ │ 喜び   │  │誇り  賞賛│  │ 愛  │
│憤り   同情   │ │ 不満   │  │恥   非難 │  │憎悪 │
│ 他者の運命  │ │ 幸福   │  │  帰属   │  │魅力 │
└─────────┘ └─────────┘  └─────────┘  └─────┘
                    │               │
                  希望              │
                  恐れ              │
              ┌───┴───┐           │
              確認    否認          │
              満足    失望      満足   感謝
            確定的恐怖 安堵    自責感  怒り
            ┌─────────┐      ┌─────────┐
            │ 期待ベース │      │ 幸福+帰属 │
            └─────────┘      └─────────┘
```

図7-5 オートニーらの認知的評価理論
(Ortony et al., 1988；池上・遠藤, 1998)

(2) 文化的自己観と対人感情

　感情は本質的に社会文化的状況との相互作用の中で生成されるとする文化心理学的見地に立てば，上記に述べた対人感情の認知的評価理論もおのずとその適用範囲が限られてくることが予想される。文化によって顕現化しやすい認知的評価の次元に差異が生じたり，同じようにラベルづけされている感情も，その意味合いや心理的効用が異なってくると考えられるからである。

　北山ら (Kitayama et al., 1995；北山・唐澤, 1996；北山, 1998など) は，各文化には固有の自己観が存在することを指摘し，その相違が感情の文化的差異をいかに生み出すかについて考察している。彼は，主として西欧，特に北米

中流階級の文化で優勢な相互独立的自己観（inter-independent self construal）と日本を含む東洋の文化で優勢な相互依存的自己観（inter-dependent self construal）の対比により議論を展開している。相互独立的自己観では，自己を本質的に他から切り離されたものであるとみなし，自己実現は自分自身の中に誇るべき属性を見いだし，それを外に表わすことによってはたされると考える。この場合，人間関係は自己の独立性が確立されたうえで選択される1つのオプションにすぎない。一方，相互依存的自己観は，自己とは他と根源的に結びついているものという前提に立ち，自己実現は，意味ある社会的関係に所属し，他者と協調的な関係を持続することではたされると考える。この場合は，個の独立より人間関係の確立の方が優先される。このような文化的自己観（cultural views of self）は，個人の思考，感情，動機づけのプロセス全般を，明示的，非明示的に方向づける準拠枠として機能する。したがって，どちらの自己観を有するかにより，対人感情の生成プロセスの様相もかなり違ったものとなる。

　Kitayamaら（1995）は，多くの感情は社会・対人的性質を帯びているとし，それらは，関係関与的感情と脱関係関与的感情に大別されると述べている。たとえば，親しみ，尊敬，恥，負い目といった感情は，前者に属する。これらは，現前の社会的関係に積極的に関与し，関係性の中に自己を埋め込もうとする動機づけを伴うと考えられるからである。一方，誇り，優越感，怒り，欲求不満といった感情は，後者の範疇に含められることになる。これらの感情の根底には，関係性から自己を引き離そうとする動機が存在するからである。重要なことは，これらの感情の意味づけや性質が両文化で異なってくる点である。すなわち，相互独立的自己観の優勢な文化では，誇りや優越感は自己の独立性や強さの確認を含意するため，それは気分の高揚や喜び，幸福感といった快感情に直結するが，相互依存的自己観の優勢な文化では，人間関係を損なうのではという懸念を誘発するため，喚起した快感情は割り引かれる。これに対し，親しみ，尊敬は，相互依存的自己観の優勢な文化では，心地よさにストレートに結びつくが，相互独立的自己観の優勢な文化では，個の独立性を脅かす意味合いを含むため，必ずしもそうならない。また，恥や負い目は，相互独立的自己観に基づけば自己の弱さや否定を意味するが，相互依存的自己観によれば，それ

は他者への配慮を含意する。

このように，同じようにラベルづけされている感情であっても，そこで経験されている実質は，文化的自己観によってずいぶん異なるのである。文化的自己観は，特定の文化に生まれ，そこで育ってくるなかで内面化される一種の価値体系であるが，それは，同時に個人の思考，感情，動機づけ全般を統御する心的装置として機能する。文化的自己観は，対人感情の精緻化と細分化をうながす1つの重要な認知的源泉なのである。

3．対人感情の自動性

以上より，対人感情の源泉となる認知的基盤には実にさまざまなものがあることがわかったであろう。ところで，前節までの議論は，これら対人感情の認知基盤の内容論が中心であった。近年の研究では，対人感情の生成を支える認知様式に関する議論もなされている。そこでは，対人感情の生成と表出がいかに非意図的で自動的になされているかが1つの焦点になっている。

(1) 感情反応の瞬発性

カテゴリカルな知識表象が対人感情を先験的に規定することは，すでに述べた通りであるが，そのプロセスがきわめて自動的かつ瞬間的に起こりうることが，近年，明らかになってきた。たとえば，Fazioら（1995）は，被験者に黒人または白人の顔写真を見せ，直後に形容詞を呈示して，それが望ましい意味のものか否かを答えさせるという実験を行なっている。その結果，白人の被験者は，黒人の写真を見ると，望ましい意味の形容詞（魅力的，すばらしい）への反応が，望ましくない意味の形容詞（うるさい，胸が悪くなる）への反応に比べ遅れることが見いだされた。一方，黒人の被験者は，白人の写真を見ると，望ましい意味の形容詞への反応が遅れることが示されている（図7-6参照）。これは何を意味しているのであろうか。われわれは，さまざまな対象に対し好意的，非好意的態度を形成している。もちろん，つねにそれらについて考えているわけではないが，その対象が眼前に出現したり，それを連想させるような手がかりが示されると，自然に対応する感情反応が起こるようになっている。恋

人の姿を見かければ，嬉しさのあまり側に駆け寄ろうとするし，嫌いな食べ物が出されると，思わず目をそむけたくなるようにである。Fazioは，これは，記憶内に存在する態度対象と正負の評価反応のノードの間にリンクが形成され，対象が知覚され対応するノードが活性化すると，それがそのリンクを経由して評価反応ノードに自動的に伝わるようになっているからだと説明した（Fazio et al.1986；Fazio, 1995など）。したがって，ある対象を呈示され正か負の評価反応が生起しているところへ，別の対象が呈示され反応を求められると，両者の刺激価の正負が一致している場合は，後の対象への反応が速やかに起こるが，一致していない場合は遅延することになる。上記の実験の場合，日ごろより互いの人種に偏見をもち非好意的感情を抱いていた白人，黒人の被験者が，相手人種の写真を見せられ負の評価反応（嫌悪感）が起こったところへ，それと価値的に相反する形容詞が呈示されたために反応が遅延したと解釈できよう。重要なことは，この場合，写真が呈示されてから，形容詞が呈示されるまでの時間がわずか450msecであった点である。一般にこのような短かい時間では，被験者の意図的コントロールの働く余地がないことが知られており，それゆえ，これはきわめて非意図的で自動的な反応であると考えられる（Fazio et al.1986）。すなわち，被験者は，写真を見て，それが黒人あるいは白人だとわかると，意識する間もなく反射的に，その写真の人物に対し，カテゴリカルな知識に基づ

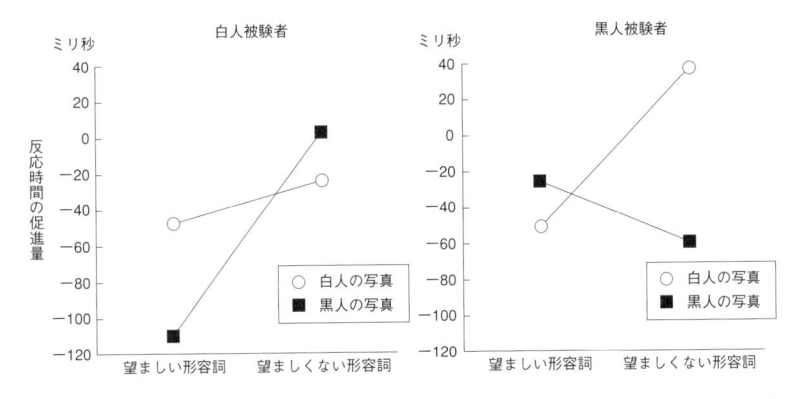

図7-6 黒人と白人の写真が形容詞への反応時間に及ぼす影響（Fazio et al., 1995）
縦軸は反応時間の促進量を表わし，値がプラスであれば反応が速まったことをマイナスであれば反応が遅延したことを示す。

く感情を生起させたことになる。

(2) 感情の源泉に対する無自覚性

　対人感情と意識をめぐるもう1つの重要な問題は，主体が自らの感情の源泉に気づいていない場合があることである。このような議論は，生理的覚醒と恋愛感情の関係に関する研究において，これまでにもすでに指摘されている。たとえば，Dutton & Aron（1974）の行なった有名なフィールド実験では，釣り橋をわたり興奮状態にある男性がそこで出会った女性に好意をもちやすいことが，また，Whiteら（1981）の実験では，ランニングにより覚醒水準の高まっている男子大学生が，ビデオの中の女性に性的魅力をより強く感じたことが実証されている。これらは，生理的覚醒の原因を誤って眼前の異性の魅力に帰属するために生起したと解釈されているが，人間が自分の感情の真の原因に気づきにくいことをよく示している。認知的表象に基づく感情についても同様のことがいえる。感情を引き起こしている認知的源泉は客観的には存在するが，人はその影響に無自覚であることが，多くの研究によって示されている。

①潜在記憶と対人感情

　たとえば，すでに紹介した単純接触効果は「以前に見たことがある」という再認記憶が対象への魅力を媒介していると考えられていた（Brinbaum & Mellers, 1979）。ところが，その後，「よく知っている感じ（familiarity）」を主観的に体験できなくても，この効果が生ずることが知られるようになった（Moreland & Zajonc, 1977, 1979）。代表的な研究としてKunst-Wilson & Zajonc（1980）があげられる。彼らは，対象刺激を被験者の意識に上らないくらいごく短時間だけ提示し，事後に提示した刺激と，提示しなかった新たな刺激を対にして見せ，どちらの方が好きかを答えさせている。その結果，被験者はそれを見たという自覚的意識がないにもかかわらず，提示された刺激の方を選好することが見いだされた。Bornsteinら（1987）は，このような閾下単純接触効果（subliminal mere exposure effect）が，顔写真を用いた場合にも表われることを確認し，さらにその効果が写真の人物と実際に相互作用するときの行動にまで及ぶことを見いだした。彼らは，被験者に詩を見せ，その作者の性別を2人のサクラと討議して決めさせるという実験を行なっている。2人の

サクラは，わざと互いに異なる意見を述べるが，このとき，事前のセッションで2人のサクラのうちいずれか一方の顔写真を閾下に提示しておくと，被験者はそのサクラの意見の方により頻繁に同調したのである（表7-1参照）。単純接触効果が「見たことがある」という主観的意識経験に媒介されずに生ずることはMoreland & Beach(1992)によるフィールド実験によっても確認されている。彼らは，サクラの女性に，一定期間，大学の授業にくり返し出席させ，期間終了後，他の受講生にその女性の写真を見せて印象を評定させた。その結果をみると，女性の出席回数，すなわち，他の受講生との接触頻度が多いほど，女性の魅力（友人になりたい，いっしょに過ごしたい）と類似性（自分と似ている，理解し合える）の評定値は高くなったが，既知感（見たことがある，知っている）の評定には，そのような明確な傾向は認められていない（図7-7参照）。

表7-1　実験課題における被験者の同調頻度 (Bornstein et al., 1987)

閾下刺激の内容	同　調　相　手	
	サクラ1	サクラ2
サクラ1の写真	15	6
サクラ2の写真	7	13
ブランク	10	11

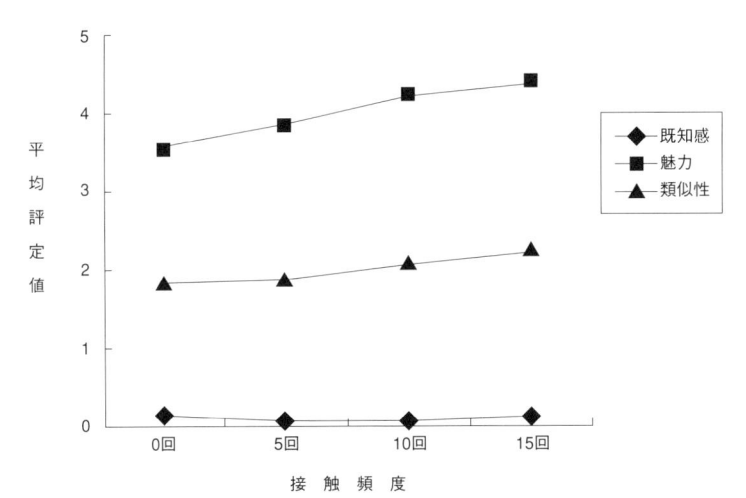

図7-7　接触回数と既知感，魅力，類似性との関係 (Moreland & Beach, 1992に基づき作成)

7章 対人感情の認知理論―もう1つの理論的視座―

　さらに，Bornstein（1989）によるメタ分析の結果，単純接触効果は，対象刺激に対する先行経験を意識的に想起できない方がむしろ顕著になることが明らかとなり，この現象は知覚的流暢性（peceptual fluency）の誤帰属によって生じているのではないかと考えられるようになった（Bornstein & D'Agostino, 1992, 1994.）。知覚的流暢性とは，ある刺激に反復して接触すると，その刺激の知覚的処理が容易になることをいう。知覚的流暢性は，対象の認識において，何となく「見やすい」とか「聞きやすい」といったように対象に関する個人の主観的経験に影響するが，人はこの原因を対象の客観的性質に誤って求めてしまうことが知られている（Jacoby & Kelley, 1987）。したがって，単純接触効果は，これが対象の好ましさに帰属されるために生ずるということになる。

　この「知覚的流暢性誤帰属説」は，われわれが一度経験した対象の知覚的属性を記憶に保持し，その体験自体は想起できなくなっても，保持されている情報は無意識に利用していることを意味している。このように主体の意図や自覚を伴わない記憶情報の検索と利用は，近年，「潜在記憶（implicit memory）」とよばれ，研究者の関心を集めているが（Schacter, 1987），これが対人的相互作用場面での人間の行動や判断においても重要な機能をはたしていることが指摘されている（池上，1999）。対人的相互作用場面では，相手に対する評価を明確にしておくことが必要である。ただし，他者について得られる情報は限られており，有効な判断手がかりがほとんど存在しないこともある。そのような場合，人間は，わずかでもリスクを抑えるために，無意識のうちに，以前遭遇した相手であるかどうかといった必要最小限の情報を検索し，それに基づき対応しているのではないかというのである。対人感情は，人間の潜在記憶の働きに依存している場合もあるのである。

② 自動動機モデルと対人感情

　人が感情の真の源泉に無自覚であることを別の角度から検討している研究もある。そこでは，意味記憶内の連想ネットワークの活性化により対人感情が生成されること，しかも主体がそれに気づかないでいることが論じられている。

　たとえば，「性的嫌がらせ（sexual harassment）」をする男性の中には，それが性役割ステレオタイプに基づく不適切な行為であるという認識がなく，相手の女性が魅力的であるからそうしたと言い張る者が少なからずいる。上記の

論者は，このような男性の意味記憶には，「女性＝性的対象」「女性＝支配対象」といった短絡的な図式が存在し，それが欲求や感情の源泉になっているのだと主張する。もちろん，本人は，自らの欲求や感情の源泉が，このような概念図式の産物であることには気づいていない。しかし，Rudman & Borgida（1995）の研究では，このような図式を活性化するような広告ビデオを見せられた男性被験者が，性的単語への反応時間が速くなったり，そのあとインタビューした女性に対し強い性的関心や性的欲求を示したことが明らかにされている。また，インタビュー場面において自分に与えられた権限が大きいほど，そうした傾向が強くなることも見いだされている。

　Barghら（1995）は，「性的嫌がらせ」が，おもに職場での男性上司と部下の女性の間で頻繁に起こることから，このような男性の心内では「権力」と「セックス」という2つの概念が強く結びついていて，前者が活性化されると自動的に後者が活性化されるようになっているのではないかと述べている。そのため，権力を行使できる対象を無意識のうちに性的欲求の対象とみなしてしまうというのである。Barghらは，まず男性被験者に投影法的手法を用いた心理テストを実施し，各男性に潜在する性的嫌がらせ傾向や性的攻撃傾向の強さを測定した。そして，それぞれの傾向の高い群と低い群を抽出し，2つの実験を行なっている。1つめの実験では，被験者はＣＲＴ画面に呈示された単語をできるだけ速く発音するよう求められるが，その単語（ターゲット）が呈示される直前に被験者の周辺視野に別の単語（プライム）が瞬間的に呈示される。すると，性的嫌がらせ傾向や性的攻撃傾向の高い男性被験者は，プライムに権力関連語（たとえば，executive, boss）が呈示されるとターゲットである性的単語（たとえば，bed, date）の発音潜時が短くなることが見いだされたのである。「権力」と「セックス」という2つの概念の間に強い連想関係が存在することが窺える。2つめの実験では，被験者はサクラの女性といっしょに錯視現象に関する質問に答え，続いて単語完成テスト（文字列の空白部分を埋めて単語を完成する課題）を行なう。このとき，テスト項目の中に権力関連語を含める条件と含めない条件が設けられた。テスト終了後，被験者は別室に案内され，そこでサクラの女性に対する魅力を評定する。すると，性的攻撃傾向の高い男性は，事前に行なわれた単語完成テストで権力関連語が含まれている場

7章 対人感情の認知理論—もう1つの理論的視座—

合に限って魅力評定が高くなったのである（図7-8参照）。つまり，このような男性は，権力概念が活性化される状況に置かれると，自動的に性的欲求が誘発されるような心的しくみを内在させていると考えられる。男性の女性に抱く感情は，その女性自身の属性に基づいているのではなく，男性のもっている意味記憶の構造あるいは認知的図式に媒介されて，その内容が規定されている場合があるのである。ただし，男性自身にそのような自覚があるわけではない。

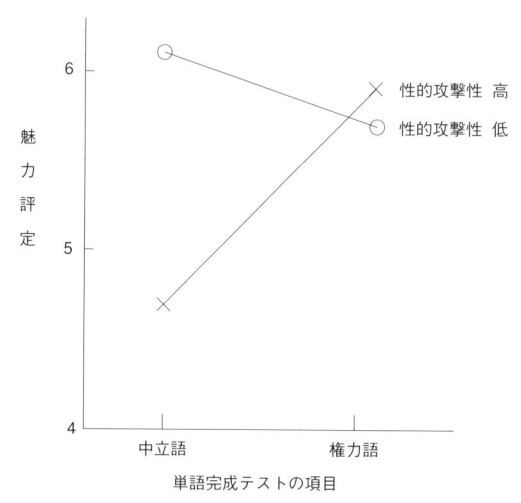

図7-8 単語完成テストにおける権力関連語の有無とサクラの女性に対する魅力
(Bargh et al., 1995)

われわれは，自分がなぜそうしたいと思うのか，なぜそのような感情が起こるのかについて，必ずしも正確に把握しているわけではない。Barghは，それは，行為の目標や動機も，他のさまざまな概念と同様，対応する認知的表象が他の関連する認知的表象と結びつけられて保持されており，関連する刺激を受容すると，それらが自動的に活性化されるようになっているからだと説明した(Bargh, 1990；Bargh & Gollwitzer, 1994；Bargh & Barndollar, 1996)。これは，行為目標の設定や動機の喚起が，一見内発的であるように見えて，じつは主体の意志を超えて外部から規定されていることを示唆している。どのような概念的表象が，どのような行為目標や動機と結びつくかは，個人の過去経験，

さらにそれに基づいて獲得，形成された知識や価値観が関係すると考えられる。自動動機モデル（auto motive model）として展開されているこうした議論が，対人感情の源泉に関する無自覚性と密接に関係していることはいうまでもない。

(3) 対人感情の抑制とリバウンド効果

人間の思考は，それを抑圧しようとすると，かえってより強い形で顕現化することが知られており，これはリバウンド効果（rebound effect）とよばれている（Wegner, 1992, 1994）。なぜこのようなことが起こるのかというと，それはある観念が意識に上らないように人が意図的にコントロールしようとすると，モニタリング過程が作動し，無意識レベルでは，その観念がつねに活性化される状態になるからである。つまり，抑圧しようとした方がそうしない場合より，結局，反応レディネスは高まることになる。このような逆説的現象が，ステレオタイプや偏見に基づく感情反応や個人的記憶に基づく感情反応に表われることがわかっている。

Macraeら（1994）の実験では，被験者は「スキンヘッド」の青年の写真を見せられ，その青年の典型的な1日の行動を描写するよう求められる。「スキンヘッド」とは，髪を短く刈り上げ暴力沙汰をよく起こす愚連隊風の若者をいう。当然，否定的なイメージが強い。彼らは，半数の被験者には，そのようなステレオタイプや偏見にとらわれないように行動を描くようにと教示し，残りの半数の被験者には，特にそのような教示を与えなかった。すると，描写内容のステレオタイプ度は，明らかに前者の方が低かったが，現実場面での行動指標では，むしろ前者の方がステレオタイプ的であった。被験者は，行動描写課題のあと写真の青年に会わせるからと別の部屋に案内される。その部屋には青年の姿はなかったが，青年の所持品が，一列に並べられた座席の1つに置かれていた。被験者は，空いている席に着くように指示されるが，前者の被験者の方が青年の席から離れた遠い席に座る傾向が示されたのである。行動描写課題において「スキンヘッド」の青年への非好意的感情を抑えようとした被験者の方が，後の対面場面では逆に拒否反応が強まったことがわかる。

また，Wegner & Gold（1995）は，別れた昔の恋人のことを考えないようにしようとすると，かえって想いが強まることを実験的に検証している。彼らは，

7章 対人感情の認知理論―もう1つの理論的視座―

実験を始めるにあたり，被験者に過去の特定の恋人を1人思い浮かべてもらい，そのイニシャルを書き留めさせた。併せて，現在もその恋人のことを忘れられないでいるかどうかといった質問項目にも回答させている。実験は，大きく3つのセッションから成っていたが，被験者は各セッションの所定時間において思い浮かんだ考えを逐一言語化することを求められた。第一セッションでは，被験者は最初に特定した過去の恋人について考えるように教示され，その内容を8分間声に出して語らされた。第二セッションでは，約半数の被験者は，引き続きその恋人のことを考え，それを話すように指示されるが，残り半数の被験者は，その恋人のことをできるだけ考えないようにという指示が与えられ，もし考えてしまったときは，その内容を話すよう求められた。時間はいずれも8分である。最後の第3セッションでは，被験者全員が再度その恋人について考え内容を語るように教示された。3つのセッションで被験者が語った内容はすべて録音され，そのうち恋人について語った時間が算出された。また，被験者の感情状態を生理的指標によってもとらえるため，実験の開始から終了まで，皮膚電気抵抗が継続的に測定された。実験の目的は，第二セッションで思考を抑圧することにより第三セッションで発話量や皮膚電気抵抗にリバウンド効果が現われるかどうかを見ることである。すると，過去の恋人について現在は考えることもないと答えた被験者（コールド群）では，皮膚電気抵抗では効果が現われなかったが，発話量ではリバウンド効果が表われた。これに対し，過去の恋人について現在も忘れられずよく考えると答えた被験者（ホット群）では，発話量ではリバウンド効果が表われず，皮膚電気抵抗の数値にはそれが表われた。いずれにせよ，第二セッションで思考を抑圧した被験者の方が，第三セッションで感情的高まりを感じているらしいことが示されたのである。結果は，図7-9に示されている。（なおこの結果は，情動的経験を他者に語ることを抑制すると身体的健康が害されるというPennebaker（1997）の主張ともある種符合するところがあり，興味深い。）

リバウンド効果は，自動化されている心的過程の意図的コントロールがいかに困難であるかを示すものである。上記の研究から，カテゴリカルな知識や個人的記憶に基づく対人感情の生成と表出の自動化がいかに進んでいるかがよくわかる。しかし，自動化されているシステムは経験と学習の所産であり，環境

適応上それを発達させる何らかの必然性があったとも考えられる。感情の自動性も，そうした視点からとらえる必要があるかもしれない。

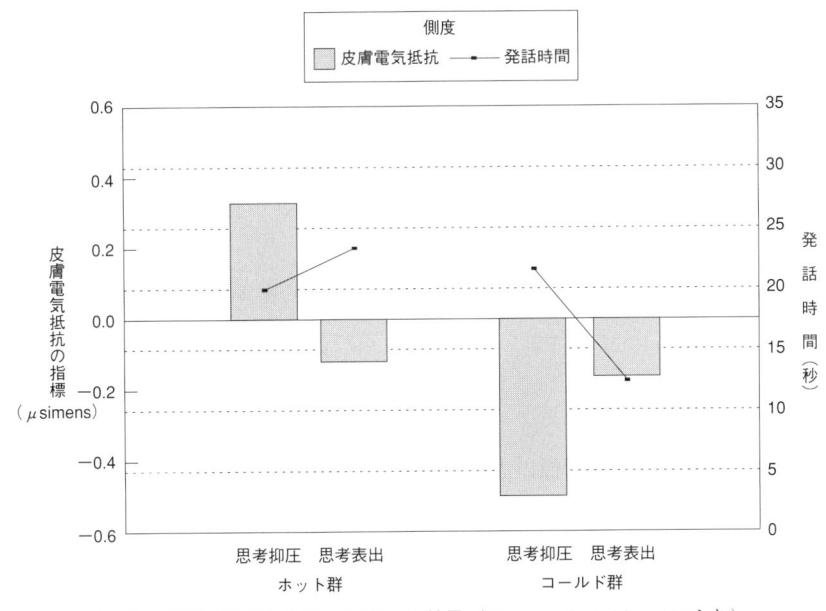

図7-9 恋愛感情におけるリバウンド効果（Wegner & Gold, 1995より）

4．対人感情の適応機能

　以上，対人感情の認知的基盤と，その生成過程の特徴をみてきた。では，このように生成された対人感情は，その後の対人認知や対人行動にどのような帰結をもたらすのであろうか。それは，適応上何か意味があるのであろうか。残念ながら，このような観点からの議論は，まだ十分なされているとはいえない。また，議論を展開するための研究知見もあまり多くはない。しかし，今後の研究の方向を定めていくうえで，こうした論点は重要である。Frijda（1988）は，感情には，個体を取り巻く状況の良否を個体自身に伝達し，適切な反応がなされやすいように態勢を整える働きがあると述べている。したがって，対人感情は，感情対象に対する接近，回避反応を動機づけたり，あるいは，相手と自分の関係を調整し適切な相互作用を維持するための行動のプラニングをうながす

7章 対人感情の認知理論―もう1つの理論的視座―

機能をもつと考えられる（池上，2000参照）。対人感情がどのような機能をもつかを解明するためには，対人感情が認知レベル，行動レベルでどのような影響をもたらすかに関する研究知見が有益な示唆を与えてくれる。

　たとえば，対人感情と対人情報の体制化の関係を検討した研究によると，他者に対する好意的感情は，その他者に関する情報の体制化を促進することが明らかにされている。代表的なものとして，まず，Keenan & Baillet（1980）の研究があげられる。一般に，自己に関する知識は豊潤で非常によく構造化されているため，刺激材料を記銘するとき，自己に関連づけて処理すると，精緻な符号化が促進され記憶成績がよくなることが知られている（Rogers et al., 1977 ; Klein et al., 1989）。たとえば，刺激語に性格特性語を用い，それが自分にあてはまるかどうかを判断させると，特性語の再生成績がよくなるようにである。これを自己関連づけ効果（self-reference effect）というが，Keenan & Baillet（1980）は，刺激語を自分にとって重要な存在である親しい他者（たとえば，親友）に関連づけた場合にも，これに類する効果が得られることを見いだし，重要で親しい他者に関する知識は，自己に関する知識と同様，豊潤でよく構造化されていると主張した。また，Ferguson et al.（1983）や池上（1991）では，「好きな他者」は，「嫌いな他者」や「好きでも嫌いでもない他者」に比べ，特に好ましい内容の情報がよく体制化され容易にアクセスできるように貯蔵されていることが示されている。図7-10a，bをみると，好きな他者が好ましい特性語にあてはまるかどうかを判断させると，その判断は他に比べすばやくなされ，判断語の再生率も非常に高いことがわかる。これは，対人感情に一致する情報の構造化が進んでいることを示すものであるが，嫌いな他者の好ましくない情報がよりよく構造化されていることを示す証拠は得られていない。さらに，Ikegami（1986, 1989）や池上（1996a）は，好意的あるいは非好意的感情がもたれるような架空の人物を人工的に構成し，被験者に与える情報量を統制したうえで，対人感情が情報の体制化に及ぼす影響を検討している（池上，1996も参照）。被験者は，刺激人物の行動文のリストを呈示され，それに基づいて人物の印象を答えているが，行動文の呈示に先立ち，その人物に関する好ましい情報あるいは好ましくない情報が与えられ，人物に対して好意的あるいは非好意的感情が喚起された。その結果，好意的感情は人物の好ましい

行動の記憶や推論を選択的に促進したが,非好意的感情が好ましくない行動の記憶や推論を選択的に促進することはなかった。

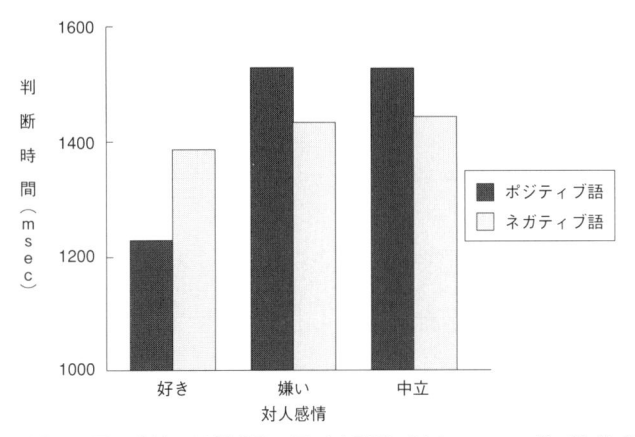

図7-10a　対人好悪の感情が判断時間に及ぼす影響（池上,1991に基づき作成）

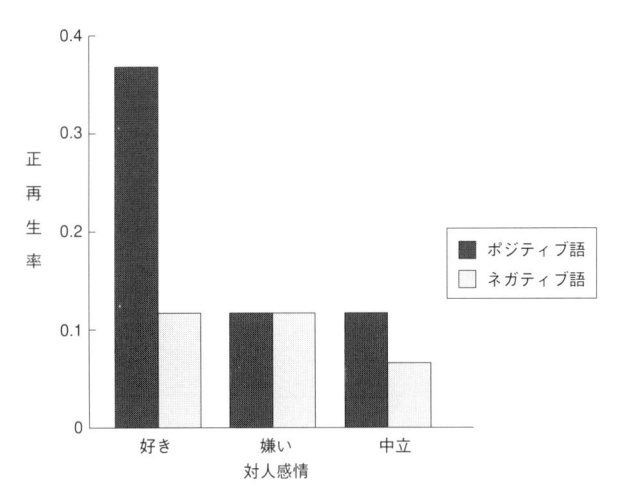

図7-10b　対人好悪の感情が再生率に及ぼす影響（池上,1991に基づき作成）

以上より,好きな他者については,均質で一貫性の高い表象が形成されやすいことがうかがえる。これは,ポリアンナ原則★5（pollyanna principle）やポジティブ幻想★6（positive illusion）と称される人間のもつ楽天性と関係がある

7章 対人感情の認知理論―もう1つの理論的視座―

と推察される。私たちは基本的に自分のいる世界は良いところであると信じ，自分には悪いことは起こらないと考えがちである。そして，このような楽天性は自尊心を高め精神的健康を維持するための適応方略の一貫としてとらえられている（Matlin & Stang, 1978；Taylor & Brown, 1988）。好意的感情を喚起する人物の良い面をすぐさま想起できるようにしておくことは，ある意味で，こうした楽天的信念を維持するうえで有効であると考えられる。では，嫌いな人物の認知表象の均質性が低く，どちらかというと多面的で複雑であるのはなぜだろうか。これは，従来から知られている警戒仮説（vigilance hypothesis）に基づく解釈が妥当であると思われる（Miller & Bieri, 1965）。嫌悪的感情を喚起する人物は，自己にとって脅威であり，将来，不快な事態をもたらす恐れがあるため，その行動特性を正確に把握しておく必要がある。したがって，嫌いな人物に関する情報はかたよりなく詳細に処理されるのだと考えられる。対人感情は，個人の社会への適応がうまくなされるように，他者に関する情報の処理様態を方向づける役割をはたしているのかもしれない。

　対人感情が，相手に対する適切な対応行動を方向づける機能をはたしているという見解は，内的作業モデル（inner working model），そして，その発展モデルをめぐる最近の議論とも矛盾しない（Bowlby, 1969；Hazan & Shaver, 1987；Baldwin, 1992；Andersen et al.1996；Hinkley & Andersen, 1996）。これらの議論の根底にあるのは，人間は重要他者との関係を内面化し，社会的環境を生きるための作業モデルを構築するという考え方である。私たちは，自分にとって重要な他者（親，教師，親友，恋人など）との相互作用を通じ，自分はどのくらい他者から受容されているのか，他者は自分の要求にどの程度応じてくれるのかを学習し，自己や他者，さらに両者の関係性に関する心的表象を形成する。これには，特定の対人関係事態での自他の体験様式や対処方略に関する知識も含まれており，それはやがて対人関係場面全般において個人に固有の認知と行動のパターンを生み出す心的装置として働くようになる。他者について肯定的なモデルをもつ者は，他者を信頼し他者と積極的にかかわろうとするであろうし，逆に，否定的モデルをもつ者は，他者を信頼しようとせず，深くかかわることを回避するであろう。このような内的作業モデルは，恋愛においてパートナーとの絆が脅かされそうになったとき生ずる嫉妬感情の内容や

表出方法と深く関連していることも明らかにされている（Sharpsteen & Kirkpatrick, 1997）。また, 個人の有する内的作業モデルは単一ではなく複数あり, 状況に応じて異なる作業モデルを発動させうることも知られている（Baldwin et al., 1996）。本章の第1節でも紹介したAndersenらによる重要他者の転移に関する研究も, それをよく示している。これらの研究では, われわれは, 新たに出会った人物が, 既知の重要他者のうち誰に類似しているかにより, 好悪の感情や関係様式が大きく左右されることが見いだされているからである。これは, われわれが他者に対しある種の感情が喚起されたとき, それは同時にその他者にどう対応すべきかを決定するための作業モデルを活性化させていることを示唆している。対人感情には, 相手との相互作用に備え, どのような作業モデルを起動させるべきかを個体自らに伝達する機能があるといってよいかもしれない（池上, 1999参照）。

対人感情が対人行動のプラニングに重要な役割をはたすことを示唆する研究は, 他にもいくつか存在する。たとえば, 援助行動の生起は, 被援助者に対して喚起される感情の質に依存するという知見が, その良い例である（Weiner, 1980）。そこでは, 統制可能性の評価によって起こる同情が援助を動機づけることが明らかにされている。また, 怒りや攻撃には, 社会的影響力の行使（強制）, 社会的公正の回復（制裁・報復）, 印象の操作（自己呈示）といった社会的・対人的機能があるという論説も, ここでの議論と軌を一にするものである（Tdedeschi & Nelson, 1993 ; 大淵, 1993参照）。

5. まとめ

本稿の目的は, 対人感情の認知理論を提起することであった。この理論の骨子は, 次の3点に集約できる。その第一は, 対人感情は, 個人が過去経験によって形成している知識表象や環境評価のために保有している認知次元によって, その内容が規定されるということである。第二は, このような認知的基盤をもつ対人感情の生成は自動的な処理様式に支えられており, 意図的コントロールが困難であるという点である。第三は, 認知的基盤をもつ対人感情は, 過去経験に依拠しており, 対人的適応力を高めるうえで一定の役割をはたしていると

7章 対人感情の認知理論―もう1つの理論的視座―

いうことである。このような議論は，対人感情のもつ心理学的意味や合理的根拠を考察するための新たな視座を提供するものであると考えられる。

補 注

★1　強化理論とは，報酬は刺激と反応の結合を強め，罰はこの結合を弱めるという条件づけ学習の原理に従い，他者への魅力が発生するとする考え方をいう。したがって，人は報酬を受け取ったときに存在する他者に好意的感情をもつようになる。ただし，その他者と報酬事象との関係は問わないため他者への魅力は偶然的要素に支配される度合いが大きくなる。

★2　社会的交換理論では，人は，対人的相互作用において得られる利益（報酬からコストを差し引いたもの）を最大化するよう動機づけられていると考える。したがって，多くの利益をもたらしてくれる関係を維持できる相手に魅力を感じるようになる。

★3　認知的均衡理論によれば，人は態度対象をめぐる各認知要素の間の関係が互いに整合している状態を好むとされる。したがって，ある人Pの他の人Oに対する心情関係は，両者に関係する対象Xへのそれぞれの心情関係が一致しているか否かによって決まることになり，これが一致しているとき人Pは他者Oを好むようなる。

★4　認知的均衡理論，対応推論理論，社会的比較理論を対人魅力の認知理論と位置づけている論者もいるが（中村，1996），本稿における認知理論とは対人感情の諸問題に対し認知心理学的ないし社会認知的アプローチをとる理論的立場を指している。

★5　自分のいる世界は悪いことより良いことの方が多い，世の中の人は悪人より善人の方が多いと信じようとする人間の心理傾向を指し示すことば。E．ポーターの小説の主人公の少女の名前にちなんで用いられている。この少女は万事に楽天的で，つねにものごとに前向きに取組み，やがてまわりの人たちを皆幸せにしていった。

★6　すべてのことにおいて自分は平均以上であると思い，自分にできないことはなく，自分にはよいことしか起きないであろうと考えるといったように，自己をきわめて肯定的に認知する心理傾向をいう。

感情とともに
生きる

8章
援助行動と感情

 本章では,社会心理学における感情研究の例として,援助行動と感情に関する研究を紹介する。
 社会心理学では,援助行動を「外的な報酬や返礼を期待せず,自発的に行なわれた,他者に利益をもたらす行動」と定義している(松井・浦,1998)。謝礼を期待して人に親切にしたり,職務として救助したりする行為は,援助とはみなされない。援助行動には,川で溺れそうになっている人を助けたりする救助や,道に迷った人に道を教える親切,募金や献血,ボランティア活動などが含まれる。社会心理学では,援助行動を含めた「他者に利益をもたらす行動」を総称して,向社会的行動(prosocial behavior)とよぶ。援助行動の中でも,助けた人からの謝礼や感謝のことばのような外的な報酬だけでなく,助けた人自身の自己満足などの内的な報酬さえも期待しないで行なわれた行動は,愛他的行動(altruistic behavior)とよばれる。ただし,発達心理学などでは,向社会的行動や愛他的行動の用語を,援助行動と同義で用いることが多い(本章では社会心理学で用いられている定義を採用している。また,概念の混乱を避けるため,一部の研究結果を引用する際に,行動や変数の名称を原論文とは変えて引用している)。
 援助行動と感情との関連を扱った研究としては,援助を求められた人や援助を行なう可能性のある人(援助可能者)の覚醒や気分が援助にどう影響するか,援助を求める人への共感が援助行動に及ぼす影響,援助に伴う認知と感情の関係などが検討されてきた。本章では,援助と感情に関する研究を,覚醒や気分の効果,共感と援助動機,認知と感情の3側面に分けて紹介する。

1. 覚醒と気分の効果

(1) 覚醒の効果

　暴行事件や突発的な発作を起こした人を目撃した人は，援助行動をとらない場合が多い。この援助の抑制現象は傍観者効果とよばれ，おもに周囲にいる人の責任の分散から説明されるが（Latané & Darley, 1970），援助可能者の感情とも関連している。

　Piliavin & Piliavin（1972）は，フィラデルフィアの地下鉄で実験を行なっている。この実験では地下鉄に乗ってきた男性が突然床に倒れるという事態で，他の乗客がどのように行動するかが観察された。倒れる男性は実験協力者で，他の乗客は，夕方や夜にたまたま乗り合わせた一般市民である。この実験では居合わせた人の外見なども操作されたが，感情に関連する条件としては，倒れるときに男性が口から血糊を吐く条件（吐血有り条件）と，そのまま倒れる条件（吐血なし条件）とが設定された。

　常識から予想すると，倒れた人に大きな障害が推定される吐血有り条件の方が吐血なし条件より多く，より早く援助されると考えられる。しかし，結果は逆で，吐血なし条件より，吐血有り条件の方が援助が少なく，援助されるまでの時間も長かった。

　この結果は，Piliavinら（1969）のモデルに沿って解釈されているが，同モデルは後年改訂され，覚醒損得モデル（Piliavin et al., 1982）としてまとめられている。このモデルによれば，私たちは，人が倒れるなどの緊急事態に遭うと，情動的に強く興奮して覚醒し（arousal），覚醒の原因を検討してから（覚醒の帰属），どのように行動するべきかについて損得の計算を行ない，援助や非援助などの反応を起こしている。被害者の吐血等の悲惨な場面を見て，情動的覚醒状態が高まると，援助に伴うコストが高く感じられ，直接的援助より間接的援助を行なうようになると，理論化されている。

　Harris & Huang（1973）は，実験的に引き起こされた覚醒状態が，困っている人を見て感じた同情によるものであると認識したときにのみ，援助が増えることを明らかにしており，Piliavinらのモデルと整合する結果を得ている。

8章 援助行動と感情

(2) ポジティブ気分の効果

　日常の援助事態では，Piliavinらが検討したような緊急事態の覚醒のような激しい感情ではなく，おだやかな気分も援助に影響することが知られている。援助可能者（援助ができる立場にいる人）の気分の効果は，ポジティブ気分（positive mood）とネガティブ気分（negative mood）に区分されて論じられてきた。

①ポジティブ思い出の効果

　良い気分の効果はほぼ一貫しており，援助可能者がポジティブ気分の時には，援助を行ないやすいことが明らかになっている（Rosenhan et al., 1981；竹村，1996など）。

　たとえば，Mooreら（1973）は，7，8歳の子を対象にして，気分の効果を実証している。この実験では，まず子どもに「聞き取り検査」実験参加への謝礼として，25セントが渡され（図8-1），「このお金を実験に来なかった子どものために，寄付缶に入れてあげてもよい」と説明された。名目上の検査が行なわれた後，気分の操作が実施された。ポジティブ気分条件では「幸せになることや，楽しくなるようなこと」を，ネガティブ気分条件は「悲しくなるような

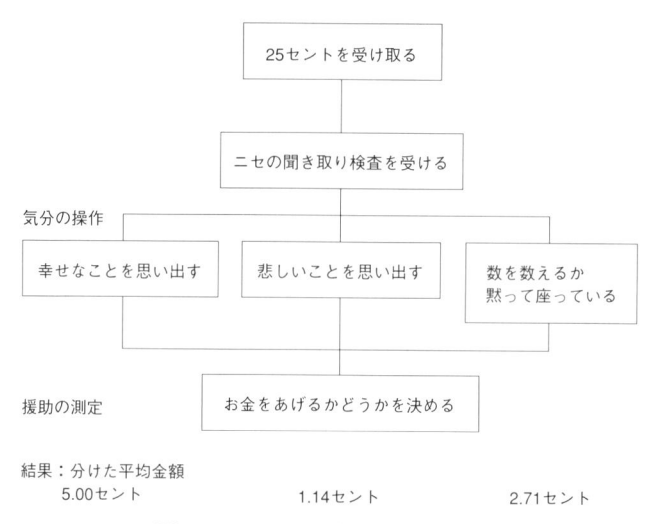

```
                    ┌─────────────────┐
                    │ 25セントを受け取る │
                    └────────┬────────┘
                             │
                    ┌────────┴────────────┐
                    │ ニセの聞き取り検査を受ける │
                    └────────┬────────────┘
気分の操作                    │
        ┌────────────────────┼────────────────────┐
┌───────┴──────┐   ┌─────────┴────────┐   ┌──────┴──────┐
│幸せなことを思い出す│   │悲しいことを思い出す│   │数を数えるか  │
│              │   │                │   │黙って座っている│
└───────┬──────┘   └─────────┬────────┘   └──────┬──────┘
        └────────────────────┼────────────────────┘
                             │
援助の測定          ┌────────┴──────────┐
                   │お金をあげるかどうかを決める│
                   └───────────────────┘

結果：分けた平均金額
     5.00セント           1.14セント           2.71セント
```

図8-1　Mooreらの実験手続きと結果

こと」を，それぞれ30秒間思い出すように求められた。中性条件では，数を数えるか何もせずに座っているように指示された。気分の操作後，実験者は90秒間退室し，子どもに「実験に来なかった子どものために」お金を寄付する時間が与えられた。この時間内に，受け取ったお金を缶に入れるかどうかが，援助行動の指標として測定された。実験の結果，ポジティブ気分条件ではもっとも多くの金額が分与され，ネガティブ気分条件では最も少なく分与された。良い気分になると，他の子どもに対して寛容になり，お金を分け与えるようになったのである。

他にも，図書館で突然人からクッキーをもらったり（Isen & Levin, 1972），自分が有能であると感じたり（Midlarsky & Midralsky, 1973）すると，後に続く援助行動が増加することが明らかにされている。

ただし，Rosenhanら（1981）は，自分がハワイに行ったイメージを思い浮かべたときには援助が増えるが，友人がハワイに行ったイメージを思い浮かべると，かえって援助が減ることを発見している。ポジティブ気分といっても，自分自身が良い気分になることが，必要な条件なのである。

②成功経験の効果

気分の操作をするために最もよく用いられる手段は，作業や課題の成績のフィードバックである。被験者にある種の作業や課題を行なわせ，実際の成績とは無関係に，「成績がよかった，成功した」とか「悪かった，失敗した」と伝え，その後の援助行動の生起率や生起量を比較する実験手法（成功・失敗経験パラダイム，図8-2参照）である。Berkowitz&Connor（1966）やIsen（1970）などの初期の研究は，いずれもこのパラダイムで行なわれており，成功経験の後には援助行動が増加するという知見を得ている。

しかし，Ickes & Kidd（1976）は，成功が意図しない偶然によってもたらされた場合には，後の援助行動は増えないという研究結果を紹介している。

日本でも，多くの研究者が成功・失敗経験パラダイムを用いて，援助可能者の気分の効果を検討している（無藤，1974；松井・堀，1976；山口，1988）。たとえば，Harada（1983）は，作業検査の成績をきいた学生が，人が落としたコンタクトレンズを探すという場面を設定して，成功経験の効果を実証している。また，高山（1989）は，成功経験と自分の博愛的性格に関するラベリン

8章 援助行動と感情

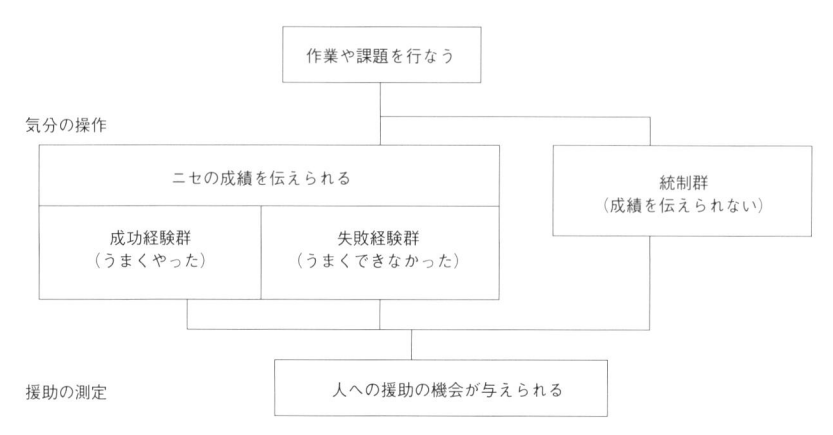

```
                    ┌──────────────┐
                    │ 作業や課題を行なう │
                    └──────┬───────┘
気分の操作                   │
  ┌────────────────────────┴──────────┐
  ┌─────────────────────────┐    ┌──────────────┐
  │   ニセの成績を伝えられる    │    │   統制群      │
  ┌─────────────┬───────────┐│    │(成績を伝えられない)│
  │  成功経験群   │ 失敗経験群  ││    └──────┬──────┘
  │ (うまくやった) │(うまくできなかった)│         │
  └─────────────┴───────────┘│         │
  └────────────────┬──────────┘         │
                   └────────┬─────────────┘
援助の測定                   │
                    ┌──────┴───────────┐
                    │ 人への援助の機会が与えられる │
                    └──────────────────┘
```

図8-2 成功・失敗経験パラダイムの基本的な手続き

グとが、それぞれ援助行動を促進することを明らかにしている。

③ポジティブ気分が援助を増加させる理由

ポジティブ気分がなぜ援助を増加させるかというしくみについては、一致した見解がない。ポジティブ気分になると援助に伴うコストに耐える力が付くという説（Berkowitz & Conner, 1966）、ポジティブ気分が「暖かい気持ち」を生み、人への優しさをもたらすという説（Isen, 1970）、ポジティブ気分が自信をもたらし、自分の判断に従って行動しやすくなるという説（Harada, 1983など）などが提出されてきた。

認知や記憶と気分とを関連させて理論化する説も現われている。Isenら（1978）は、ポジティブ気分が記憶の検索に影響を与えて、好ましい記憶を想起させ、この記憶が援助行動を引き起こしやすくするという「認知的ループ」説を提示している。Berkowitz（1987）の第2実験では、被験者が自分に関するエッセイを書いたときの肯定的な（または否定的な）アイデアの数の方が、エッセイを書いたときの気分の状態より、後続する援助をよく予測することを明らかにしている。これらの知見は、ポジティブ気分が認知に影響を与え、援助行動を増す効果をもたらしていることを示している。

竹村（1989, 1996）は、ポジティブ気分（肯定的感情）が援助行動を含めた社会的行動に与える影響を検証した多くの文献を整理している。多様な説を紹

介した上で竹村は,「肯定的感情は自己の感情状態を維持する動機づけ傾向に影響を与える」という仮説を提示している。この仮説を上記の研究知見に適用すると,他の説では十分に説明し得ないIckes & Kidd (1976) やRosenhanら(1981) やBerkowitz (1987) の知見も説明が可能になる。竹村自身が指摘するように,この仮説にも検証すべき課題は残されているが,今後の展開が期待される。

(3) ネガティブ気分の効果
①一貫しない研究結果

ネガティブ気分が援助行動にどう影響するかについては,研究知見が一貫していない。

前項で紹介した成功・失敗経験の実験パラダイムを用いた研究でも,Berkowitz & Connor (1966) やHarada (1983) は,失敗経験群と統制群・成功経験群との間に援助行動の差を見いだしていないが,Isen (1970) や山口 (1988) は失敗群の方が援助が少ないという結果を得ている。

成功・失敗経験パラダイム以外の実験方法を用いた研究の中には,ネガティブ気分の方がかえって後の援助が増えるという結果を示す研究もある。たとえば,Apsler (1975) においては,人前で歌を歌ったり,5歳児のかんしゃくの真似をさせられて困惑させられた女子大学生は,困惑しなかった女子大学生より,援助をより多く行なっていた。

清水 (1993) は援助可能者の悪い気分と援助行動との関連を分析した研究を収集し,実験結果を集計している。集計の結果,ポジティブ気分になった群や統制群に比べて,ネガティブ気分群において援助が減った結果は9件あり,変わらなかった結果は15件,逆に援助が増えた結果が25件あった。

②ネガティブ気分の効果の説明仮説

ネガティブ気分が,援助を抑制したり促進したりする理由については,いくつかの仮説が提出されている (Rosenhan et al., 1981;清水, 1993)。

第1は,注意の焦点 (focus of attention;Thompson et al., 1980) 説で,援助可能者が失敗や不快な経験をすると,注意が自分自身に向いてしまい,援助を必要とする相手の要求に気づきにくくなるという仮説である。山口 (1988)

は，失敗経験の後は成功経験の後に比べて，周囲の人に関する情報に注意を向けなくなることを実証している。

第2は，自己イメージの回復説である。援助可能者が課題で失敗などをすると，低下した自己イメージを回復するために，またはこれ以上イメージを低下させないために（Harada, 1983），援助行動をとりやすくなるという説である。

清水（1994, 1995）は，援助が低下した自尊心の回復にどの程度有効かという程度を表わす，援助行動の「道具性」を分析している。これらの研究では，質問紙で架空の援助場面を提示し，その場面での行動や意識を尋ねる場面想定法（佐久間，2000）が用いられている。分析の結果から，失敗した事態と援助場面との間で，必要とされる能力や心理的機能が類似しているほど，自尊心の回復に繋がる「道具性」が高いことが示唆された。

第3は，否定的状態解消（negative state relief）モデルである。ネガティブ気分の時は，その気分をぬぐい去るために，援助行動を行なおうとするという説である。Cialdiniら（Cialdini et al., 1973）が提唱した説で，このモデルでは，援助によって否定的感情が解消されることを学習していない幼い子どもの場合には，ネガティブ気分は援助に繋がらないと理論化されている（Cialdini & Kenrick, 1976）。日本では松崎（1984など）が子どもの向社会的行動の発達の観点から，この仮説を検討している。この説が仮定する否定的感情状態の中には，自己イメージの低下も含まれるため，自己イメージ回復説はこの仮説の下位仮説とみなすこともできる。

ネガティブ気分の影響に関しては他にも，Rosenhanら（1981）が提示した効力比較（comparative efficacy）説や，Weyant（1978）が考察したコスト利益（cost-benefit）説などが，提唱されている。

③ネガティブ気分の効果に関するメタ分析から

先に紹介したように，清水（1993）は，ネガティブ気分が援助に及ぼす影響を検討した実験結果を集計しているが，さらに数量化Ⅲ類を用いたメタ分析を行なっている。分析の結果，実験状況と援助との関連について，以下のような知見を得ている。

加害行為や背信行為を観た後は，援助可能者の援助行動は多くなる。援助の内容が人にものを教えることである場合や，援助の相手が知人である場合，ネ

ガティブ気分の時に人と自分の状態の比較を行なっていない場合にも，援助は増加する。一方，不快な場面を想起した場合や，失敗したりして能力を低く評価された場合，ネガティブ気分が生じた事態が他者に影響していない場合などには，援助は少なくなる。

　稲葉（1998）は，清水（1993）のデータをブール代数によって再解析し，不快な場面を見たり能力を低く評価された状況において，第3者が援助可能者の状況を察していないと思われる場合には，見知らぬ人に対して援助しないことがある等の知見を導出している。

(4) 気分と援助状況との関係

　清水と稲葉の分析結果は，前項で紹介した諸説が，すべての知見には妥当しないことを明らかにしている。メタ分析の結果から見ると，ネガティブ気分が援助に及ぼす影響は，その時に生じている感情の質（例えば，悲しみ・抑うつ・怒りなど）と感情を解消しようとする状況特性との2側面から理論化する必要があると考えられる。

　たとえば，加害行為や背信行為の観察は，正義を求める気持ちや不当感や怒りを引き起こし，社会的に正しいと思われる行動（社会的規範に沿った行動）への動機づけを高めるであろう。一方，不快な出来事の想起や失敗経験は，悲しみや自信の低下をもたらし，自己への注意を高めて自己内で感情を処理しようとするため，他者からの援助要請に応じにくくなるであろう。それぞれの動機づけや感情を解消しやすい状況が整ったときに，対応する行動の変化が生じるものと推定される。

　どのような状況がネガティブ気分の解消に役立つかについては，体系的な研究は行なわれていない。ただし，Harris（1977）は，多くの援助行動が援助後に気分をよくする効果をもつが，物乞いにお金をあげる行為は気分をよくする効果をもたないことを明らかにしている。清水（1994）は，援助行動がネガティブ気分の解消効果をもつかどうかを，先に紹介した「援助の道具性」の概念で整理している。

　気分が後続する援助場面にどう影響するかを理論化するためには，気分の内容（感情の質）の整理とともに，援助が求められている状況を分類し，理論化する必

要があると考えられる。

2．共感の背後にある動機

共感は援助行動にかかわる中心的な感情として，さまざまな形で検討されてきた。共感と援助をめぐる論争は，人間のあり方に関する問題にまで展開している。

(1) 共感の定義とあいまいさ
①共感の定義
共感（empathy）は「他者がある情動を体験しているか，体験しようとしているのを知覚したために，観察者に生じる情動的反応」（Stotland, 1969）と定義される。

この定義は研究者によって異なっており，「他者の体験の知覚（認知）」を重視する立場と「観察者に生じる情動反応」を重視する立場に区分されることもある。他者の体験の知覚を重視する立場（Dymond, 1948など）は認知的共感性とよばれ，共感を認知能力の1つと見なす立場に繋がる（Chlopan et al., 1985）。「観察者に生じる情動反応」を重視する立場は情動的共感性とよばれ（Mehrabian & Epstein, 1972），一時的な情動反応や感情にかかわる性格特性として扱われることが多い。

首藤（1994）は，一時的な情動反応としての共感を状態共感（state empathy）とよび，性格特性としての共感を特性共感（trait empathy）とよんで区別している。特性共感は「共感性」とよばれることも多い。特性共感（共感性）は，状態共感を起こしやすい性格特性と理解されている。
②共感概念のあいまいさ
共感，特に情動的共感性の定義にはあいまいさが伴っており，概念の理解の仕方は研究者によって異なっている。たとえば，見知らぬ人が転んでけがをした場面を観たケースを考えてみよう。この場面を見て，「痛そう」と感じる人がいる。この人は，他者の感情を代理的に体験（Hoffmann, 1982）していることになり，ある研究者たちはこれを共感ととらえている。

しかし，他者の感情にそのまま対応した反応は同情（sympathy）であって，共感ではないととらえる研究者もいる（Wispé, 1986参照）。そうした研究者は，観察した人が「かわいそう」とか「助けてあげなくては」と感じる場合，すなわち他者と独立した観察者の感情反応が生起しているときに，これを共感とみなしている。しかし，「痛い」と「かわいそう」を区別せず，いずれも共感ととらえる研究者もいる。

同情と共感の概念区分も，研究者によって異なっている。たとえば，同情は他者の苦痛状態を見て，相手の困窮を救う感情（Aronfreed, 1970）とみなされたり，他者の訴えに対して起こる哀れみや配慮の気持ち（Gruen & Mendelsohn, 1986）ととらえる研究者もいる。共感に関連する研究者の意見は完全には一致していない。

さらに，人が転んだ同じ場面を観ても，「あんなところで転ぶなんてバカみたい」と感じる人もいる。この感情も観察者に生じた情動反応であるから，上記のStotlandの定義に従えば，共感に含まれるはずである。しかし，このような被害者に対する否定的な感情反応は，共感とはみなされにくい。ただし，「あのケガをした人のようすを見ていると，こっちまでつらくなる」といった気持ちについては，否定的な感情であっても，共感に含めて考える研究者が多い。

表8-1　共感の測定方法の分類

	方法	内容	研究例
状態共感	①絵画物語査定法	仮説的な物語主人公の感情場面に対する自己や登場人物の感情の言語的な報告	
	②感情自己評定法	具体的な他者の苦境を観察・視聴した後の自己の感情に関する評定	Aderman & Berkowitz (1970)
	③表情分析法	他者の苦境を観察・視聴している際の被験者の表情，姿勢，声の調子に関する実験者の評定	首藤（1994），Buckley et al (1979)
	④生理的測定法	他者の苦境に対する生理的反応	Geer & Jarmecky (1973)
特性共感	⑤質問紙法	自己の共感的特性に関する質問紙調査	足立（1972），桜井（1986），加藤・高木（1980）
	⑥他者評定法	一般的な共感的特性に関する他者（教師や仲間）評定	

注：首藤（1994），竹村（1998）に基づいて分類し，引用者が研究例を追加した。

8章 援助行動と感情

一口に「共感」といっても,他者の行動を観た場合には人によってさまざまな感情反応が現われる。この反応の多様性が,定義のあいまいさに繋がっている。

共感と援助の関連を検証した研究では,さまざまな形で共感が測定されてきた。首藤(1994)や竹村(1998)を参考にして,本稿では共感の測定方法を表8-1に示す6種に分類しておく。

(2) 共感と援助の関連
①幼児・児童における共感と援助

発達心理学の領域では乳幼児から児童を対象にして,共感と援助の関係を分析した研究が多く発表されている(杉森,1996参照)。

たとえば,松沢(1996)は1歳半から2歳半の乳幼児を対象に実験を行ない,母親がバッジのピンで指をケガしたようすを示したときに,子どもが心配した顔つきで母親に近づいたり,薬をもってきたりする現象を観察している。こうした向社会的共感行動は,自分と他者とを区別する意識の発達した子どもに多くみられた。Zahn-Waxlerら(1979)はこの年齢段階では,母親が共感的に育てると,子の援助行動が多くなると報告している。

能見ほか(1989)は小学校4年生を対象にして,観察学習実験を行ない,共感などの情緒反応が喚起されることが,援助行動の学習を促進すると考察している。桜井(1986)は,小学校5・6年生を対象に質問紙調査(表8-1⑤)を行ない,共感性と援助行動との関連を分析し,両者の間に低めではあるが有意な相関を認めている。

森下・仲野(1996)は,小学校4年生を対象にして調査を行ない,女子児童においては,認知的な共感と情動的な共感とがともに強い子が向社会的であることを発見している。しかし,男子ではこうした関連は見られなかった。他にも,4〜5歳児では,共感性が高いと自発的な援助行動が少ないという報告(Eisenberg-Berg & Lennon, 1980)などがあり,幼児や年少の児童においては,共感と援助(向社会的行動)との関連に関する研究結果が一貫していない。

幼児や年少の児童では,自他を区別する意識や,他者の視点からものを見る能力(視点取得能力perspective-taking, Underwood & Moore, 1982)や,援助行動の道具性の評価(Aronfreed, 1970),価値観や道徳性などが未発達であ

るため，共感が援助に結びつきにくいのではないかと考えられている。

　ただし，Eisenberg & Miller（1987）は，従来の実験結果のメタ分析から，共感と援助の関連が弱いのは絵画物語査定法（表8-1①）を用いた研究のみであり，この測定方法に問題（要請特性の影響，感情の対象が変わることなど）があるのではないかと推定している。

　首藤（1994など）は表情で測定された状態共感（表8-1③）を中心に共感と援助の関係を検討し，幼児や年少児で共感と援助行動との間に関連が見られないのは，行動後に他者がどのような感情をもつかという予想（感情予期）が形成されていないためであると考察している。

②青年や成人における特性共感と援助

　青年や成人の特性共感を測定する場合には，質問紙法（表8-1⑤）が用いられやすい。日本では，Mehrabian & Epstein（1972）の情動的共感性尺度（QMEE）の日本語版（加藤・高木，1980；松井，1992など）が多く使用されている。たとえば，森下（1990）は加藤・高木（1980）の情動的共感性尺度と向社会的行動尺度の得点との間に相関を見いだしている。箱井（1990）も同尺度を用いて質問紙調査を行ない，情動的共感性が高い大学生ほど，小さな親切や身体的弱者に対する援助行動が多いことを明らかにしている。鈴木（1992）は女子大学生を対象にした調査で，Davis（1983）の共感性尺度や社会的スキル尺度，向社会的行動尺度などの関連を分析し，共感性が向社会的行動に影響することを明らかにしている。

　一方，高木（1976）は大学生を対象にして実験を行ない，情動的共感性尺度得点の高さと，他者に課された計算問題を解くという援助行動との関連を分析した。実験の結果，共感性得点は援助行動と関連していなかった。また，桜井（1988）はDavis（1983）の共感性尺度の得点別に被験者を分けて，心理学実験への参加という援助行動の生起率を比較しているが，差は見られなかった。これら実験場面では特性共感が援助行動に結びついていなかった。

　共感と援助行動との関連は，一部の状況においてのみ見いだされるという研究結果も報告されている。たとえば，Archerら（1981）は，情動的共感性尺度を用いて，論文作成の手伝いという援助行動との関連を分析し，状況が明確に援助を要求しているときにのみ，共感性が高い人ほど援助するという関連を

8章 援助行動と感情

発見している。

　原田（1990）は大学生を対象に調査を行ない，援助行動の頻度と新性格検査（柳井他，1987）の共感性尺度得点との関連を検討している。その結果，落とし物を拾ってあげるような小さな親切行動においてのみ，両者に関連があることを明らかにした。伊東（1996）も，共感性と場面想定法によって測定した援助行動との関連を分析し，共感が援助に影響する場面としない場面とがあることを報告している。松井（1981）は，大学生に質問紙調査を行ない，情動的共感性が援助規範（援助しなければならないという考え）に影響し，規範意識が援助行動の経験に影響するという関係を明らかにした。ただし，影響の仕方は援助が求められる状況の種類によって異なっていた。

　以上のように，青年や成人では，特性共感の強い人ほど質問紙調査で測定された援助行動が多いという結果がほぼ一貫している。しかし，具体的な個々の援助行動を実験的に測定した研究では，特性共感と援助との関連は見られないことが多い（松井，1997）。実験で用いられた援助状況の性質の差を考慮すると，特性共感と援助の関連の仕方は，援助状況によって異なっているものと推定される。ネガティブ気分の効果と同様に，状況を分類して検討する必要が指摘される。

(3) 共感しているときの心理過程
①共感から動機の検討へ

　青年や成人の状態共感を扱った研究では，感情自己評定法（表8-1②）を用いて，困った状況にいる他者のようすを見たり聞いたりした時に生じる共感の高さを操作する研究が多い。共感の操作は，観察するビデオの内容が共感を高めやすいかどうか（Marka et al., 1981など）や，観察対象となる他者との類似度（Krebs, 1975），観察時の見方（構え）を教示で変えて（Aderman & Berkowitz, 1970など），行なわれている。実験の結果はほぼ一貫しており，状態共感が高まると援助行動が増加している。たとえば，自分に似た他者が援助をした後で，第三者から報酬や罰を受けている場面を観察すると，似ていない人が報酬や罰を受けた場面を観察したときより，観察している人がとる援助が多かった（Krebs, 1975）。

Batsonらは，この実験パラダイムを発展させて，共感を感じた人の動機に関して詳細な検討を行なっている。Batsonらの基本的関心は，「人は本当に人のために援助を行なうのか」という問題にある。困っている人に共感を感じて，相手を助けたとしても，それは本当に「相手のため」の援助なのか。周囲の人に非難されることを恐れたり，助けないと自己嫌悪に陥るから，人を助けているのではないか。こうした哲学的な疑問に対して，Batsonらは実証データをもって解答を与えようとしてきた。彼らの研究は1978年に始まり，いく多の批判論文に応えながら，1990年代後半まで続けられている。

 彼らの研究の展開を，批判論文と対照しながら紹介する。

② 2種類の援助動機

 Batsonらの基本的な研究仮説は，「人は困っている他人に共感すると，愛他的な動機に基づいて援助を行なう」という命題である。Batsonらの研究仮説は時代によってやや異なっているが，初期には，愛他的動機と利己的動機とを対比させて，愛他的動機に基づく援助が存在することを強調する実験を行なっていた。

 Batsonら（1981など）によれば，愛他的動機とは困っている他者の幸福（welfare）を増したいという動機であり，利己的動機とは他者の困窮を見て感じる個人的苦痛（personal disterss）を解消したいという動機である。本節の冒頭で，人が転ぶのを見て，「あのケガをした人のようすを見ていると，こっちまでつらくなる」といった気持ちをもつことがあると述べたが，この気持ちが，個人的苦痛に当たる。利己的動機といっても，人から誉められるとか，助けた相手からの返礼といった外的報酬をめざす動機という意味ではなく，「自分が感じた苦しさを解消したい」という内的な報酬をめざした動機を意味している点に注意していただきたい。

 Batsonらによれば，援助が愛他的動機に基づいているか利己的動機に基づいているかは，援助を必要としている場面から逃げやすいかどうかで，明らかになる。利己的動機が働いている場合には，援助を必要とする場面から逃げることができれば，逃げてしまうであろう。一方，愛他的動機が働いている場合には，その場面から逃げられるかどうかとはかかわりなく，困っている人を助けようとするであろう。

8章 援助行動と感情

③Batsonの実験例

以上の考え方に基づき，一連の実験が行なわれた。たとえば，Batsonら（1981）の第1実験では，図8-3に示す手続きがとられた。

女子大学生が価値興味検査を受けた数週間後に，実験に参加した。実験は「ストレス下の課題遂行や印象形成の実験」という名目を聞かされた。実験では観察者役とストレスを受ける役が必要であると説明され，ニセのくじ引きで被験者は観察者役になった。つぎに，別の被験者と説明された女子学生エレー

```
           価値興味検査
              │ 数週間
   実験室にきて，「ストレス下の課題遂行
   や印象形成の実験」と教示される
              │
     ニセのくじで観察者役になる
              │
   テレビでエレーヌが電撃を受けるのを観察
              │
逃避条件の操作 │
   ┌──────────┴──────────┐
  逃避容易条件         逃避困難条件
 「この後観察は2回のみ」 「この後観察するのは全回」
   └──────────┬──────────┘
類似性の操作 │
   ┌──────────┴──────────┐
   類似条件              非類似条件
 エレーヌの回答が似ている エレーヌの回答が似ていない
   └──────────┬──────────┘
   エレーヌが電撃に強い不快感を示す
              │
援助の測定  実験者が，被験者に交替するかどうかを尋ねる
```

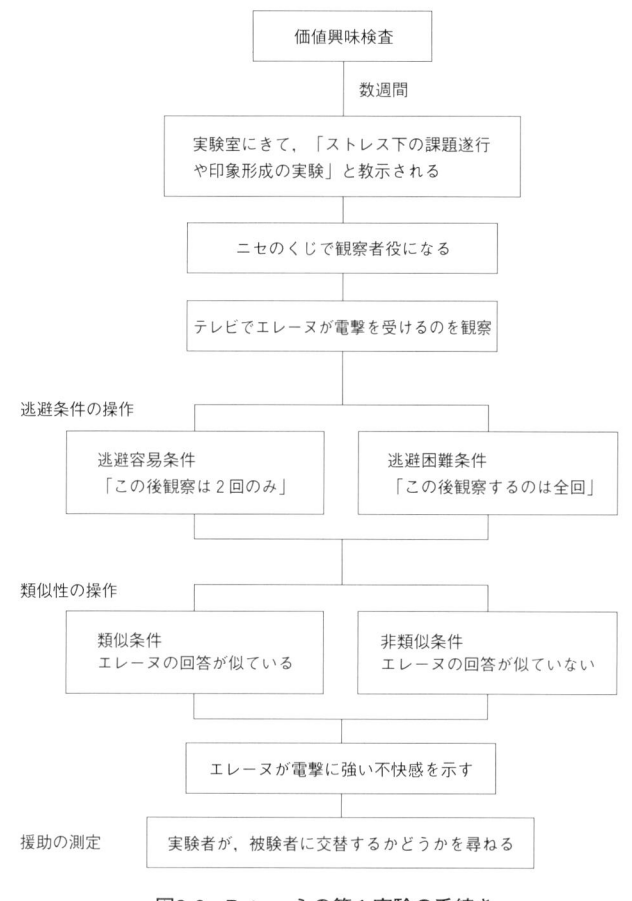

図8-3 Batsonらの第1実験の手続き

ヌが電気ショックを受ける場面をテレビで観察した。

ここで逃避条件が操作された。逃避容易条件では,「この後エレーヌは2回から10回の電気ショックを受けるが,あなたには2回だけ観察してもらう」と教示され,逃避困難条件では「すべての回を観察してもらう」と教示された。前者ではエレーヌの困窮状態を少しだけ観察すればこの場面から逃げられるが,後者では逃げ出しにくいことになる。

次に,以前の検査におけるエレーヌの回答を示し,類似性が操作された。類似条件ではエレーヌの回答は被験者と似ていたが,非類似条件ではまったく似ていなかった。類似条件では,被験者はエレーヌに共感しやすく,非類似条件では共感しにくいと考えられる。

続いて,被験者は実験者から,「エレーヌが電撃に不快感を示したため,被験者と役を交替してもらえないか」と依頼された。このときに,被験者が交替を申し出るかどうかが,援助行動の指標として測定された。

実験の結果,援助が起こった比率を,表8-2に示す。表からわかるように,共感が高い類似条件では,逃避しやすくても(逃避容易条件),しにくくても(逃避困難条件),多くの援助を行なっていたが,共感しにくい非類似条件では逃げやすい時には,援助がほとんど行なわれなかった(18%)。

表8-2 Batsonらの第1実験の結果(援助率)

	類似	非類似
逃避容易	91%	18%
逃避困難	82%	64%

この結果は,Batsonらの考え方を支持するものである。すなわち,人は困っている他者に共感を感じると,愛他の動機が働き,逃避しやすくてもしにくくても援助を行なう。一方,共感を感じていないときは利己的動機が働くので,逃避して個人的な苦痛を感じなくてすむ状況であれば,援助をせず逃避する。

④共感愛他仮説の検証

共感が愛他的動機を生むというBatsonらの仮説は共感愛他仮説(empathy-altruism hypothesis)とよばれ,多くの実験を通して妥当性が検討されてきた。

Cokeら(1978)では,共感的配慮が援助行動を促進するが,個人的苦痛は

8章 援助行動と感情

援助と関連しないことが実証された。Cokeらは、困っている人の視点をとると、共感的情動が生起し、共感的情動が愛他的動機づけを高めるという2段階モデルを提示した。Toi & Batson（1982）では、交通事故で入院した女子学生のラジオ番組の聴き方（構え）が操作され、Batsonら（1981）と同様の結果を得ている（松井、1986参照）。Batsonら（1983）では、図8-3に示す手続きなどで、個人的苦悩を多く感じた被験者と、共感を多く感じた被験者との反応が比較された。このBatsonら（1983）の第3実験では、援助のコストが極端に高いと、共感を感じた人が、共感愛他仮説とは逆に、利己的な行動パターンを示すことが発見された。

⑤**共感愛他仮説への批判**

しかしBatsonら共感愛他性仮説は、さまざまな反証実験によって攻撃されてきた。

Archerら（1981）は、特性共感と社会的評価を組み合わせた実験を行なっている。実験結果から、共感を感じた人が援助を行なうのは、特性共感の高い人が他の人から感情状態を知られているときのみであり、Cokeら（1978）の2段階モデルには、強い特性共感と社会的評価という限界条件があると主張した。

Cialdiniは一連の研究を通して、共感と援助を繋ぐのは愛他的動機ではなく、否定的な感情状態の解消にあるという否定的状態解消説を主張している（ネガティブ気分の効果の項を参照）。Baumannら（1981）は実験で、悲しい気分の時に第3者を助ける課題を行なうと、自分への報酬分配を減らすことを示し、愛他行動が自己報酬（self-gratification）と機能的に同じであると主張した。Cialdiniら（1987）は、援助前に気分を操作したり、「気分を固定する」という名目の偽薬を用いた実験を行ない、困っている人への共感が個人的悲しさ（personal sadness）を生み、この悲しさが援助に影響することを示した。さらに、Schaller & Cialdini（1988）は、「後で悲しみを解消するような放送を聞く」と伝えられた人は、共感が高まっても援助が増えないという実験結果から、否定的状態解消説を確認している。

ただし、Cialdiniら（1987）と同様に、「気分を固定する」偽薬を用いた実験を行なったSchroederら（1988）は、Cialdiniとは逆に、共感愛他仮説を支持する結果を得ている。

Williamsonら (1996) は，恋人や友人などの親しい関係にある人と，見知らぬ人のような親しくない関係にある人とでは，援助を拒否することが感情に及ぼす影響が異なることを明らかにし，親しい関係にある人への援助は，罪悪感や責任感に基づく利己的な動機に基づいていると考察している。

⑥批判への再反論

Batsonは，共感愛他説に対するこれらの批判を受け，共感愛他説を理論的に整理し，批判に対する再反論となる実験結果を発表している。

Batson (Batson, 1987；, Batson & Shaw, 1991) は，共感と援助を繋ぐ経路を3種に整理している。第1は，報酬を求めたり，罰を避けるために援助を行なうという経路で，他者の苦境に共感を感じた人が，社会的評価を得ようとしたり (Archer et al., 1981)，自己非難を避けたり，自己満足を得たり (Baumann et al., 1981)，内在化されたルール（規範）に従ったり (Schwartz & Howard, 1981) して，援助を行なう。第2は，Piliavinら (1982) などが指摘する，他者の苦境を見て生じた不快な感情（disterss）を低減させるために援助を行なうという経路である。第3は，Batsonらの共感愛他仮説が指摘する共感から愛他的動機を経て援助行動が行なわれる経路である。Batson (1987) らは3種の心理過程を比較して，自身の研究成果と照合している。

理論的検討だけでなく，実証面でもBatsonは研究を展開している。

社会的評価と特性共感の重要性を指摘するArcherら (1981) に対して，Batsonら (1983) はCokeらの実験状況を検討した上で実験を行ない，社会的評価は共感によって生じる愛他的動機の必要条件ではないと反証した。さらに，Fultzら (1986) は，2つの実験を通して，社会的評価の強さは共感と援助との関係に影響しないことを実証した。

Batsonら (1988) は，5つの実験を通して，上記の第1経路の中から，援助に特有な報酬を求めて援助を行なうという仮説や，援助に特有な罰を回避するために援助を行なうという仮説を検証している。たとえば，彼ら第5実験では，ストループ課題を用いて，各仮説に関連する用語の反応潜時と，援助行動との関連を分析している。一連の実験結果に基づき，Batsonら (1988) は，報酬や罰に関する仮説は妥当でなく，共感愛他仮説が支持されると結論している。

Batsonら (1989) では，気分がよくなると予想される事態での援助行動を分

析し，Cialdiniら（1987）の主張を検討している。3種の実験結果は，否定的状態解消説を支持せず，共感愛他仮説を支持していた。Batson&Week（1996）は，共感が高い人の援助が失敗したときには，たとえその失敗が正当化できても，その人の気分がネガティブな方向へ変化することを明らかにし，共感愛他仮説を支持する資料として報告している。

⑦長い論争の背景にあるもの

以上のように，Batsonらが20年以上もの長期にわたって研究を進めてきた背景には，「人は本来，自分のために人を助けるのか，人のために人を助けるのか」という命題，言い換えれば，「すべての援助はしょせん偽善にしか過ぎないのか」という，人間存在の本質にかかわる根本的な疑問に対する心理学者の関心が横たわっているものと考えられる。

Batsonらの最近の理論的整理（Batson & Shaw, 1991など）をみると，「人は他者の苦しみを見て自分の不快感を和らげるという面ももつが，少なくとも他者の苦しみに共感を感じたときに人間は，その人のためを思って援助を行なう」という見解におちついているようである。「人は真に他者の幸福を願う愛他的動機をもちうる」というBatsonらの知見は，とかく人間の本質に対してシニカルになりがちなわれわれの人間観に，科学の楔を打ち込んでいるといえよう（松井，1986）。

3．認知と援助を結ぶ感情

以上の節では，気分や感情が行動の原因として位置づけられた研究をおもに紹介してきたが，本節では認知と行動を繋ぐ変数（媒介変数）として感情をとらえてきた研究を紹介する。

(1) 原因をさぐる気持ちと感情
①困っている原因と援助

人の行動を見たときに，その行動を起こした理由や原因を考える過程を，社会心理学では（原因）帰属（attribution）とよぶ。援助行動をはじめとする多くの対人行動には，この帰属過程が重要であると考えられている。援助行動研

究では，援助を決める際に生じた原因帰属が，感情反応を引き起こし，この感情が援助行動を決定するという視点から，多くの研究が行なわれている。

　Weiner（1980）は，困った状況にある人から援助を頼まれた場合に，頼んだ人がどのような理由で困ったのかという原因帰属が，援助を引き受けるかどうかに強く影響することを立証した。頼んだ本人が自分で努力すれば困窮しなかったと考えられる場合（内的で，統御可能な原因）には，援助を頼まれた人は不快や怒りを感じて援助を避けやすかった。一方，能力不足や第3者の都合などの仕方がない理由で困窮してしまった場合（統御不可能な原因）には，援助を頼まれた人は，同情を感じて，援助しやすかった。Weiner（1980）は，原因帰属という認知が，感情反応を経て，行動に影響するというモデルを提唱している。

　Weinerのモデルは，多くの研究者が追試し，モデルを支持するデータを得ている。たとえば，小嶋（1983）は，大学生を対象にした場面想定法による調査を用いて，原因の統御可能性が感情を経て，行動に影響することを確認している。Meyer & Mulherin（1980）も，困窮原因の統御可能性と行動意図の間に，共感や怒りが媒介していることを明らかにしており，Reisenzein（1986）も同様の結果を得ている。西川・高木（1989）は，原因帰属の次元を増やして検証を行ない，原因の統御可能性だけでなく，原因の安定性も，拒絶的感情（軽蔑する，嫌気がさす，かかわりたくないなど）を経て，行動に影響することを明らかにしている（図8-4）。Dagnar（1998）は，学習障害者の挑発的行動

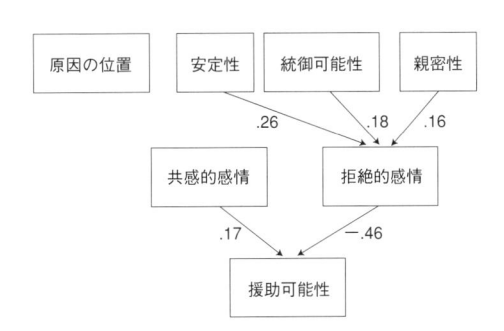

図8-4　西川・高木の結果
注：有意なパスだけを表記した。

8章 援助行動と感情

のケアにあたる人に意識調査を行ない，挑発行動の原因の統御可能性に関する認知が，障害に対する否定的感情と楽観主義を経て，障害者への援助に影響することを立証している。

一方，幼児や児童の援助を一連の実験で分析した岩立（1995）では，統御可能性の帰属が援助に影響することは確認されたが，他の研究とは異なり，感情変数の媒介が認められなかった。大学生以上の年齢層を対象に場面想定法を用いた他の研究とは異なり，岩立（1995）は幼児・児童を被験者として，略画の登場人物の感情を推論する形式で，感情を測定している。こうした対象や方法の違いが結果に反映されたものと推定される。

②**援助にかかわる認知と感情**

原因帰属以外の援助に影響する認知的側面としては，規範意識に関する研究が行なわれている。規範意識とは，何らかの行動をしなければならない，または行動してはならないと個人が感じる意識で，社会や集団である程度共有されている意識を指す。援助に関しては，「困っている人を助けなければならない」

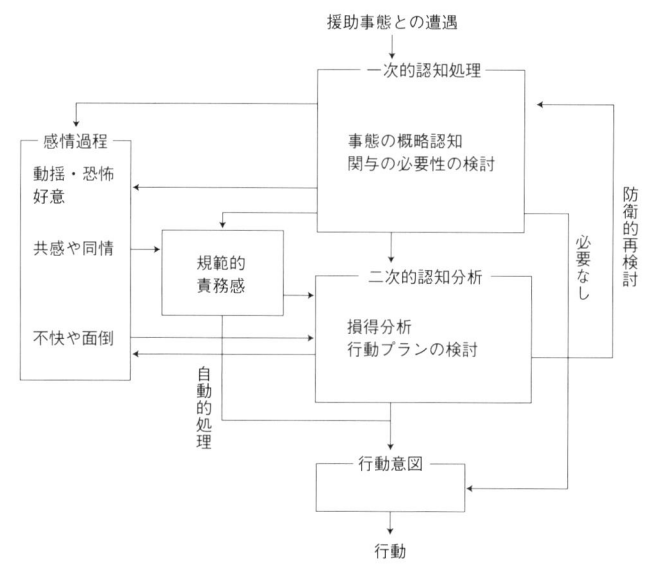

図8-5 松井の状況対応モデルの概略図（松井，1988）
注）：4種の状況類型によって，発生する意識内容は異なる。

という社会的責任規範や「一度恩を受けた人には，恩を返さなければならない」という恩・互恵規範などの規範の存在が確認されている（松井，1998参照）。

先に紹介した松井（1981）は特性共感が規範意識を経由して，援助行動に影響することを明らかにし，松井（1998など）は，図8-5に示す状況対応モデルを提唱している。

手塚（1994）は，箱井・高木（1987）の規範意識尺度を用い，絵画によって援助場面を示して，規範意識と援助行動後の感情の関連を分析している。その結果，援助された人からの感謝を求める気持ち（好感規範意識）が強い人ほど，援助して感謝や返礼がかえってくると強い肯定的感情を感じていたが，援助の申し出が拒否されると否定的感情を強く抱いていた。一方，自己犠牲をしても人を助けるべきと考える（自己犠牲規範）人ほど，返礼などがない援助直後に肯定的な感情を感じていた。この結果は，Batsonの愛他的動機の議論とも通じる部分があり，自己犠牲規範をもつ人と愛他的動機との間の同型性を示唆している。

③援助を頼むときと援助をされた後

援助行動研究は従来，援助を要請された人が何らかの行動を起こすまでの心理過程を中心に研究が進められてきたが，最近では援助を頼む際の心理（援助要請）や，援助をしてもらった人の心理へと研究関心が広がっている（松井・浦，1998）。

島田・高木（1994）は，援助を頼むときの感情を場面想定法で測定し，援助を頼むまでの心理を分析している。分析の結果，「路上で書類を散乱させてしまった」ときに援助を頼もうとする気持ちは，ことの重大さを高く認識しているほど強いが，援助可能者への遠慮が頼もうという気持ちを強く抑制していた。ただし，他の援助場面（道を尋ねる）では，同様の関連は見られていない。

西川（1986）は，援助を受けた後に，お返しをしなければならないという気持ち（返礼義務感）になるかどうかを，場面想定法を用いて分析している。分析の結果，援助をうれしく感じたときに，返礼義務感が高まることが明らかになった。援助のうれしさは，援助が自発的に行なわれたときや，援助が有効であったときに高まっていた。

西川・高木（1990）は，援助を頼む人が，援助を頼むまでと援助を受けた後

とに感じる感情を，場面想定法で検討している。その結果，援助を必要とする困窮事態が自分の統制できる理由で起こった場合には，事態の原因を自分に帰属させ，憂うつ感を抱き，援助してくれた人をかえって否定的に評価しやすいことが明らかになった。この結果は，援助を頼むことや援助を受けることが自尊心を傷つける脅威をもたらすという自尊心脅威モデル（Fisher et al., 1982）から，解釈されている。

　援助されると，自尊心を傷つけられたと感じる場合がある。何らかの理由で自尊心を傷つけられたと感じたり，傷つけられるかもしれないという脅威を感じたときには，それを防衛したり回避しようとして，他者に援助を求める行動が抑制されると考えられている（中村，1988参照）。日常的な援助行動だけでなく，カウンセリングを受けに行くといった公的な援助を受ける際にも，自尊心の高さが妨げになりやすい。水野・石隈（1999）は，カウンセリング場面における援助要請に関する研究を整理し，自尊心が低い人の方が援助を頼むことが多いとまとめている。

4．終わりに

　援助と感情に関する研究成果を概観すると，感情研究のあり方に関していくつかの留意点を指摘することができる。ここでは3点を強調しておきたい。
　第1に，感情の質を把握することである。従来の気分研究では「ポジティブ気分」や「ネガティブ気分」というように，多様な気分を一括して論じることが多かった。ポジティブ気分が援助行動に及ぼす効果は，ある程度概括が可能であるが（竹村，1996），ネガティブ気分は感情の質や場面によって異なっていた。状態共感が高まったときに，どのような動機が発生するかという動機の質が，行動に異なる影響を与えていた。行動時に感じる感情や動機の中身，すなわち感情の質を考慮した研究が必要であると考えられる。
　第2に，感情が発生する状況の類型化が必要である。特性共感と援助との関係は，援助状況によって異なっていることが明らかになっている。援助行動や援助状況を類型化する試みはいくつか発表されているが（高木，1982；Smithson et al., 1983），感情との関連の分析は十分とはいえない（松井，1998）。

他の社会的行動においても，感情と行動との関連は，状況によって異なるものと推定される。「状況によってさまざまな感情が発生する」などの雑ぱくな関係把握ではなく，状況をどのような基本単位に分ければ，行動と感情との関連が整合的に理解できるのかという，状況と感情の相互作用を体系的に把握する視点が必要とされている。感情との関連性のあり方から，社会行動が生起する状況を数種類の基本単位に整理するような研究志向性が期待される。
　第3に，感情以外の心理側面との関連を把握するアプローチを期待したい。援助研究では感情を行動の原因と見る研究（覚醒の効果，ポジティブ気分の効果など）から始まり，感情と動機（Batsonらの論争）や認知（原因帰属，規範など）との関連を分析する研究へと，研究の視野が展開してきた。感情を単独で取りあげて議論するだけでなく，動機や認知などの，多様な側面とのかかわりを把握する研究アプローチが望まれる。

9章
心理臨床における感情

1．はじめに

　心理臨床の面接場面で感情の問題がとりあげられないことはまずない。こころの問題は，わたしたちがこころをコントロールできそうでできないところに端を発している。そして，コントロールできないこころの働きはほとんどの場合感情の仕業とみなされる。「頭ではわかっているけどとめられなかった」「つい感情的になって」といった出来事は日常茶飯に見いだすことができる。その場合，感情の客観的な分類や体系化をこまやかにすすめることよりも，この「感情的」とはいったいどういう事態をいうのか，ということから考えを進めていくことのほうが心理臨床的視点になじみやすい。この「感情的」という形容表現が臨床における感情の問題のありかたをより実際的なかたちで提示してくれていると思われるからである。
本章では，「感情的」ということばを核に，一般に感情の問題としてとらえられる人間関係上の出来事を取り上げ，心理臨床的観点から，その状態をどのように理解し，また自分自身はどうそこにかかわっていくとよいのか，ということから議論をすすめる。そして，感情と情動についての本質的な問題点をJungの議論をもとに検討し，最後に，心理臨床からみた感情についての1つの視点を提供することにしたい。

2．「感情的」──個体性と集合性のはざま──

　感情の問題を論じるにあたって，感情的になっては論じられない。つまり，「感情的になる」という日常表現は，冷静さを欠いた状態，理性的な判断に曇りが入った状態を表わすために用いられている。もちろん，わたしたちは，つ

い感情的になる自分を疎ましく感じることもあれば，一方でなかなか感情的になれない自分をもどかしく感じることもある。みなが楽しそうにわいわいやっている場で自分の冷静な目が働いて自由にいっしょに楽しめない，理性が邪魔をして素直な表現ができない，などという経験をした方も多いだろう。感情は人間的生活を豊かに楽しむには欠かすことのできない要素なのである。しかし，にもかかわらず，一般に「感情的」という形容表現には，感情に対する否定的な側面が強調されることになる。

いったい「感情的」ということのどういう側面が否定的なものとされるのだろうか。感情的になるということは理性的でないこと，冷静でないことをあらわすが，理性的でない，冷静でないとはどういう状態なのか。1人の人間が個人としてものごとを判断し，個人の責任においてその判断を引き受けねばならないとき，感情は判断にかたよりを生じさせるもととなりかねない。おそらくその場合，感情は自我意識のコントロールに全面的には従わない，個人の意識的な判断に影響を及ぼすある種自律的な力だ，というわけであろう。つまり，言い換えるならば，感情的になっているとき，わたしたちは自我意識のコントロールできない何らかの力に影響を受けた状態になっていると考えてみることができる。するとそこには，個としての人間の自律性を脅かすものとして感情がとらえられているという事情が浮かびあがってくるだろう。

もし仮にあなたが感情的な判断を下したとしたら，それはあなたが感情という意識的なコントロールの及ばない力に流されて結論を出してしまったということになる。そして，その判断はあなた個人としての判断ではなく，何かに影響を受けて思わず下してしまった判断とみなされる。すなわち，あなた自身で冷静に考えた場合には，あなたというこの世に1人しかいない個別の人間の一時的ではない一貫した姿勢を示すことができるはずだったのに，感情的になることによって不安定で流動的な判断になってしまったのである。そういった例を1つ取りあげてみたい。

「感情的」になるとき，ひとはどのような経験をしているだろうか。とりわけ，感情的になることが人間関係にどのような影響を及ぼすだろうか。人間関係についての講義で学生にそういった場合を想像してもらい自由記述をしてもらったことがある。そのうちの1人の記述である。

9章 心理臨床における感情

「わたしは人一倍感情の起伏が激しく，それこそ天気によってまったく変わってしまう。どんなにその場で強く感じ，その思いが普遍的なものに思えても，たとえば雨が降り出せば萎えてしまう。そんなわたしのこころの性質を，これぞわたしだ，と八割方認めてはいて，うまくやってきている。……しかし，どうしようもない2割。たとえば相手をとても好きでこの感情の波がそのひとを傷つけるとしたら，たちまちあせって弱気になる。制御不能と知りつつ，コントロールしようとしてより深い淵にはまる。……必死になって取りつくろい，根は変わらないわたしを見せようとする。そんなわたしだから，何においても理性による確信を求めている。どんな感情にも理由を見いだそうとする。変わりやすい感情をとどめるには少し役に立つ」。

まずなによりも，このひとは自分のこころの動きに感情が強く影響していることをとてもしっかりと認識しているということができるだろう。感情の影響力は自分自身の理性的判断よりも強力で，ときによってその勢いに流され，他人に対して自分の姿勢の一貫性が保たれていないのではないかと不安になることがある。感情は，他者とのあいだに形成してきた安定的な関係性をいとも簡単に打ち砕いてしまう力をもつ。てっきり仲良くなっていい関係になってきたと思っていたひとが，どうした拍子か急に自分の前で不機嫌になると，何か悪いことをしたかと自分の側を振り返るか，あるいはこのひとはこんなひとだったのかと相手に対する見方を変えざるをえなくなる。このひとは自分自身にたいして仲間がそういった状況に陥るのをこれまでに何度か経験したことがあるのだろう。

まさに感情は外からやってきて，ひとの一貫性と他者との関係の安定性を揺るがすものとみなすことができよう。そして，外からやってくるものであるにもかかわらず，わたしたちは感情をどうにかコントロールしようとする。わたしの自我意識の許容範囲に留めようとするのである。これは感情の体験が自分の意識のコントロールを超えているということを認識しているにもかかわらず，一方で，感情体験がわたし個人の体験であり，わたしという唯一無二の1人の人間の内側で起こっている経験だという認識をわたしたちがもっているからである。言いかえれば，感情はかけがえのない存在としての人間が個人的に体験するものであるにもかかわらず，同時に，個体を超えた集合的なこころの働き

にその基盤をもっているものとしてわたしたちに理解されているということができるだろう。この感情に対する一見矛盾した態度もしくは視点がわたしたちに感情の問題についての理解をむずかしくさせているのである。

　その点でも，このひとが「そんなわたしだから，何においても理性による確信を求めている。どんな感情にも理由を見いだそうとする。変わりやすい感情をとどめるには少し役に立つ」と表現している部分は注目に値する。感情に押し流されることは個体性を失うように感じられる体験であり，それに対抗して個体性を維持していくためにこのひとは感情体験の原因を見いだし，理性的に納得しようとするのである。このひとは，このように努力することで，自身のかけがえのない個体性を確かめ，自分とは何か，自分はどんな人間か理解することを感情体験とのつきあいを通じて深めていっているのだ。

　先に「感情的」という事態は個人の自律性を脅かす側面をもっていると述べた。しかし同時に裏表の関係ではあるものの，個としての自律性を確かめる契機は「感情的」な事態をまって初めて始まるものであるということもできるだろう。

3．内奥の個性をあらわにするものとしての感情

　さて，「感情」が日常経験のなかで他にどのように理解されているのか，他の学生レポートからさらに検討してみたい。ある学生は次のように書いている。「自分の感情をさらけ出すことはわたしにとってとても怖いことである。わたしはふだん感情をそのまま出すということはしない。その感情が受け入れてもらえなかったときのことを考えると，どうしても思いとどまってしまう」。

　この文章を書いた学生は，「感情的」になることが他者に認められ，受け入れられるかどうかが重要なことだと考えている。感情をストレートに出したことによる失敗経験は多くのひとに共通した経験である。むしろすべてのひとが，自分の感情の露出とその後の周囲の反応にズレを感じ，気まずい思いをしたことがあるといえるだろう。そして何人かはそういった経験を契機に，できるだけ感情的にならないように努力しはじめ，ついには感情的になることを苦手と感じてしまうようになる場合もある。

9章 心理臨床における感情

またある学生は、「感情的になるのは非常に怖いことだと思う。だれだって感情的になりたくなるわけではないだろう。自分は、嫌だなと思っているひととは適当に接するが、大事に思っているひとにはそれだけ感情的になってしまう。……だが、感情的になってまた大切なものをなくすのは耐えられない」と述べている。他者とのかかわりにおいて感情が重要な役割をはたすことは前節でみたが、それは相手が自分にとって重要な他者であればあるほどより強く働くものである。たがいにそれぞれの人生を生きている別々のひととひとがふれあうとき、そのかかわりが一対一の個としてのつきあいの様相をより強く帯びていくほど、それだけ自分自身の個性の確かさ、安定感をより強く問われることになる。

2人の人間関係が、たとえば教師と生徒、医者と患者、店員と買い物客というように役割の決まったものであれば、たがいにそれぞれの個性をそこに出す必要はあまりない。そこには役割をいかに主体的に演じられるかという課題が残るだけである。その場合、個人としての関係へのコミットメントの度合いはあまり高くないといえるだろう。しかし、重要な他者を前にするとき、わたしたちはそのひととの関係に個人としてコミットせざるをえず、たがいの違いに直面すればするほど、ふだんはうまく繕っている表面の顔を捨て、譲れないところをどうそれぞれがおさめていくのか、真剣にかかわらざるをえなくなるのである。

このことは、次の学生の記述にもよく現われている。この学生は以下のように述べている。「感情を表わすことは、わたしにとってはむずかしい。子どものころと違って、また成長していくに従って、感情を表わすということが、何か大きな意味を含んでいることのように思えてきた。人間関係において、たとえばお酒の席以外のときに感情を表わすことは、まるで自分の手もちのカードを一枚一枚相手に見せているような気がする。その相手との人間関係を微調整するために。なんだか子どものときのように何も考えずに感情のおもむくままにふるまうことが懐かしく思える」。

わたしたちはみな自分自身のこころのなかに子どもをすまわせている。感情は子どもの姿をとってわたしたちのもとを訪れ、わたしたちはこの子どもに救われることもあれば、振り回されることもある。子どもは無邪気に、まわりを

気にせず，勝手にふるまう存在であると同時に，もろく，傷つきやすく，世話を必要とする大切な宝物である。成長するということは，内なる子どもとの同一視を少しずつ解消し，こころの内にいる子どもは認めつつも，それと同一化しないこころの部分が育つことでもある。そして，自身の内なる子ども，それが何人いるかは別として，それを他者に紹介することは，より深く長いおつきあいを願う相手に自分の家族を紹介するようなものである。

　感情とうまくつき合うということは，このように自分自身のこころのなかの子どもとうまくつきあうということでもある。そして，このたとえを生かすなら，子どもをいかにはやく大人に成長させるかが重要なのではなく，子どもを子どものままに大切にし，子どもの声に耳を傾けつつ，判断は大人のわたしがするという姿勢が，わたしたちに必要なのである。

　わたしたちは子どもを子どものままにして，見守るということがとても苦手である。学生のレポートのなかにも，他に「感情を外に出すことは失礼であり，不愉快な思いをひとにさせるものだ」というものや，「友達とはいつごろからか本気でけんかするということがなくなってしまった。それは，そんなことで嫌われたくないと思ったり，協調性を発揮するために感情を抑えるようになったりしたためだ」といったものがある。子どもを無理やり大人しくさせるか，あるいは押し殺すことが，子どもを見守ることよりもむしろ望ましいことだとわたしたちは考えているふしがある。

　もう一度振り返ってみよう。感情的になるということは，内なる子どもと同一視しかかってしまう，子どもの立場に立ちすぎてしまうということだが，そのことによって，それまで表に現われなかったそのひとの子どもの部分，大切に守っている部分がはじめて外に顔を出せるということなのだとも考えられる。すなわち，こころの内に見えないように隠している子どもたちこそが感情なのだと想像することは，わたしたちのこころに奥ゆきを創り出し，内奥のわたしの個別性を実感させることにつながるのである。

4．感情と情動―ひととひとをつなぐ力―

　ところで本章で「感情的」という形容詞で扱われている事態は，いわゆる感

9章　心理臨床における感情

情そのものではなく，むしろ伝統的にはこれまで情動という表現で取り扱われてきたことのほうが多い事態であることに注意しておきたい。このあたりの用語の統一は，心理学界全体でもむずかしいところのようで，有斐閣から最近出た『心理学辞典』では，日本感情心理学会の方針にならって英語のemotionに「感情」という語を対応させ，いわゆる感情，情動，情緒などを包括的に研究対象とするようにしようとしている。しかし，本章ではそういう事情はさておき，心理臨床的な観点にたった力動的心理学の伝統に即して感情の問題を検討していくことにする。

　力動的心理学の伝統のなかでも，本章では特にJungの考えをとりあげていく。Jungがこころの個人的側面と集合的側面の関連から感情feelingと情動emotionの違いについてずいぶんと興味深い考察をしているからである。1935年にロンドンのタヴィストック・クリニックで行なった講演のなかでJungは次のように述べている。「感情があると……誰かにたいして『あなたは大嫌いだ』ということを穏やかに，かつうまく伝えることができ」，一方「悪意をもって言うと情動が生じ」うまく伝えられなくなる。そして，「情動的になっている群衆の中にいると，自分自身をどうすることもできず，自分も……それにとらえられ」るという事態が生じるが，その場合，自分と他者は同じ情動に呑みこまれたのであって，「他者の感情とは少しもかかわりを」もっていない（Jung『分析心理学』1975　みすず書房　p.48）。

　Jungの感情と情動の使い分けを理解するにはJung独自の理論的背景を理解する必要もあるが，しかし注意深く読むと，日常の一般的な臨床場面での感情に対する理解に十分役立つものであることがわかる。先の引用と同じところで，そういう点でこの2つの違いについてとてもわかりやすい例をJungが示しているので，少し長くなるが引用したい。

　「…わたしはクリニックでわたしのかつての教授と次のような実験をしました。彼はわたしの実験の協力者として，精神電流の測定装置をつけて実験室にいました。わたしは彼に，わたしが知らなくて彼だけが知っているたいへん不愉快なこと，つまり，わたしが知らないことになっていて彼だけが知っているきわめて苦痛な事柄を想像するように依頼しました。彼は想像しました。彼はこの種の実験に精通していて集中力に富んでおり，何かに注意を集中しまし

たが，皮膚の電気抵抗の動揺はほとんど認められませんでした。電流はまったく増加しなかったのです。その時，わたしはあることを思いついたのです。ちょうどその朝，何かがどんどん進行してゆく兆候を見て，それが教授にとってはたまらないほどの不愉快なことであろうと思ったのです。そこで『試してみよう』と思いました。わたしは簡単に『だれそれのことではありませんか』──と名前を言ってみました。すぐに情動の大洪水がおこりました。それが情動で，前の反応が感情なのです（前掲書，p.49）」。

つまり，Jungにとって感情は合理的な機能であり，感情が適切に働くということは嫌なことは嫌なこととして自身の感じることを穏やかに，適切に容認することができるということなのである。そして，むしろ感情的な機能がうまく働かないとき，すなわち自身の感情の動きを理性的に把握することができていないとき，そのひとは情動に呑みこまれ，適切なコミュニケーションが阻害されてしまうと考えている。情動的になっている証拠をJungはここで生理的な変化がいっきに生じたこととしてとらえているが，この場合「情動には身体的反応が伴う」というよりも，情動とはむしろ「ある種の身体的な状態と同一のもの」であって，「身体の根元的な部分に深く根ざした」ものだと彼は考えている（前掲書，p.224）。

観念や思想と同じように感情はその内容をわたしたちが所有しているという感覚をもつことができるものである。たとえば先の例でいうと，この教授は実験のはじめの方では，ある不愉快な経験を思い出し，なおかつ情動的にならず，何ら身体反応を示さずに，理性的に自分の経験として感情内容を意識的に保持できていた。この段階では，このひとはある経験内容について不愉快だという価値判断をもちつつ，不愉快さがふつう一般に引き起こすと考えられる内的な動揺，身体的な反応を示さないでいる。このように，経験に価値を付与する機能をJungは感情機能とよび，それはいわゆる「感情的」という状態とは異なった理性的な状態なのである。Jungが感情機能を意識の合理的な機能だとしたのはそういう理由からであり，またそれを経験に価値を付与する機能だとしたことは，後にもう一度触れるが，感情問題のきわめて重要な側面であると思われる。

ところでこの実験状況では，Jungが「そのことをわたしも知っていますよ」

9章 心理臨床における感情

と教授にほのめかしたとたんに教授の反応が情動的になる。いかにもトリックスター的なJungのかかわりがここによく現われているが，ともあれこの反応が生じたことについてJungは次のように説明している。「相手の知らないことを知っていると，わたしはとても愉快ですが，彼もそのことを知っているのがわかると，非常に不愉快になります。どのような医者も，程度の差こそあれ，他の医者仲間に知られると心が痛む患者をもっています。もしわたしがそれを少しでもほのめかすと，彼はあたかも機雷にひっかかったように飛びあがるに違いありません。実際，彼はその通りでした（前掲書，p.52）」。

さて情動にとらわれた状態は上述のように「ある種の身体的な状態と同一のもの」だとすると，情動状態すなわち「感情的」になっている状態は，自身の身体に自分がとらえられていることを強く認識させられる状態でもある。これはJungにとっての感情が意識的なこころの働きにとって重要な機能をなし，そこにはほとんど身体性が関与しないと考えていることと対をなす状態である。価値意識は身体を巻き込まないのである。しかし，これが好きだ，あれは嫌だといった価値観にかかわる意識状態もその強度が増していくとしだいに身体的な興奮状態を引き起こし，それが情動として体験されるようになる。そして，いったん情動的になると，もはやそれは身体的な状態と同一となり，個人的な意識現象としての唯一無二の感情体験から他者と融合する集合的な身体経験へといっきに変化してしまうのである。

そういった情動の身体的基盤をJungは交感神経系に見いだし，『ヴィジョン・セミナー』（1930-32）のなかで，交感神経ということばの交感（sympathetic）が，「ともに（sym-）苦しむ（pathos）」という意味のギリシア語sympatheiaからきており，太古から太陽神経叢と結び付けて考えられることが多く，「私たちはあたかもこの肋骨より下の領域，季肋部を通じて皆つながっているようなもの」だと述べている。先に引用した『分析心理学』のなかの文章，「情動的になっている群衆の中にいると，自分自身をどうすることもできず，自分も……それにとらえられ」る，というのは情動が強い感染力をもつことを示したものだが，情動の身体性を通じてわたしたちはひとと融合し，区別のつかない状態へと放り込まれることになるのである。筆者はかつて，この辺のテーマを神秘的融即概念に即して検討したことがあるので，興味のある方

はそちらを参照されたい（濱野, 1988）。

　Jungは, 終生の課題としてとらえた個性化の過程にとってこういった集合的な融合状態から脱することがきわめて重要であると考え, また一方で, 個性化過程が集合的なこころの基盤を離れては成立しないこともよく認識していた。情動は個々人がその根底において共通の基盤をもっているということを如実に示す現象であるが, 個々人がたがいに個別の人間として関係をもち, 相手の感情を理解しようとするためには情動状態がおさまっていることが必要となる。たがいのこころがそれぞれ独立したものとして触れ合うことと, たがいのこころがつながり融合することの二側面が人間関係を支える大きな要因であり, そこに感情と情動が1つのスペクトラムの両端としてつながっていることが理解されるだろう。

5．何が感情的にさせているのか―個人の責任と主体性―

　前節で少し触れたように, Jungは感情を情動と区別し, 感情の重要な働きを「価値を付与する機能」にあるとしている（Jung, p.53）。この場合, 感情はさまざまな価値を合理的に分化して理解する働きとみなされ, 感情機能のすぐれたひとは自身の経験にたいして何が大切で何がそうでないかという判断を適切に行なうことができる。この価値を付与する機能は, とりわけ現代社会に生きるわたしたちにとって重要な機能である。というのも, 一般に価値というと, 何かと何かを比較し, それらが交換に値するかどうかをみることが価値づけの母体となると考えられているのだが, ここでJungが感情機能ということで指摘していることは, その個人が他との比較なしに個人のうちにおいて価値を感じ, 分節化していく力をもっているということを示すものだからである。価値を付与する機能とはいいかえれば価値を創造する機能でもあるということになるだろう。

　現代社会は1人の人間が経験する情報量を過去に比べて飛躍的に増大もしくは肥大させた社会である。そしてそのためそこに生きるわたしたちは, 何を大切とし, 何をそれほど大切としなくてよいのか, そういう価値にかかわる合理的判断を求められたとき, 一定の安定した基準をなかなかみつけられず, その

9章 心理臨床における感情

判断にきわめて深い不確実感を抱いているのではないだろうか。このことは，日常経験の1つひとつに価値を付与すること，もしくは価値を感じることに自信のもてない社会が現代社会だということであり，時代的にJungのいう感情機能が劣等な状態にあると考えてよいのではないかと筆者は考えている。それだからこそ，個々人のレベルで，ちょっとしたことで感情的となり情動に呑みこまれてしまう危険性をみなが抱えているのである。それゆえにこそ，わたしたちはもう一度価値を創造する機能としての感情機能をみなおし，その発達に努めるべきであろう。

さて，第一節で「感情的」になることはひととしての個体性と集合性の交差点にひとを位置づけることになるということを検討してきた。そこで問題となるのは，感情もしくは情動がわたしたちの精神機能の一部で，わたしたちの所有しているものと考えるべきなのかという問いである。この点について，ユング派の分析家Hillmanが興味深い議論をしているので少し引用したい。

「情動はこころの深いところで感じられ，身体的，内的に情動に苦しむということになるが，だからといってそういった情動が『わたしたちのもの』だということを意味するものではない。むしろ，情動はそこにあってわたしたちをそれらのものとしようとするようなものだとわたしは考えている。……英国の浪漫派詩人であるウィリアム・ブレイクが次のように述べているようなものである。『ひとがパッションにとらわれているとき，彼が善をなす可能性はだいぶんとあるが，パッションがひとのなかにとらわれているとき彼はけっして善をなすことはない』。パッションを個人のうちに所有することは恐ろしいことである。そうではなく，パッションのなかにわたしたちがいること，情動の世界のなかにいて，情動がそれ自体独特なヴィジョンや洞察をもち，この世界の事物を意味づける，その意味作用にわたしたちがついていこうとするなら，そのことは内的なこころと外的な世界を関係づけ，そこにより深く，神聖な価値を生み出す力となるだろう」(Hillman, 1992, p.x)。

それぞれが自分の個人的な感情のもつれた問題をかかえて相談にくる心理臨床の場では，クライエントのかかえる情動の問題をそのひとのなかだけで解決しようとするとクライエントに多大な自己犠牲と負担を強いるのみになることもままある。そうではなく，彼・彼女の巻き込まれている問題は，個人的なも

のとしてどう考えるかよりも，個人も巻き込んで展開する何らかの流れ，プロセス，もしくは客体的なこころのレベルの問題を視野に入れてかかわるほうが，心理臨床家としてのアプローチにより安定がもたらされることになる。

　ヒルマンはさらに続けて次のように述べている。「情動そのものの主要な意図はわたしたちの動物的性質もしくは霊的性質とそれが埋め込まれているこの世界との関係を回復することにある。情動は周囲の事物がそれぞれにもつ真理に直接的に応答する。情動は注意してまわりをみる力のもっとも高まった状態なのである（同書，p.xii）」。したがって，心理臨床的なかかわりは，情動の問題をそれぞれの個人の過去を調べ，内的なこだわりを見いだし，こころの内側の問題だとすることではなく，情動的な経験をしているまさにそのときいったい何にこころが反応しているのか，そういった理解を押しすすめていくことを大切にするかかわりなのである。情動の問題は，個人を周囲の世界から切り離された純粋なこころの内的作業へと導きいれるのではなく，むしろ，個人と外界とをつなぎ，一回限りの個人の生がこの場，このときの世界に開かれつながるそのつながりの部分を確たるものとするために生じているのだ。

　そこにこそ，自分以外の周囲の他者や世界に主体的に応答し，反応する個人が生まれる可能性が生じるのであって，またそれはresponseする能力，すなわち個人の責任responsibilityを確かめていく契機となるのである。

■文　献■

まえがき

Cornelius, R. R.　1996　*The science of emotion: Research and tradition in the psychology of emotion.* Upper Saddle River, NJ: Prentice-Hall.　齊藤　勇(監訳)　1999　感情の科学―心理学は感情をどこまで理解できたか　誠信書房
Izard, C. E.　1991　*The Psychology of emotions.* New York: Plenum.　荘厳舜哉(監訳)　1996　感情心理学　ナカニシヤ出版
James, W.　1890　*The Principles of Psychology.* New York:Holt.　今田　寛(訳)　1992-1993　心理学　岩波書店

1 章

Ackerman, B. F., Abe, J. A. A., & Izard, C. E.　1998　Differential emotions theory and emotional development: Mindful of modularity. In M. F. Mascolo & M. F. Griffin(Eds.), *What develops in emotional development?* New York: Plenum. Pp.85-106.
Adolph, K. E., Eppler, M. A., & Gibson, E. J.　1993　Development of perception of affordances. In C. Rovee-Collier & L. Lipsitt(Eds.), *Advances in infancy research, Vol.8* Norwood, N. J.: Ablex. Pp.50-97.
Ainsworth, M. D. S., Blehar, M. C., Waters, E., & Wall, S.　1978　*Patterns of attachment: A psychological study of the Strange Situation.* Hillsdale, N. J.: Erlbaum.
Astington, J. W.　1993　*The child's discovery of the mind.* Cambridge, MA: Harvard University Press.
Bartsch, K. & Wellman, H. M.　1995　*Children talk about the mind.* New York: Oxford University Press.
Belsky, J., Rovine, M., & Taylor, D. G.　1984　The Pennsylvania infant and family development project, Ⅲ. The origins of individual differences in infant-mother attachment:Maternal infant contributions. *Child Development*, **55**, 718-728.
Bertenthal, B. Campos, J., & Barett, K.　1984　Self-produced locomotion:An organizer of emotional, cognitive, and social development in infancy. In R.Emde & R.Harmon(Eds.), *Continuities and discontinuities in development.* New York: Plenum. Pp.175-210.
Biringen, Z., Emde, R., Campos, J., & Appelbaum,M.　1995　Affective reorganization in the infant, the mother, and the dyad. *Child Development*, **66**, 499-514.
Bower, G. H.　1981　Mood and memory. *American Psychologist*, **36**, 129-148.
Bowlby, J.　1988　*A secure base: Parent-child attachment and healthy human development.* New York: Basic Books.
Bretherton, I. & Beeghly, M.　1982　Talking about internal states: The acquisition of an explicit theory of mind. *Developmental Psychology*, **18**, 906-921.
Campos, J., Hiatt, S., Ramsay, D., Henderson, C., Svejda, M.　1978　The emergence of fear on the visual cliff. In M. Lewis & L. Rosenblum(Eds.), *The origins of affect.* New York: Wiley.
Camras, L. A.　1991　A dynamical systems perspective on expressive development. In K. T. Strongman(Ed.), *Intrernational review of studies on emotion, Vol.1.* New York: Wiley. Pp.16-28.
Camras, L. A. & Sachs, V. B.　1991　Social referencing and caretaker expressive behavior in a day care setting. *Infant Behavior and Development*, **14**, 27-36.
Caron, R. F., Caron, A. J., & Myers, R. S.　1982　Abstraction of invariant face expressions in infancy.

Child Development, **53**, 1008-1015.
Caspi,, A., Elder, G. H., & Bem, D. J. 1988 Moving away from the world: Life-course patterns of shy children. *Developmental Psychology*, **24**, 824-831.
Cheyne, J. A. 1976 Development of forms and functions of smiling in preschoolers. *Child Development*, **47**, 820-823.
Cole, P. M. 1985 Display rules and the socialization of affective displays. In G. Zivin(Ed.), *The development of expressive behavior:Biology-environment interactions*. New York: Academic Press. Pp.269-290.
Cole, P. M. 1986 Children's spontaneous control of facial expression. *Child Development*, **57**, 1309-1321.
Cummings, E. M. 1994 Marital conflict and children's functioning. *Social Development*, **3**, 16-36.
Damasio, A. R. 1994 *Descartes' error: Emotion, reason, and the human brain*. New York: Putnam. 田中光彦(訳) 2000 生存する脳 講談社
Damasio, A. R. 1999 *The feelings of what happens: Body and emotions in the making of consciousness*. New York: Harcourt Brace & Company.
Davies, P. T. & Cummings, E. M. 1994 Marital conflict and child adjustment: An emotional security hypothesis. *Psychological Bulletin*, **116**, 387-411.
Demos, V. 1986 Crying in early infancy: An illustration of the motivational function of affect. In T. B. Brazelton & M. Yogman(Eds.), *Affect and early infancy*. New York: Ablex. Pp.39-73.
Denham, S. A. 1986 Social cognition,social behavior, and emotion in preschoolers. Contextual validation. *Child Development*, **57**, 194-201.
Denham, S. A. 1998 *Emotional development in young children*. New York: Guilford.
Dix, T. 1991 The affective organization of parenting: Adaptive and maladaptive processes. *Psychological Bulletin*, **110**, 3-25.
Dodge, K. A. & Garber, J. 1991 Domains of emotion regulation. In J. Garber & K. A. Dodge(Eds.), *The development of emotion regulation and dysregulation*. Cambridge: Cambridge University Press. Pp.3-11.
Dunn, J. 1988 *The beginnings of social understandings*. Cambridge, MA: Harvard University Press.
Dunn, J. & Brown, J. 1991 Relationships,talk about feelings,and the development of affect regulation in early childhood. In J. Garber & K. A. Dodge(Eds.), *The development of emotion regulation and dysregulation*. Cambridge: Cambridge University Press. Pp.89-108.
Dunn, J., & Brown, J. 1994 Affect expression in the family, children's understanding of emotions and their interactions with others. *Merrill Palmer Quarterly*, **40**, 120-138.
Eisenberg, N. 1992 *The caring child*. Cambridge, MA: Harvard University Press.
Ekman, P., & Friesen, W. V. 1971 Constants across cultures in the face and emotion. *Journal of Personality and Social Psychology*, **17**, 124-129.
遠藤利彦 1995 乳幼児期における情動の発達とはたらき 麻生 武・内田伸子(編), 講座生涯発達心理学2, 人生への旅立ち―胎児・乳児・幼児前期 金子書房 Pp.129-162.
遠藤利彦 1996 喜怒哀楽の起源：情動の進化論・文化論 岩波書店
遠藤利彦 1997 乳幼児期における自己と他者, そして心：関係性, 自他の理解, および心の理論の関連性を探る 心理学評論, **40**, 57-77.
遠藤利彦 1998 乳幼児期における親子の心のつながり：心の発達を支える関係性 丸野俊一・子安増生(編) 子どもがこころに気づくとき ミネルヴァ書房 Pp.1-31.
遠藤利彦 2000 表情を解体する：構成要素的アプローチから見る表情の本性 心理学評論, **43**, 177-

文　献

198.
遠藤利彦　2001a　喜怒哀楽を感じる・喜怒哀楽を表す：情動の心理学　山口裕幸(編)　心理学リーディングス　ナカニシヤ出版　Pp.19-49.
遠藤利彦　2001b　関係性とパーソナリティ発達の理論：愛着理論の現在　中島義明(編)　現代心理学理論事典　朝倉書店　Pp.488-521.
遠藤利彦　2001c　基本情動理論　山本真理子・外山みどり他(編)　社会的認知ハンドブック　北大路書房. Pp.172-175.
遠藤利彦・小沢哲史　2000　乳幼児期における社会的参照の発達的意味およびその発達プロセスに関する理論的検討　心理学研究, **71**, 498-514.
Fogel, A. & Thelen, E.　1987　Development of early expressive and communicative action: Reinterpreting the evidence from a dynamic systems perspective. *Developmental Psychology*, **23**, 747-761.
Forgas, J. P(Ed.)　2000　*Feeling and thinking: The role of affect in social cognition.* Cambridge: Cambridge University Press.
Forgas, J. P.　2001　Affective intelligence: The role of affect in social thinking and behavior. In J.Ciarrochi, J. F. Forgas, & J. D. Mayer(Eds.), *Emotional intelligence in everyday life: A scientific inquiry.* Philadelphia, PA: Psychology Press. Pp.46-63.
Fraiberg, S.　1971　*Insights from the blind.* New York: Basic Books.
Gardner, H.　1983　*Frames of mind: The theory of multiple intelligences.* New York: Basic Books.
Gardner, H.　1993　*Mulultiple intelligences: The theory of practice.* New York: Basic Books.
Goldsmith, H. H.　1993　Temperament: Variability in developing emotion systems. In M. Lewis & J. M. Haviland(Eds.), *Handbook of emotions.* New York: Guilford Press. Pp.353-364.
Goleman, D.　1995　*Emotional intelligence.* New York: Bantam Books.
Gottman, J. M., Katz, L. F., & Hooven, C.　1997　*Meta-emotion: How families communicate emotionally.* Mahwah, N. J.: Erlbaum.
Hala, S. & Carpendale, J.　1997　All in the mind: Children's understanding of mental life. In S. Hala (Ed.), *The development of social cognition.* Hove, UK: Psychology Press. Pp.189-239.
Halperlin, M.　1989　Empathy and self-awareness. Paper presented at the meeting of the Society for research in Child Development, Kansas City, MO.
Hatfield, E., Cacioppo, J. T., & Rapson, R. L.　1994　*Emotional contagion.* Cambridge: Cambridge University Press.
Haviland, J. & Lewicka, M.　1987　The induced affect response: 10-week old infants' responses to three emotional expressions. *Developmental Psychology*, **23**, 97-104.
Hiatt, S., Campos, J. J., & Emde, R. N.　1979　Facial patterning an infant facial expression: Happiness, surprise, and fear. *Child Development*, **50**, 1020-1035.
Hoffman, M. L.　1984　Interaction of affect and cognition in empathy. In C. E. Izard, J. Kagan, & R. B. Zajonc (Eds.), *Emotions, cognition, and behavior.* New York: Cambridge University Press. Pp.103-131.
Hornik, R., Risenhoover, N., & Gunnar, M.　1987　The effects of maternal positive, neutral, and negative affective communications on infant responses to new toys. *Child Development*, **58**, 937-944.
Humphrey, N.　1992　*A history of the mind.* London: Chatto & Windus.
Isabella, R. A.　1993　Origins of attachment: Maternal interactive behavior across the first year. *Child Development*, **64**, 605-621.
Isabella, R. A., Belsky, J., & von Eye, A.　1989　Origins of infant-mother attachment: An examination of

interactional synchrony during the infant's first year. *Developmental Psychology*, **25**, 12-21.

Isen, K. A. M.　1984　Toward understanding the role of affect in cognition. In R. Wyler & T. Srule(Eds.), *Handbook of social cognition*. Hillsdale, N. J.: Lawrence Erlbaum. Pp.179-235.

Izard, C. E.　1991　*The psychology of emotions*. New York: Plenum Press.

Izard, C. E.　1993　Four systems for emotion activation: Cognitive and noncognitive processes. *Psychological Review*, **100**, 68-90.

John, O. P.　1990　The Big Five factor taxonomy: Dimensions of personality in the natural language and in questionaires. In L. Pervin(Ed.), *Handbook of personality and research*. New York: Guilford. Pp.66-100.

Johnson-Laird, P. N. & Oatley, K.　1992　Basic emotions, rationality, and folk theory. *Cognition and Emotion*, **6**, 201-224.

Jones, S. S., Collins, K., & Hong, H. W.　1991　An audience effect on smile production in 10-month-old infants. *Psychological Science*, **2**, 45-49.

Kagan, J.　1992　Temperamental contributions to emotion and social behavior. In M. S. Clark(Ed.), *Emotion and social behavior*. Newbury Park: Sage. Pp.99-118.

Kagan, J.　1998　Is there a self in infancy? In M. Ferrari & R. J. Sternberg(Eds.), *Self-awareness: Its nature and development*. New York: Guilford. Pp.137-147.

Keltner, D.　1996　Facial expressions of emotion and personality. In C.Magai & McFadden, S. H.(Eds.), *Handbook of emotion, adult development, and aging*. San Diego: Academic Press. Pp.385-401.

Keltner, D. & Haidt, J.　2001　Social functions of emotions. InJ. Mayne & G. A. Bonanno(Eds.), *Emotions: current issues and future directions*. New York: Guilford Press. Pp.192-213.

Klinnert, M. D., Campos, J. J., Sorce, J. F., Emde, R. N., & Svejda, M.　1983　Emotions as behavior regulators: Social referencing in infancy. In R.Plutchik & H.Kellerman(Eds.), *Emotion: Theory, research, and experience: Vol.2: Emotions in early development*. New York: Academic Press. Pp.57-86.

Kopp, C. B.　1989　Regulation of distress and negative emotion: A developmental view. *Developmental Psychology*, **25**, 343-354.

子安増生・木下孝司　1997　〈心の理論〉研究の展望. 心理学研究, **68**, 51-67.

Larsen, R. J. & Ketelaar, R.　1991　Personality and susceptibility to positive and negative emotional states. *Journal of Personality and Social Psychology*, **61**, 132-140.

Lazarus, R. S.　1982　Thoughts on the ralations between emotion and cognition. *American Psychologist*, **37**, 1019-1024.

Lazarus, R. S.　1984　On the primacy of cognition. *American Psychologist*, **39**, 124-129.

Lazarus, R. S.　1991　*Emotion and Adaptation*. Oxford: Oxford University Press.

Lazarus, R. S.　1999　The cognition-emotion debate: A bit of history. In T. Dalgleish & M. Power(Eds.), *Handbook of cognition and emotion*. New York: Wiley. Pp.3-19.

Lazarus, R. S. & Lazarus, B. N.　1994　*Passion and reason: Making sense of our emotions*. New York: Oxford University Press.

Ledoux, J.　1996　*The emotional brain: The mysterious underpinnings of emotional life*. New York: Simon & Schuster.

Lewis, M.　1993a　The emergence of human emotions. In M. Lewis & J. M. Havilland(Eds.), *Handbook of emotions*. New York: Guilford Press. Pp.223-235.

Lewis, M.　1993b　Self-conscious emotions: Embarrassment, pride, shame, and guilt. In M. Lewis & J. M. Haviland(Eds.), *Handbook of emotions*. New York: Guilford Press. Pp.563-573.

Lewis, M.　1997　The self in self-conscious emotions. In J. G. Snodgrass & R. L. Thompson(Eds.), *The*

文　献

self across psychology. New York: The New York Academy of Sciences. Pp.119-142.
Lewis, M.　1999　The role of the self in cognition and emotion. In T. Dalgleish & M. Power(Eds.), *Handbook of cognition and emotion.* New York: Wiley. Pp.125-142.
Lewis, M.　2000　The emergence of human emotions. In M. Lewis & J. M. Havilland-Jones(Eds.), *Handbook of emotions (2nd ed.).* New York: Guilford Press. Pp.265-280.
Lewis, M., Alessandri, S., & Sullivan, M. W.　1990　Violation of expectancy, loss, of control, and anger in young infants. *Developmental Psychology,* **26,** 745-751.
Lewis, M. & Michalson, L.　1983　*Children's emotions and moods: Developmental theory and measurement.* New York: Plenum Press.
Lewis, M., Sullivan,, M. W. Stanger, C., & Weiss, M.　1989　Self development and self-conscious emotions. *Child Development,* **60,** 146-156.
MaCrae, R. R. & Costa, P. T.　1985　Updating Norman's "Adequate Taxonomy" intelligence and personality dimensions in natural language and in questionaires. *Journal of Personality and Social Psychology,* **49,** 710-721.
Magai, C.　1996　Personality theory: Birth, death, and transfiguration. In R. D. Kavanaugh, B. Zimmerberg, & S. Fein(Eds.), *Emotion: Interdisciplinary perspectives.* Mahwah, N. J.: Erlbaum. Pp.171-201.
Magai, C., Distel, N., & Liker, R.　1995　Emotion socialization, attachment, and patterns of adult emotional traits. *Cognition and Emotion,* **9,** 461-481.
Magai, C. & McFadden, S.　1995　*The role of emotion in social and personality development: History, theory, and research.* New York: Plenum.
Main, M. & Solomon, J.　1990　Procedures for identifying infants as disorganized /disoriented during the Ainsworth strange situation. In M. T. Greenberg, D. Cicchetti,& E. M. Cummmings(Eds.), *Attachment in the preschool years.* Chicago: University of Chicago Press. Pp.121-160.
Malatesta, C. Z.　1990　The role of emotions in the development and organization of personality. In R. A. Thompson(Ed.)　1988　*Socioemotional development: Nebraska symposium on motivation.* Lincoln, NE: University of Nebraska Press. Pp.1-56.
Malatesta, C. Z. & Wilson, A.　1988　Emotion cognition interaction in personality development: A discrete emotions, functionalist analysis. *British Journal of Social Psychology,* **27,** 91-112.
Malatesta, C. Z., Culver, C., Tesman, J. R., & Shepard, b.　1989　The development of emotional expression during the first two years of life. *Monographs of the Society for Research in Child Development,* **54**(1-2, Serial No.219).
Manstead, A. S. R. & Edwards, R.　1992　Communicative aspects of children's emotional competence. In K.T.Strongman(Ed.), *International review of studies on emotion, Vol.2.* New York: Wiley. Pp.167-195.
Mascolo, M. F. & Griffin, S.(Eds.)　1998　*What develops in emotional development?* New York: Plenum.
Mathews, A.　1993　Biases in emotion processing. *The Psychologist: Bulletin of the British Psychological Society,* **6,** 493-499.
Maurer, D. & Maurer, C.　1988　*The world of the newborn.* New York: Basic Books.
Mayer, J. D.　2001　A field guide to emotional intelligence. In J. Ciarrochi, J. F. Forgas, & J. D. Mayer(Eds.), *Emotional intelligence in everyday life: A scientific inquiry.* Philadelphia, PA: Psychology Press. Pp.3-24.
Mumme, D. L., Fernald, A., & Herrera, C.　1996　Infants' responses to facial and vocal emotional signals in a social referencing paradigm. *Child Development,* **67,** 3219-3237.

Nasby, W. & Yando, R.   1982   Selective encoding and retrieval of affectively valent information. *Journal of Personality and Social Psychology*, **43**, 1244-1255.

Nelson, C. A.   1987   The recognition of facial expressions in the first years of life: Mechanism of development. *Child Development*, **58**, 889-909.

Oatley, K.   1992   *Best laid schemes: The psychology of emotions*. Cambridge: Cambridge University Press.

Oatley, K. & Duncan, E.   1992   Incidents of emotion in daily life. In K. T. Strongman(Ed.), *International review of studies on emotion*. Chichester: Wiley. Pp.250-293.

Oatley, K. & Jenkins, J. M.   1996   *Understanding emotions*. Oxford: Blackwell.

Oster, H.   1981   Recognition of emotional expression in infancy. In M.E.Lamb & L. R. Sherrod(Eds.), *Infant social cognition: Empirical and theoretical considerations*. Hillsdale, N. J.: Erlbaum. Pp.274-313.

Oster, H., Hegley, D., & Nagel, L.   1992   Adult judgements and fine-grained analysis of infant facial expressions: Testing the validity of a priori coding formulas. *Developmental Psychology*, **28**, 1115-1131.

小沢哲史・遠藤利彦　2002　養育者の観点から社会的参照を再考する　心理学評論, **44**, 271-288.

Ozonoff, S., Pennington, B. F., & Rogers, S. J.   1991   Executive function deficits in high-functioning autistic children: Relationship to theory of mind. *Journal of Child Psychology and Psychiatry*, **31**, 343-361.

Patterson, G. R.   1982   *Coercive family process*. Eugene, OR: Castalia Press.

Plomin, R.   1990   *Nature and nurture: An introduction to human behavioral genetics*. Pacific Grove, CA: Brooks/Cole.

Premack, D. & Woodruff, G.   1978   Does the chimpanzee have a "theory of mind"? *Brain and Behavioral Sciences*, **1**, 515-526.

Repacholi, B. M. & Gopnik, A.   1997   Early reasoning about desires: Evidence from 14- and 18-month-olds. *Developmental Psychology*, **33**, 12-21.

Robinson, J. A., Connell, S., McKenzie, B. E., & Day, R. H.   1990   Do infants use their own images to locate objects reflected in a mirror? *Child Development*, **61**, 1558-1568.

Rochat, P.   1995   Early objectification of the self. In P. Rochat(Ed.), *The self in infancy: Theory and research*. New York: North Holland. Pp.53-71.

Saarni, C.   1979   Chidren's understanding of display rules for expressive behavior. *Developmental Psychology*, **15**, 424-429.

Saarni, C.   1990   Emotional competence: How emotions and relationships become integrated. InR. A. Thompson(Ed.), *Socioemotional development*. Lincoln,NE: University of Nebraska Press. Pp.115-182.

Saarni, C.   1999   *The development of emotional competence*. New York: Guilford Press.

Saarni, C., Mumme, D. L., & Campos, J. J.   1998   Emotional development: Action,communication, and understanding. In W. Damon & N. Eisenberg(Eds.), *Handbook of child psychology(5th ed.), Vol.3*. New York: Wiley. Pp.237-309.

Sagi, A. & Hoffman, M. L.   1976   Empathic distress in the newborn. *Developmental Psychology*, **12**, 175-176.

Scarr, S.   1992   Developmental theories for the 1990s: Development and individual differences. *Child Development*, **63**, 1-19.

Schaffer, H. R.   1974   Cognitive components of the infant's response to strangeness. In M.Lewis & L. A. Rosenblum(Eds.), *The origins of fear: The origins of behavior, Vol.2*. New York: Wiley. Pp.11-24.

Smith, C. A. & Lazarus, R. S.   1993   Appraisal components,core relational themes,and the emotions. *Cognition and Emotion*, **7**, 233-269.

Sroufe, L. A.   1996   *Emotional development: The organization of emotional life in the early years*. New

文　献

York: Cambridge University Press.
Stepper, S. & Strack, F.　1993　Proprioceptive determinants of emotional and non-emotional feelings. *Journal of Personality and Social Psychology*, **64**, 211-220.
(30) Sternberg, R. J.　1997　*Successful intelligence*. New York: Plenum Press.
(31) Strack, F., Martin, L. L., & Stepper, S.　1988　Inhibiting and facilitating conditions of the human smile: A non-obtrusive test of the facial feedback hypothesis. *Journal of Personality and Social Psychology*, **54**, 768-777.
Thompson, R. A.　1990　Emotion and self-regulation. In R. A. Thompson (Ed.)　1988　*Socioemotional development: Nebraska symposium on motivation*. Lincoln, NE: University of Nebraska Press. Pp.367-467.
Tomkins, S. A.　1995　*Exploring affect: The selected writings of Silvan S. Tomkins* (edited by E. V. Demos). Cambridge: Cambridge University Press.
Watson, D. & Clark, L. A.　1992　On traits and temperament: General and specific factors of emotional experience and their relation to the five factor model. *Journal of Personality*, **60**, 441-476.
Zahn-Waxler, C., Iannotti, R. J., Cummings, E. M., & Denham, S. A.　1990　Antecedents of problem behaviors in children of depressed mothers. *Development and Psychopathology*, **3**, 271-292.
Zahn-Waxler, C. & Radke-Yarrow, M.　1982　The development of altruism: Alternative research strategies. In N. Eisenberg (Ed.), *The development of prosocial behavior*. New York: Academic Press. Pp.109-137.
Zajonc, R.　1980　Feeling and thinking: Preferences need no inferences. *American Psychologist*, **35**, 151-175.
Zajonc, R.　1984　On the primacy of affect. *American Psychologist*, **39**, 117-123.
Zajonc, R.　1985　Emotion and facial efference: A theory of reclaimed. *Science*, **228**, 15-21.
Zajonc, R., Mupphy, S. T., & Inglehart, M.　1989　Feeling and faicial efference: Implications of the vascular theory of emotion. *Psychological Bulletin*, **96**, 395-416.
Zumbahlen, M. & Crawley, A.　1996　*Infants' early referential behavior in prohibition contexts: The emergence of social referencing*. Paper presented at the meetings of the International Conference on Infant Studies, Providence, RI.

2 章

足立美奈子　1995　既知性及び表情が顔の認識過程に与える影響について―反応時間と自発性瞬目を指標として　東海女子大学紀要第15号, 275-284.
Ader, R., Felten, D. L., & Cohen, N. (Eds.)　2001　*Psychoneuroimmunology*. 3rd ed. San Diego, CA: Academic Press.
Beauregard, M., Levesque, J., & Bourgouin, P.　2001　Neural correlates of conscious self-regulation of emotion. *The Journal of Neuroscience*, **21**, 1-6.
Bechara, A., Tranel, D., & Damasio, H.　2000　Characterization of the decision-making deficit of patients with ventromedial prefrontal cortex lesions. *Brain*, **123**, 2189-2202.
Bradley, M. M., Cuthebert, B. N., & Lang, P. J.　1990　Startle reflex modification: Emotion or attention. *Psychophysiology*, **41**, 317-328.
Bradley, M. M., Cuthbert, B. N., & Lang, P. J.　1991　Startle and emotion: lateral acoustic stimuli and the bilateral blink. *Psychophysiology*, **28**, 285-295.
Bradley, M. M., & Lang, P.　2000　Measuring emotion: behavior, feeling, and physiology. In R. D. Lane,

& L. Nadel(Eds.), *Cognitive neuroscience of emotion*. New York: Oxford Press. Pp.242-276.

Bradley, M. M., & Vrana, S. R. 1993 The startle probe in the study of emotion and emotional disorders. In N. Birbaumer & A. Ohman(Eds.), *The structure of emotion*. Toronto; Hogrefe & Huber. Pp.271-287.

Buchanan, T. W., al'Absi, M., & Lovallo, W.R. 1999 Cortisol fluctuates with increases and decreases in negative affect. *Psychoneuroendocrinology*, **24**, 227-241.

Cacioppo, J. T., Crites, S. L. Jr., Gardner, W. L., & Berntson, G. G. 1994 Bioelectrical echoes from evaluative categorization: I. A late positive brain potential that varies as a function of trait negativity and extremity. *Journal of Personality and Social Psychology*, **67**, 115-125.

Cacioppo, J. T., Tassinary, L. G., & Berntson, G. G.(Eds.) 2000 *Handbook of psychophysiology*. 2nd Ed. Cambridge University Press: New York.

Cacioppo, J. T., Tassinary, L. G., & Fridlund, A. J. 1990 The skeletomotor system. In J. T. Cacioppo & L. G. Tassinary(Eds.), *Principles of psychophysiology*. New York: Cambridge University Press. Pp.325-348.

Christensen, A. J., Edwards, D. L., Wiebe, J. S., Benotsch, E. G., mcKelvey, L., Andrews, M., & Lubaroff, D. M. 1996 Effect of verbal self-disclosure on natural killer cell activity: modulating influence of cynical hostility. *Psychosomatic Medicine*, **58**, 150-155.

Codispoti, M., Bradley, M. M., & Lang, P. J. 2001 Affective reactions to briefly presented pictures. *Psychophysiology*, **38**, 474-478.

Critchley, H. D., Elliot, R., Mathias, C. J., & Dolan, R. J. 2000 Neural activity relating to generation and representation of galvanic skin responses: a functional magnetic resonance imaging study. *The Journal of Neuroscience*, **20**, 3033-3040.

Crites, S. L. Jr., Cacioppo, J. T., Gardner, W. L., & Berntson, G. G. 1995 Bioelectrical echoes from evaluative categorization: II. A late positive brain potential that varies as a function of attitude registration rather than attitude report. *Journal of Personality and Social Psychology*, **68**, 997-1013.

Damasio, A. R. 1994 *Descartes' error: emotion, reason, and the human brain*. New York: Grosset/Putnam.

Danion, J., kauffmann-Muller, F., Grange, D., Zimmermann, M., & Greth, P. 1995 Affective valence of words, explicit and implicit memory in clinical depression. *Journal of Affective Disorders*, **34**, 227-234.

Dawson, M. E., Schell, A. M., & Filion, D. L. 2000 The electrodermal system. In J. T. Cacioppo, L. G. Tassinary, & G. G. Berntson(Eds.), *Handbook of psychophysiology*. 2nd Ed. Cambridge University Press: New York. Pp.200-223.

Deinzer, R., Kleineidam, C., Stiller-Winkler, R., Idel, H., & Bachg, D. 2000 Prolonged reduction of salivary immunoglobulin A (sIgA) after a major academic exam. *International Journal of Psychophysiology*, **37**, 219-232.

Dimberg, U. 1982 Facial expressions to facial expressions. *Psychophysiology*, **19**, 643-647.

Dimberg, U., & Petterson, M. 2000 Facial reactions to happy and angry facial expressions: evidence for right hemisphere dominance. *Psychophysiology*, **37**, 693-696.

Dimberg, U., Thunberg, M., & Elmehed, K. 2000 Unconscious facial reactions to emotional facial expressions. *Psychological Science*, **11**, 86-89.

Donchin, E. 1981 Surprise? ...surprise! *Psychophysiology*, **18**, 493-513.

Donchin, E., & Coles, M. G. H. 1988 Is the P300 component a measure of context updating? *Behavioral and Brain Science*, **11**, 357-374.

Donchin, E. A., Kraner, A., & Wickens, C. 1986 Applications of brain event-related potentials to problems in engineering psychology. In M. G. H. Coles, E. Donchin, & S. Porges(Eds.),

文　献

Psychophysiology: Systems, processes, and applications. New York: Guilford Press. Pp.702-718.
Ekman, P.　1989　The argument and evidence about universals in facial expressions of emotion. In H. Wagner & A. Manstead(Eds.), *Handbook of social psychophysiology.* Chichester: John Wiley and Sons. Pp.143-164.
Ekman, P., & Friesen, W. V.　1978　*The facial action coding system (FACS): a technique for the measurement of facial action.* Palo Alto: Consulting Psychology Press.
Fabiani, M., Gratton, G., & Coles, M. G. H.　2000　Event-related brain potentials. In J. T. Cacioppo, L. G. Tassinary, & G. G. Berntson(Eds.), *Handbook of psychophysiology.* 2nd Ed. Cambridge University Press: New York. Pp.53-84.
Fowles, D. C.　1983　Motivational effects on heart rate and electrodermal activity: Implications for research on personality and psychopathology. *Journal of Research in Personality,* **17**, 48-71.
Fowles, D. C.　1988　Psychophysiology and psychopathology: a motivational approach. *Psychophysiology,* **25**, 373-391.
Fridlund, A. J.　1994　*Human facial expression: An evolutionary view.* San Diego: Academic Press.
Fridlund, A. J., & Cacioppo, J. T.　1986　Guidances for human slectromyographic research. *Psychophysiology,* **71**, 457-472.
福田恭介　1991　認知判断の終了とまばたき　田多英興・山田冨美雄・福田恭介（編）　まばたきの心理学　北大路書房　Pp.106-117.
Fukuda, K.　1994　Analysis of eyeblink activity during discriminative tasks. *Perceptual and Motor Skills,* **79**, 1599-1608.
藤澤　清・柿木昇治・山崎勝男（編）　1998　新生理心理学　1巻　北大路書房
Funayama, E. S., Grillon, C., Davis, M., & Phelps, E. A.　2001　A double dissociation in the affective modulation of startle in humans: effects of unilateral temporal lobectomy. *Journal of Cognitive Neuroscience,* **13**, 721-729.
Gendolla, G. H. E., & Krusken, J.　2001　The joint impact of mood state and task difficulty on cardiovascular and electrodermal reactivity in active coping. *Psychophysiology,* **38**, 548-556.
Gray　1987
Gross, J. J., & Levenson, R. W.　1993　Emotional suppression: physiology, self-report,and expressive behavior. *Journal of Personality and Social Psychology,* **64**, 970-986.
Gross, J. J., & Levenson, R. W.　1997　Hiding feeling: the acute effects of inhibiting negative and positive emotion. *Journal of Abnormal Psychology,* **106**, 95-103.
Hanson, E. K., Maas, C. J., Meijman, T. F., & Godaert, G. L.　2000　Cortisol secretion throughout the day, perceptions of the work environment, and negative affect. *Annual of Behavior Medicine,* **22**, 316-324.
Harrison, L. K., Carroll, D., Burns, V. E., Corkill, A. R., Harrison, C. M., Ring, C., & Drayson, M.　2000　Cardiovascular and secretory immunoglobulin A reactions to humorous, exciting, and didactic film presentations. *Biological Psychology,* **52**, 113-126.
Haxby, J. V., Hoewitz, B., Undgerleider, L. G., Maisog, J. M., Pietrini, P., & Grady, C. L.　1999　The functional organization of human extrastriate cortex: a PET-rCBF study of selective attention to faces and locations. *Journal of Neuroscience,* **5**, 384-394.
Higgins, E. T.　1987　Self-discrepancy: a theory relating self and affect. *Psychological Review,* **94**, 319-340.
Hucklebridge, F., Clow, A., Evans, P.　1998　The relationship between salivary secretory immunoglobulin A and cortisol: neuroendocrine response to awakening and the diurnal cycle. *International Journal of Psychophysiology,* **31**, 69-76.

Hucklebridge, F., Lambert, S., Clow, A., Warburton, D. M., Evans, P. D., & Sherwood, N. 2000 Modulation of secretory immunoglobulin A in saliva: response to manipulation of mood. *Biological Psychology*, 53, 25-35.

Jemmott, J. B., & Maglore, K. 1988 Academic stress, social support, and secretory immunoglobulin A. *Journal of Personality and Social Psychology*, 55, 803-810.

Kugler, J., Hess, M., & Haake, D. 1992 Secretion of salivary immunoglobulin A in relation of age, saliva flow, mood states, secretion of albumin, cortisol, and catecholamines in saliva. *Journal of Clinical Immunology*, 12, 45-49.

Lane, R. D., Quinlan, D. M., Schwartz, G. E., Walker, P. A., & Zeitlin, S. B. 1990 The Levels of Emotional Awareness scale: a cognitive-developmental measure of emotion. *Journal of Personality Assessment*, 55, 124-134.

Lane, R. D. 2000 Neural correlates of conscious emotional experience. In R. D. Lane & L. Nadel(Eds.), Cognitive neuroscience of emotion. New York: Oxford Press. Pp.345-370.

Lane, R. D., Fink, G. R., Chau, P. M. L., & Dolan, R. J. 1997 Neural activation during selective attention to subjective emotional responses. *NeuroReport*, 8, 3969-3972.

Lane, R. D., & Nadel, L.(Eds.) 2000 Cognitive neuroscience of emotion. New York: Oxford Press.

Lane, R. D., van Petten, C., & Bandettini, P. A. 2000 Positron emission tomography and functional magnetic resonance imaging. In J. T. Cacioppo, L. G. Tassinary, & G. G. Berntson(Eds.), *Handbook of psychophysiology*. 2nd Ed. Cambridge University Press: New York. Pp.85-118.

Lang, P. L., Ohman, A., & Vaitl, D. 1988 *The international affective picture system [Photographic slides]*. Gainesville, FL: University of Florida, Center for Research in Psychophysiology.

Lang, P. L., Bradley, M. M., & Cuthbert, B. N. 1990 Emotion, attention, and the startle reflex. *Psychological Review*, 97, 277-395.

LeDoux, J. E. 1996 *The emotional brain: The mysterious underpinnings of emotional life*. New York:Simon and Schuster.

Leiphart, J., Rosenfeld, J. P., & Gabrieli, J. D. 1993 Event-related correlates of implicit priming and explicit memory tasks. *International Journal of Psychophysiology*, 15, 197-296.

Ley, R. G., & Bryden, M. P. 1982 A dissociation of right and left hemispheric effects for recognizing emotional tone and verbal content. *Brain and Cognition*, 1, 3-9.

Liberzon, I., Taylor, S. F., Fig, L. M., Decker, L.R., Koeppe, R. A. & Minoshima, S. 2000 Limbic activation and psychophysiologic responses to active visual stimuli. Interaction with cognitive task. *Neuropsychophaemacology*, 23, 508-516.

Lovallo, & Thomas 2000 Stress hormones in psychophysiological research: emotional, behavioral, and cognitive implications. In J. T. Cacioppo, L. G. Tassinary, & G. G. Berntson(Eds.), *Handbook of psychophysiology*. 2nd Ed. Cambridge University Press: New York. Pp.342-367.

Lundqvist, L. O. 1995 Facial EMG reactions to facial expressions: a case of facial emotional contagion? *Scandinavian Journal of Psychology*, 36, 130-141.

Maratos, E. J., Allan, K. & Rugg, M. D. 2000 Recognition memory for emotionally negative and neutral words: an ERP study. *Neuropsychologia*, 38, 1452-1465.

Murphy, S. T., Monahan, J. L., & Zajonc, R. B. 1995 Additivity of nonconscious affect: Combined effects of priming and exposure. *Journal of Personality and Social Psychology*, 69, 589-602.

Murphy, S. T., & Zajonc, R. B. 1993 Affect, cognition, and awareness: Affective priming with optimal and suboptimal stimulus exposures. *Journal of Personality and Social Psychology*, 64, 723-739.

内藤栄一 2000 ヒトの脳機能の研究：イメージング技術(PET, f MRI) 松波謙一・内藤栄一 最新

文　　献

運動と脳：体を動かす脳のメカニズム　サイエンス社　Pp.169-174.
中村美幸・永井　元・中川　正・山田冨美雄　1995　匂い刺激による驚愕性眼輪筋反射　第13回日本生理心理学会学術大会プログラム・予稿集, 30.
日本生理人類学会計測研究部会（編）　1996　人間科学計測ハンドブック　技報出版社
Ohman, A., & Soares, J. J. F. 1994 Unconscious anxiety: phobic responses to masked stimuli. *Journal of Abnormal Psychology*, **103**, 231-240.
大平英樹　1991　表情筋筋電図を指標とした情動の潜在的表出についての検討　東海女子大学紀要, **11**, 259-272.
Ohira, H. 1995 Analysis of eyeblink activity during self-referent information processing in mild depression. *Perceptual and Motor Skills*, **81**, 1219-1229.
Ohira, H. 1996 Eyeblink activity in a word-naming task as a function of semantic priming and cognitive load. *Perceptual and Motor Skills*, **82**, 835-842.
大平英樹　1996　表情と認知的情報処理　繊維製品消費科学, **31**, 6-12.
Ohira, H. 1997 *Is dysfunction in depressive self-referent information processing automatic or conscious? : An event-related brain potential and reaction time analysis.* Paper presented at Joint Meeting of the 45th Conference of the Japanese Group Dynamics Association and the Second Conference of the Asian Association of Social Psychology. Kyoto.
大平英樹　1998　感情と認知の生理心理学　山崎勝男・藤澤　清・柿木昇治（編）　新生理心理学3巻　北大路書房　Pp.228-248.
Ohira, H. 2001 Controllability of aversive stimuli unconsciously determines volume of secretory immunoglobulin A in saliva. 行動医学研究, **6**, 30-38.
大平英樹　2001　ストレスの精神神経免疫学的研究—最近の研究動向と将来の展開—　ストレス科学研究, **16**, 16-28.
Ohira, H., Nomura, M., Haneda, K., Iidaka, T., Sadato, N., Okada, T., & Yonekura Y. 2001 *Subliminal priming of valenced face unconsciously modulates subsequent detection of facial expression: fMRI evidence of affective priming.* Paper presented in Human Brain Mapping 2001, Brighton, UK.
Ohira, H., Watanabe, Y., Kobayashi, K., & Kawai, M. 1999 The Type A Behavior Pattern and immune reactivity to brief stress: change of volume of secretory immunoglobulin A in saliva. *Perceptual and Motor Skills*, **89**, 423-430.
Ohira, H., Winton, W. M., & Oyama, M. 1998 *Effects of stimulus valence on recognition memory and eyeblink response: Further evidence for positive-negative asymmetry.* Personality and Social Psychology Bulletin,
大平英樹・山田冨美雄　1998　精神神経免疫学的研究　山崎勝男・藤澤　清・柿木昇治（編）　新生理心理学3巻　北大路書房　pp32-49.
Petrie, K. J., Booth, R. J., Pennebaker, J. W., Davison, K. P., & Thomas, M. G. 1995 Disclosure of trauma and immune response to a hepatitis B vaccination program. *Journal of Consulting and Clinical Psychology*, **63**, 787-792.
Petrie, K. J., Booth, R. J., & Pennebaker, J. W. 1998 The immunological effects of thought suppression. *Journal of Personality and Social Psychology*, **75**, 1264-1272.
Proctor, G. B., Carpenter, G. H., Anderson, L. C., & Garrett, J. R. 2000 Nerve-evoked secretion of immunoglobulin A in relation to other proteins by parotid glands in anaesthetized rat. *Experimental Physiology*, **85**, 511-518.
Ring, C., Harrison, L. K., Winzer, A., Carroll, D., Drayson, M., & Kendall, M. 2000 Secretory immunoglobulin A and cardiovascular reactions to mental arithmetic, cold pressor, and exercise:

effects of alpha-adrenergic blockade. *Psychophysiology*, **37**, 634-643.

Robinson, J. D., & Vrana, S. R.　2000　The time course of emotional and attentional modulation of the startle eyeblink reflex during imagery. *International Journal of Psychophysiology*, **37**, 275-289.

Rubin, R. C., & Friendly, M.　1986　Predicting which words get recalled: measures of free recall, availability, goodness, emotionality,and pronunciability for 925 nouns. *Memory and Cognition*, **14**, 79-94.

Rugg, M. D.　1995　Event-related potential studies of human memory. In M. S. Gazzaniga (Ed.), *The cognitive neurosciences*. Cambridge, MA: MIT Press. Pp.1341-1356.

Rugg, M. D., Mark, R. E., Walla, P. Schloerscheidt, E. M., Birch, C. S., & Allan, K.　1998　Dissociation of the neural correlates of implicit and explicit memory. *Nature*, **392**, 595-598.

Rugg, M. D., & Allan, K.　2000　Memory retrieval: an electrophysiological perspectives. In M. S. Gazzaniga (Ed.), *The cognitive neurosciences*. 2nd Ed. Cambridge, MA: MIT Press.

Smyth, J., Ockenfels, M. C., Porter, L., Kirschbaum, C., Hellhammer, D. H., & Stone, A. A.　1998　Stressors and mood measured on a momentary basis are associated with salivary cortisol secretion. *Psychoneurorndocrinology*, **23**, 353-370.

Stern, J. A., Walrath, L. C., & Goldstein, R.　1984　The endogenous eyeblink. *Psychophysiology*, **21**, 22-33.

Stone, A. A., Cox, D. S., Valdimarsdottir, H., Jandorf, L., & Neale, J. M.　1987　Evidence that secretory IgA antibody is associated with daily mood. *Journal of Personality and Social Psychology*, **52**, 988-993.

Strauman, T. J., Lemieux, A. M., & Coe, C. L.　1993　Self-discrepancy and natural killer cell activity: immunological consequences of negative self-evaluation. *Journal of Personality and Social Psychology*, **64**, 1042-1052.

田多英興・山田冨美雄・福田恭介(編)　1991　まばたきの心理学　北大路書房

Tassinary, L. G., & Cacioppo, J. T.　2000　The skeletomotor system: surface electromyography. In J. T. Cacioppo, L. G. Tassinary, & G. G. Berntson(Eds.), 2000 *Handbook of psychophysiology*. 2nd Ed. Cambridge University Press: New York. Pp.163-199.

Tranel, D.　2000　Electrodermal activity in cognitive neuroscience: neuroanatomical and neuropsychological correlates. In R. D. Lane, & L. Nadel(Eds.), *Cognitive neuroscience of emotion*. New York: Oxford Press. Pp.192-224.

Tranel, D., & Damasio, H.　1994　Neuroanatomical correlates of electrodermal skin conductance responses. *Psychophysiology*, **31**, 427-438.

Van den Hout, M. A., de Jong, P., & Kindt, M.　2000　Masked fear words produce increased SCRs: an anomaly for Ohman's theory of pre-attentive processing in anxiety. *Psychophysiology*, **37**, 283-288.

Vrana, S. R., Spence, E. L., & Lang, P. J.　1988　The startle probe response: A new measure of emotion? *Journal of Abnormal Psychology*, **97**, 487-491.

Willemsen, G., Ring, C., Carroll, D., Evans, P., Clow, A., & Hucklebridge, F.　1998　Secretory immunoglobulin A and cardiovascular reactions to mental arithmetic and cold pressor. *Psychophysiology*, **35**, 252-259.

Willemsen, G., Ring, C., McKeever, S., & Carroll, D.　2000　Secretory immunoglobulin A and cardiovascular activity during mental arithmetic: effects of task difficulty and task order. *Biological Psychology*, **52**, 127-141.

Winkielman, P., Zajonc, R. B., & Schwarz, N.　1997　Subliminal affective priming resists attributional interventions. *Cognition and Emotion*, **11**, 433-465.

山田冨美雄　1991　注意とまばたき反射　田多英興・山田冨美雄・福田恭介(編)　まばたきの心理学　北大路書房　Pp.130-137.

文　献

山田冨美雄　1993　瞬目反射の先行刺激効果―その心理学的意義と応用　多賀出版
山田冨美雄　2001　感情評価のパラダイム：驚愕プローブパラダイム　生理心理学と精神生理学, **19**, 37-44.
山田冨美雄・宮田　洋・中川　正　1994　驚愕性瞬目反射プローブ法による環境音の快適性測定　第12回日本生理心理学会学術大会プログラム・予稿集, 35.
Young, E. A., & Nolen-Hoeksema, S. 2001 Effect of ruminations on the saliva cortisol response to a social stressor *Psychoneuroendocrinology*, **26**, 319-329.
Zajonc, R. B. 1980 Feeling and thinking: preferences need no inferences. *American Psychologist*, **35**, 151-175.
Zeier, H., Brauchli, P., & Joller-Jemelka, H. I. 1996 Effects of work demands on immunoglobulin A and cortisol in air traffic controllers. *Biological Psychology*, **42**, 413-423.

3 章

阿部満州・高石　昇　1968　顕在性不安検査(MAS)　三京房
Aiello, R.(Ed.) 1994 *Musical perceptions*. Oxford: Oxford University Press. 大串健吾(監訳) 1998 音楽の認知心理学　誠信書房
秋山　学・竹村和久　1994　不快感情と関与が意志決定過程に及ぼす影響　実験社会心理学研究, **34**, 58-68.
Beck, A. T., Steer, R. A., & Garbin, M. G. 1988 Psychometric properties of the Beck Depression Inventory: Twenty-five years of evaluation. *Clinical Psychology Review*, **8**, 77-100.
Beck, A. T., Ruch, A. J., Shaw, B. F., & Emery, G. 1979 *Cognitive therapy of depression*. New York: Guilford Press. 坂野雄二(監訳) 1992 うつ病の認知療法　岩崎学術出版社
Beck, A. T., Ward, C. H., Mendelson, M., Mock, J., & Erbaugh, J. 1961 An inventory for measuring depression. *Archives of General Psychiatry*, **4**, 561-571.
Blaney, P. H. 1986 Affect and memory: A review. *Psychological Bulletin*, **99**, 229-246.
Buchwald, A. M., Strack, S., & Coyne, J. C. 1981 Demand characteristics and the Velten mood induction procedure. *Journal of Consulting and Clinical Psychology*, **49**, 478-479.
Buck, R. 1980 Nonverbal behavior and the theory of emotion: The facial feedback hypothesis. *Journal of Personality and Social Psychology*, **38**, 811-824.
Burns, D. D., & Eidelson, R. J. 1998 Why are depression and anxiety correlated? A test of the tripartite model. *Journal of Counseling and Clinical Psychology*, **66**, 461-473.
Castaneda, A., McCandless, B. R., & Palermo, D. S. 1956 The children's form of the Manifest Anxiety Scale. *Child Development*, **27**, 317-326.
Clark, D. M. 1983 On the induction of depressed mood in the laboratory: Evaluation and comparison of the Velten and musical procedures. *Advances in Behavior Research and Therapy*, **5**, 27-49.
Clark, L. A., & Watson, D. 1990 Theoretical and empirical issues in differentiating depression from anxiety. In J. Becker, & A. Kleinman(Eds.), *Advances in mood disorders, Vol.1*. Hillsdale, N. J.: Lawrence Erlbaum Associates. Pp.???-???.
Coleman, R. E., & Miller, A. G. 1975 The relationship between depression and marital maladjustment in a clinic population: A multitrait-multi-method study. *Journal of Consulting and Clinical Psychology*, **43**, 647-651.
Cunningham, M. R., Steinberg, J., & Grev, R. 1980 Wanting to and having to help: Separate motivations for positive mood and guilt-induced helping. *Journal of Personality and Social Psychology*, **38**, 181-192.

DeBono, K. G. 1992 Pleasant scents and persuasion: An information processing approach. *Journal of Applied Social Psychology*, **22**, 910-919.
Dutton, D. G., & Aron, A. P. 1974 Some evidence for heightened sexual attraction under conditions of high anxiety. *Journal of Personality and Social Psychology*, **30**, 510-517.
D'Zurilla, T. J. 1965 Recall efficiency and mediating cognitive events in "experimental repression." *Journal of Personality and Social Psychology*, **1**, 253-257.
Ehrlichman, H., & Halpern, J. N. 1988 Affect and memory: Effects of pleasant and unpleasant odors on retrieval of happy and unhappy memories. *Journal of Personality and Social Psychology*, **55**, 769-779.
Eich, E., Kihlstorm, J. F., Bower, G. H., Forgas, J. P., & Niedenthal, P. M. 2000 *Cagnition and emotion*. Oxford University Press.
Eich, E., & Metcalfe, J. 1989 Mood dependent memory for internal versus external events. *Journal of Experimental Psychology: Learning, Memory, and Cognition*, **15**, 443-455.
Forgas, J. P. 1992 Affect in social judgments and decisions: A multiprocess model. In M. P. Zanna(Ed.), *Advances in experimental social psychology*. Vol.25. San Diego: Academic Press. Pp.227-275.
Friswell, R., & McConkey, K. M. 1989 *Hypnotically induced mood*. Cognition & Emotion, **3**, 1-26.
福田一彦・小林重雄 1973 自己評価式抑うつ性尺度の研究 精神神経学雑誌, **75**, 673-679.
福田一彦・小林重雄 1983 日本版SDS自己評価式抑うつ性尺度 Self-rating Depression Scale 使用手引き 三京房
Gerrards-Hesse, A., Spies, K., & Hesse, F. W. 1994 Experimental inductions of emotional states and their effectiveness: A review. *British Journal of Psychology*, **85**, 55-78.
Gotlib, I. H. 1984 Depression and general psychopathology in university students. *Journal of Abnormal Psychology*, **93**, 19-30.
Gross, J. J., & Levenson, R. W. 1995 Emotion elicitation using films. *Cognition & Emotion*, **9**, 87-108.
Hale, W. D., & Strickland, B. R. 1976 Induction of mood states and their effect on cognitive and social behavior. *Journal of Consulting and Clinical Psychology*, **44**, 155.
Hasher, L., Rose, K. C., Zacks, R. T., Sanft, H., & Doren, B. 1985 Mood, recall, and selectivity in normal college students. *Journal of Experimental Psychology : General*, **114**, 104-118.
畑山俊輝・Antonides G.・松岡和生・丸山欣哉 1994 アラウザルチェックリストから見た顔のマッサージの心理的緊張低減効果 応用心理学研究, **19**, 11-19.
林 潔 1988 学生の抑うつ傾向の検討 カウンセリング研究, **20**, 162-169.
林 潔・瀧本孝雄 1991 Beck Depression Inventory(1978年版)の検討とDepressionとSelf-efficacyとの関連についての一考察 白梅学園短期大学紀要, **27**, 43-52.
Heimstra, N. W., Ellingstad, V. S., & DeKock, A. R. 1967 Effects of operator mood on performance in a simulated driving task. *Perceptual and Motor Skill*, **25**, 729-735.
Hettena, C. M., & Ballif, B. L. 1981 Effects of mood on learning. *Journal of Educational Psychology*, **73**, 505-508.
肥田野直・福原眞知子・岩脇三良・曽我祥子・Spielberger, C. D. 2000 新版STAIマニュアル 実務教育出版
堀洋道・山本真理子・松井 豊(編) 1994 心理尺度ファイル―人間と社会を測る― 垣内出版
Hornstein, H. A., LaKind, E., Frankel, G., & Manne, S. 1975 Effects of knowledge about remote social events on prosocial behaviour, social conception, and mood. *Journal of Personality and Social Psychology*, **32**, 1038-1046.
Howarth, E., & Schokman-Gates, K-L. 1981 Self-report multiple mood instruments. *British Journal of*

文　献

Psychology, **72**, 421-441.
飯田　眞・須賀良一・森田昌宏・田中敏恒　1993　精神症状評価尺度　精神分裂病，躁うつ病の症状アセスメントを中心に　上里一郎　心理アセスメントハンドブック　西村書店　360-383.
池田謙一　1986　緊急時の情報処理　東京大学出版会
Isen, A. M.　1985　Asymmetry of happiness and sadness in effects of memory in normal college students: Comments on Hasher, Rose, Zacks, Sanft, and Doren. *Journal of Experimental Psychology: General*, **114**, 388-391.
Isen, A. M., & Daubman, K. A.　1984　The influence of affect on categorization. *Journal of Personality and Social Psychology*, **47**, 1206-1217.
Isen, A. M., & Levin, P. F.　1972　Effect of feeling good on helping: Cookies and kindness. *Journal of Personality and Social Psychology*, **21**, 384-388.
Isen, A. M., Daubman, K. A., & Nowicki, G. P.　1987　Positive affect facilitates creative problem solving. *Journal of Personality and Social Psychology*, **52**, 1122-1131.
板垣文彦・内藤佳津雄・巖島行雄　1994　気分チェックリスト日本語版の作成の試みとその応用　平成4，5年度文部省科学研究補助金（一般研究B）　研究成果報告書（研究代表者　大山　正）　認知と感情・情動：認知システムに及ぼす感情・情動の影響　1-17.
伊藤美加　2000　気分一致効果を巡る諸問題―気分状態と感情特性―　心理学評論，**43**, 368-386.
Izard, C. E.,　1991　*The psychology of emotions*. New York: Plenum Press.　荘厳舜哉（監訳）　比較発達研究会（訳）　1996　感情心理学　ナカニシヤ出版
Janis, I. L., & Feshbach, S.　1953　Effects of fear-arousing communications. *Journal of Abnormal and Social Psychology*, **48**, 78-92.
Johnson, M. H., & Magaro, P. A.　1987　Effects of mood and severity on memory processes in depression and mania. *Psychological Bulletin*, **101**, 28-40.
Katon, W., & Roy-Byrne, P. P.　1991　Mixed anxiety and depression. *Journal of Abnormal Psychology*, **100**, 337-345.
川口　潤　1991　感情の認知心理学的研究について　愛知県立芸術大学紀要，**20**, 13-27.
Kenealy, P. M.　1986　The Velten mood induction procedure: A methodological review. *Motivation & Emotion*, **10**, 315-335.
Kenealy, P. M.　1988　Validation of a music mood induction procedure: Some preliminary findings. *Cognition & Emotion*, **2**, 41-48.
Laird, J. D.　1984　The real role of facial response in the experience of emotion: A reply to Tourangeau and Ellsworth, and others. *Journal of Personality and Social Psychology*, **47**, 909-917.
Lambert, M. J., Hatch, D. R., Kingston, M. D., & Edwards, B. C.　1986　Zung, Beck, and Hamilton rating scales as measures of treatment outcome: A meta-analytic comparison. *Journal of Counseling and Clinical Psychology*, **54**, 54-59.
Larsen, R. J., & Sinnett, L. M.　1991　Meta-analysis of experimental manipulations: Some factors affecting the Velten mood induction procedure. *Personality and Social Psychology Bulletin*, **17**, 323-334.
Martin, L. L., & Clore, G. L.(Eds.)　2001　*Theories of mood and cognition: A user's quide book.*　Lawrence Erlbaum Associates.
Martin, M.　1990　On the induction of mood. *Clinical Psychology Review*, **10**, 669-697.
松田隆夫　1997　知覚と感情　海保博之（編）「温かい認知」の心理学　金子書房　Pp.37-52.
Mayer, J. D., & Gaschke, Y. N.　1988　The experience and meta-experience of mood. *Journal of Personality and Social Psychology*, **55**, 102-111.

Mayer, J. D., & Volanth, A. J. 1985 Cognitive involvement in the mood response system. *Motivation and Emotion*, **9**, 261-275.
Mayer, J. D., McCormick, L. J., & Strong, S. E. 1995 Mood-congruent memory and natural mood: New evidence. *Personality and Social Psychological Bulletin*, **21**, 736-746.
Mayer, J. D., Gayle, M., Meehan, M. E., & Haarman, A-K. 1990 Towards better specification of the mood-congruency effect in recall. *Journal of Experimental Social Psychology*, **26**, 465-480.
McNair, D. M., Lorr, M., & Droppleman, L. F. 1992 *Profile of Mood States*. San Diego: Educational and Industrial Testing Service.
水口公信・下仲順子・中里克治 1991 状態・特性不安検査 State-Trait Anxiety Inventory 使用手引き 三京房
Mogg, K., Bradley, B. P., Williams, R., & Mathews, A. 1993 Subliminal processing of emotional information in anxiety and depression. *Journal of Abnormal Psychology*, **102**, 304-311.
中村　均 1983 音楽の情動的性格の評定と音楽によって生じる情動の評定の関係　心理学研究, **54**, 54-57.
Natale, M. 1977a Effects of induced elation—depression on speech in the initial interview. *Journal of Counseling and Clinical Psychology*, **45**, 45-52.
Natale, M. 1977b Induction of mood states and their effect on gaze behaviors. *Journal of Counseling and Clinical Psychology*, **45**, 960.
Niedenthal, P. M., & Setterlund, M. B. 1994 Emotion congruence in perception. *Personality and Social Psychological Bulletin*, **20**, 401-411.
Nowlis, V. 1965 Research with the Mood Adjective Check List. In S. S. Tomkins & C. E. Izard(Eds.), *Affect, cognition, and personality*. New York: Springer. Pp.352-389.
Oatley, K., & Duncan, E. 1992 Incidents of emotion in daily life. In K. T. Strongman(Ed.), *International review of studies on emotion*. Vol.2. Chichester: Wiley.249-293.
Oatley, K., & Duncan, E. 1994 The experience of emotions in everyday life. *Cognition and Emotion*, **8**, 369-381.
小川時洋・門地里絵・菊谷麻美・鈴木直人 2000 一般感情尺度の作成　心理学研究, **71**, 241-246.
岡田圭二 1999 気分が潜在記憶に与える影響—鬱，不安，恐怖に焦点をあてて—　心理学評論, **42**, 466-486.
Philippot, P. 1993 Inducing and assessing differentiated emotion-feeling states in the laboratory. *Cognition and Emotion*, **7**, 171-193.
Pignatiello, M. F., Camp, C. J., & Rasar, L. A. 1986 Musical mood induction: An alternative to the Velten technique. *Journal of Abnormal Psychology*, **95**, 295-297.
Polivy, J., Doyle, C. 1980 Laboratory induction of mood states through the reading of self-referent mood statements: Affective changes or demand characteristics? *Journal of Abnormal Psychology*, **89**, 286-290.
Pyszczynski, T., Hamilton, J. C., Herring, F. H., & Greenberg, J. 1989 Depression, self-focused attention, and negative memory bias. *Journal of Personality and Social Psychology*, **57**, 351-357.
Radloff, L. S. 1977 The CES-D Scale: A self-report depression scale for research in the general population. *Applied Psychological Measurement*, **1**, 385-401.
Richards, R. 1994 Creativity and bipolar mood swings: Why the association? In M. P. Shaw & M. A. Runco(Eds.), *Creativity and affect*. Norwood: Ablex Publishing Corporation. Pp.44-72.
Richter, P., Werner, J., Heerlein, A., Kraus, A., & Sauer, H. 1998 On the validity of the Beck Depression Inventory. A review. *Psychopathology*, **31**, 160-168.

文　献

Rusting, C. L.　1998　Personality, mood, and cognitive processing of emotional information: Three conceptual frameworks. *Psychological Bulletin*, **124**, 165-196.
坂本竜生　1965　児童用不安尺度の構成　高知大学学術研究報告, **14**, 161-166.
坂本龍生　1989　児童用不安尺度(CMAS)使用手引き　三京房
Seibert, P. S., & Ellis, H. C.　1991　Irrelevant thoughts, emotional mood states, and cognitive task performance. *Memory and Cognition*, **19**, 507-513.
Singer, J. A., & Salovey, P.　1988　Mood and memory: Evaluating the network theory of affect. *Clinical Psychology Review*, **8**, 211-251.
島　悟・鹿野達男・北村俊則・浅井昌弘　1985　新しい抑うつ性自己評価尺度について　精神医学, **27**, 717-723.
清水秀美・今栄国晴　1981　STATE-TRAIT ANXIETY INVENTORYの日本語版(大学生用)の作成　教育心理学研究, **29**, 348-353.
曽我祥子　1983　日本語版STAIC標準化の研究　心理学研究, **54**, 215-221.
曽我祥子　1993　不安のアセスメント―MAS, STAI―　上里一郎(編)　心理アセスメントハンドブック　西村書店　Pp.339-359.
Spielberger, C. D., Gorsuch, R. L., & Lushene, R. E.　1970　*STAI Manual for the State-Trait Anxiety Inventory ("Self-Evaluation Questionnaire")*. California: Consulting Psychological Press.
Spielberger, C. D., Edwards, C. D., Lushene, R. E., Montuori, J., & Platzek, D.　1973　*STAIC Preliminary Manual for the State-Trait Anxiety Inventory for Children ("How I feel questionnaire")*. California: Consulting Psychological Press.
杉山善朗　1963　テイラー不安検査　井村恒郎(編)　臨床心理検査法　医学書院
高橋雅延　1996　記憶と感情の実験的研究の問題点　聖心女子大学論叢, **86**, 61-102.
高橋雅延　1997　悲しみの認知心理学　松井　豊(編)　悲嘆の心理　サイエンス社　Pp.52-82.
竹村和久　1997　思考・判断と感情　海保博之(編)　「温かい認知」の心理学　金子書房　Pp.77-97.
Tanaka-Matsumi, J., & Kameoka, V. A.　1986　Reliablities and concurrent validities of popular self-report measures of depression, anxiety, and social desiablitiy. *Journal of Counseling and Clinical Psychology*, **54**, 328-333.
谷口高士　1991　認知における気分一致効果と気分状態依存効果　心理学評論, **34**, 319-344.
谷口高士　1995a　音楽作品の感情価測定尺度の作成および多面的感情状態尺度との関連の検討　心理学研究, **65**, 463-470.
谷口高士　1995b　被験者の自然な気分の状態と性格形容語の再生成績との関連について　大阪学院大学人文自然論叢, **30**, 1-11.
谷口高士　1999　音楽と感情―音楽の感情価と聴取者の感情的反応に関する認知心理学的研究　北大路書房
Taylor, J. A.　1951　The relationship of anxiety to the conditioned eyelid response. *Journal of Experimental Psychology*, **41**, 81-92.
Taylor, J. A.　1953　A personality scale of manifest anxiety. *Journal of Abnormal and Social Psychology*, **48**, 285-290.
寺崎正治・岸本陽一・古賀愛人　1992　多面的感情状態尺度の作成　心理学研究, **62**, 350-356.
寺崎正治・古賀愛人・岸本陽一　1991　多面的感情状態尺度・短縮版の作成　日本心理学会第55回大会発表論文集, 435.
Thayer, R. E.　1967　Measurement of activation through self-report. *Psychological Reports*, **20**, 663-678.
Thayer, R. E.　1978a　Factor analytic and reliability studies on the activation-deactivation adjective check list. *Psychological Reports*, **42**, 747-756.

Thayer, R. E. 1978b Toward a psychological theory of multidimensional activation (arousal). *Motivation and Emotion*, 2, 1-34.
烏丸佐知子 2000 抑うつ傾向と自己注目が情報処理に及ぼす効果 教育心理学研究, ??, ???-???.
内山伊知郎・羽成隆司・後藤倬男・辻敬一郎 1994 映像刺激による感情喚起事態における諸反応の分析 日本心理学会第58回大会発表論文集, 939.
Velten, E. 1968 A laboratory task for induction of mood states. *Behavior Research and Therapy*, 6, 473-482.
Watson, D., Clark, L. A., & Tellegen, A. 1988 Development and validation of brief measures of positive and negative affect: The PANAS Scales. *Journal of Personality and Social Psychology*, 54, 1063-1070.
Wegener, D. T., & Petty, R. E. 1994 Mood management across affective states: The hedonic contingency hypothesis. *Journal of Personality and Social Psychology*, 66, 1034-1048.
Williams, J. M. G., Watts, F. N., MacLeod, C., & Mathews, A. 1997 *Cognitive psychology and emotional disorders*. 2nd ed. Chichester: Willey.
横山和仁・荒記俊一 1994 日本版POMS手引 金子書房
Zeller, A. F. 1950 An experimental analogue of repression: II. The effect of individual failure and success on memory measured by relearning. *Journal of Experimental Psychology*, 40, 411-422.
Zuckerman, M., Lubin, B., Vogel, L., & Valerius, E. 1964 Measurement of experimentally induced affects. *Journal of Consulting Psychology*, 28, 418-425.
Zung, W. W. K. 1965 A self-rating depression scale. *Archives of General Psychiatry*, 12, 63-70.

4 章

Arnold, M. B. 1960a *Emotion and personality: Vol.1. Psychological aspects*. New York: Columbia University Press.
Arnold, M. B. 1960b *Emotion and personality: Vol.2. Neurological and physiological aspects*. New York: Columbia University Press.
Averill, J. R. 1980 A constructivist view of emotion. In R. Plutchik & H. Kellerman(Eds.), *Emotion: Theory, research and experience, Vol.1*. New York: Academic Press. Pp.305-339.
Averill, J. R. 1990 Emotions in relation to systems of behavior. In N.L.Stein, B. Leventhal, & T. Trabasso(Eds.), *Psychological and biological approaches to emotion*. Hillsdale, NJ: Erlbaum. Pp.385-404.
Banaji, M. R. & Greenwald, A. G. 1995 Implicit Gender Stereotyping in Judgment of Fame. *Journal of Personality and Social Psychology*, 68, 181-198.
Bornstein, R. F. 1989 Exposure and affect: Overview and meta-analysis of research, 1968-1987. *Psychological Bulletin*, 106, 265-289.
Bornstein, R .F. & D'Agostino, P. R. 1992 Stimulus recognition and the mere exposure effect. *Journal of Personality and Social Psychology*, 63, 545-552.
Bornstein, R. F. & D'Agostino, P. R. 1994 The attribution and discounting of perceptual fluency: Preliminary tests of a perceptual fluency/attributional model of the mere exposure effect. *Social Cognition*, 12, 103-128.
Bower, G. H. 1981 Mood and memory. *American Psychologist*, 36, 129-148.
Bower, G. H. 1991 Mood congruity of social judgments. In J. P. Forgas(Ed.), *Emotion and social judgments*. Oxford: Pergamon Press. Pp.31-53.
Bower, G. H., Gilligan, S. G., & Monteiro, K. P. 1981 Selectivity of learning caused by affective states.

文　献

Journal of Experimental Psychology: General, **110**, 451-473.
Cannon, W. B.　1927　The James-Lange theory of emotions: A critical examination and an alternative theory. *American Journal of Psychology*, **39**, 106-124.
Cattell, R. B. & Scheier, I. H.　1961　*The meaning and measurement of neuroticism and anxiety.* New York: Ronald Press.
Darwin, C. R.　1872　*The expression of emotions in man and animals.* Chicago: University of Chicago Press.
Darwin, C. R.　1877　A biographical sketch of an infant. *Mind*, **2**, 286-294.
Duffy, E.　1962　*Activation and behavior.* New York: Wiley.
Ekman, P.　1984　Expression and the nature of emotion. In K. Scherer & P. Ekman(Eds.), *Approaches to emotion.* Hillsdale, NJ: Erlbaum. Pp.319-343.
Ekman, P.　1994　Strong evidence for universals in facial expressions: A reply to Russell's mistaken critique. *Psychological Bulletin*, **115**, 268-287.
Ekman, P. & Friesen, W. V.　1971　Constants across cultures in the face and emotion. *Journal of Personality and Social Psychology*, **17**, 124-129.
Ekman, P. & Friesen, W. V.　1975　Unmasking the face: A guide to recognizing emotions from facial cues. Englewood Cliffs, NJ: Prentice-Hall.　工藤　力（訳編）　1987　表情分析入門―表情に隠された意味をさぐる　誠信書房
Ekman, P. & Friesen, W. V., & Ellsworth, P. C.　1972　*Emotion in the human face.* New York: Pergamon Press.
Ekman, P. & O'Sullivan, M.　1987　The role of context in interpreting facial expression: Comment on Russell and Fehr. *Journal of Experimental Psychology: General*, **117**, 86-88.
Ekman, P., Friesen, W. V., O'Sullivan, M., Chan, A., Diacoyanni-Tarlatzis, I., Heider, K., Krause, R., LeCompte, W. A., Pitcairn, T., Ricc-Bitti, P. E., Scherer, K. R., Tomita, M., & Tzavaras, A.　1987　Universals and cultural differences in the judgments of facial expressions of emotion. *Journal of Personality and Social Psychology*, **53**, 712-717.
Ekman, P., O'Sullivan, M., & Matsumoto, D.　1991　Confusions about context in the judgment of facial expression: A reply to "The contempt expression and the relativity thesis." Motivation and Emotion, **15**, 169-176.
遠藤利彦　1996　情動の生物学的基盤を問う　土田昭司・竹村和久（編）　感情の行動・認知・生理―感情の社会心理学　誠信書房　Pp.1-27.
Engen, R., Levy, N., & Schlosberg, H.　1958　The dimensional analysis of a new series of facial expression. *Journal of Experimental Psychology*, **55**(5), 454-458.
Forgas, J. P.　1995　Mood and judgment: The affect infusion model(AIM). *Psychological Bulletin*, **117**, 39-66.
Fridlund, A. J.　1991　Evolution and facial action in reflex, social motives, and para-language. In P. K. Ackles, J. R. Jennings, & M. G. H. Coles(Eds.), *Advances in Psychophysiology.* London: Jessica Kingsley.
Fridlund, A. J.　1992　The behavioral ecology and sociality of human faces. In M. S. Clark(Ed), *Emotion: Review of Personality and Social Psychology, Vol.13.* Newbury Park, CA: Sage. Pp.90-121.
Fridlund, A. J.　1994　*Human facial expression: An evolutionary view.* San Diego: Academic Press.
Fridlund, A. J.　1997　The new ethology of human facial expressions. In J. A. Russell & J. M. Fernandez-Dols(Eds.), *The Psychology of Facial Expression.* Cambridge: Cambridge University Press. Pp.103-129.

Gargen, K. J. & Davis, K. E.　1985　*The social construction of the person*. New York: Springer-Verlag.
濱　治世・鈴木直人・濱　保久　2001　感情心理学への招待—情緒へのアプローチ—　サイエンス社
Harré, R.(Ed.)　1986　*The social construction of emotions*. Oxford: Blackwell.
Izard, C. E.　1971　*The face of emotion*. New York: Appleton-Century-Crofts.
Izard, C. E.　1977　*Human emotions*. New York: Plenum.
Jacoby, L. L. & Kelley, C. M.　1987　Unconscious influences of memory for a prior event. *Personality and Social Psychology Bulletin*, **13**, 314-336.
Jacoby, L. L., Kelley, C. M., Brown, J., & Jasenchko, J.　1989　Becoming famous overnight: Limits on the ability to avoid unconscious influences of the past. *Journal of Personality and Social Psychology*, **56**, 326-338.
Jacoby, L. L., Woloshyn, V., & Kelley, C. M.　1989　Becoming famous without being recognized: Unconscious influences of memory produced by dividing attention. *Journal of Experimental Psychology: General*, **118**, 115-125.
加藤和生　1998　認知と情動のからみ：「認知が先」か「情動が先」か　丸野俊一（編著）　心理学のなかの論争[1]認知心理学における論争　ナカニシヤ出版　Pp.55-82.
Kunst-Wilson, W. R. & Zajonc, R. B.　1980　Affective discrimination of stimuli that cannot be recognized. *Science*, **207**, 557-558.
Lazarus, R. S.　1966　*Psychological stress and the coping process*. New York: McGraw-Hill.
Lazarus, R. S.　1968　Emotions and adaptation: Conceptual and empirical relations. In W. J. Arnold(Ed.), *Nebraska Symposium on Motivation*. Lincoln: University of Nebraska Press. Pp.175-266.
Lazarus, R. S.　1982　Thoughts on the relations between emotion and cognition. *American Psychologist*, **37**, 1019-1024.
Lazarus, R. S.　1984　On the primacy of cognition. *American Psychologist*, **39**, 124-129.
Lazarus, R. S.　1991　*Emotion and Adaptation*. New York: Oxford University Press.
Lazarus, R. S. & Averill, J. R.　1972　Emotion and cognition: With special reference to anxiety. In C. D. Spielberger(Ed.), *Anxiety, : Current trends in theory and research, Vol.2*. San Diego: Academic Press. Pp.242-282.
Lazarus, R. S. & Opton, E. M., Jr.　1966　The study of psychological stress: A summary of theoretical formulations and experimental findings. In C. D. Spielberger(Ed.), *Anxiety and behavior*. New York: Academic Press. Pp.225-262.
Lazarus, R. S., Averill, J. R.,& Opton, E. M., Jr.　1970　Toward a cognitive theory of emotions. In M. B. Arnold(Ed.), *Feelings and emotions*. New York: Academic Press. Pp.207-232.
LeDoux, J. E.　1986　The neurobiology of emotion. In J. E. LeDoux & W. Hirst(Eds.), *Mind and Brain: Dialogues in cognitive neuroscience*. Cambridge: Cambridge University Press. Pp.301-354.
LeDoux, J. E.　1987　Emotion. In F. Plum & V. B. Mountcastle(Eds.), *Handbook of physiology*. The nervous system:Vol.5. Higher function. Washington, DC:American Psychological Association. Pp.419-459.
LeDoux, J. E.　1989　Cognitive-emotional interactions in the brain. *Cognition and Emotion*, **3**, 267-289.
Lindsley, D. B.　1957　Psychophysiology and motivation. In M. R. Jones(Ed.), *Nebraska Symposium on Motivation*. Lincoln:University of Nebraska Press. Pp.44-105.
Marshall, G. D. & Zimbardo, P. G.　1979　Affective consequences of inadequately explained physiological arousal. *Journal of Personality and Social Psychology*, **37**, 970-988
Maslach, C.　1979　Negative emotional biasing of unexplained arousal. *Journal of Personality and Social Psychology*, **37**, 953-969.

文　献

Moreland, R. L. & Zajonc, R. B.　1976　A strong test of exposure effects. *Journal of Experimental Social Psychology*, **12**, 170-179.
Moreland, R. L. & Zajonc, R. B.　1977　Is stimulus recognition a necessary condition for the occurrence of exposure effects? *Journal of Personality and Social Psychology*, **35**, 191-199.
Motley, M. T. & Camden, C. T.　1988　Facial expression of emotion: A comparison of posed expressions versus spontaneous expressions in an interpersonal communication setting. *Western Journal of Speech Communication*, **52**, 1-22.
Murphy, S. T. & Zajonc, R. B.　1993　Affect, cognition, and awareness: Affective priming with optimal and suboptimal stimulus exposures. *Journal of Personality and Social Psychology*, **64**, 723-739.
Ortony, A. & Turner, T. J.　1990　What's basic about basic emotions? *Psychological Review*, **97**, 315-331.
Papez, J.　1937　A proposed mechanism of emotion. *Archives of Neurology and Psychiatry*, **38**, 725-743.
Plutchik, R.　1962　*The emotions: Facts, theories, and a new model*. New York: Random House.
Plutchik, R.　1980　*Emotion: A psychoevolutionary synthesis*. New York: Harper and Row.
Plutchik, R.　1984　Emotions: A general psychoevolutionary theory. In K. Scherer & P. Ekman(Eds.), *Approaches to emotion*. Hillsdale, NJ: Erlbaum. Pp.197-220.
Russell, J. A.　1980　A circumplex model of affect. *Journal of Personality and Social Psychology*, **39**, 1161-1178.
Russell, J. A.　1983　Pancultural aspects of the human conceptual organization of emotions. *Journal of Personality and Social Psychology*, **45**, 1281-1288.
Russell, J. A.　1991a　The contempt expression and the relativity thesis. *Motivation and Emotion*, **15**, 149-168.
Russell, J. A.　1991b　Culture and the categorization of emotions. *Psychological Bulletin*, **110**, 426-450.
Russell, J. A.　1994　Is there universal recognition of emotion from facial expression? A review of the cross-cultural studies. *Psychological Bulletin*, **115**, 102-141.
Russell, J. A. & Fehr, B.　1987　Relativity in the perception of emotion in facial expression. *Journal of Experimental Psychology: General*, **116**, 223-237.
坂元　桂　2002　知覚的流暢性　山本眞理子・外山みどり・池上知子・遠藤由美・北村英哉・宮本聡介（編）　社会的認知ハンドブック　北大路書房　p.273.
Schachter, S.　1964　The interaction of cognitive and physiological determinants of emotional state. Berkowitz, L.(Ed.), *Advances in experimental social psychology*. New York: Academic Press. Pp.49-80.
Schachter, S.　1980　Non-psychological explanations of behavior. In L. Festinger(Ed.), *Retrospections on social psychology*. New York:Oxford University Press. Pp.131-157.
Schachter, S. & Singer, J.　1962　Cognitive, social, and physiological determinants of emotional state. *Psychological Review*, **69**, 379-399.
Schlosberg, H. S.　1941　A scale for judgment of facial expressions. *Journal of Experimental Psychology*, **29**, 497-510.
Schlosberg, H. S.　1952　The description of facial expressions in terms of two dimensions. *Journal of Experimental Psychology*, **44**, 229-237.
Schlosberg, H. S.　1954　Three dimensions of emotion. *Psychological Review*, **61**, 81-88.
Sedikides, C. & Green, J. D.　2001　Affective influences on the self-concept: Qualifying the mood-congruency principle. In J. P. Forgas (ed.) *Handbook of affect and social cognition, LEA*. Pp.145-160.
Smith, C. A. & Lazarus, R. S.　1993　Appraisal components, core relational themes, and the emotions. *Cognition and Emotion*, **7**, 233-269.
Spencer, H.　1890　*The principles of psychology, Vol.1*. New York: Academic Press.

Spielberger, C. D. 1966 Theory and research on anxiety. In. C. D. Spielberger(Ed.), *Anxiety and Behavior*. New York: Academic Press. Pp.3-22.

竹村和久 2001 感情アージ理論 山本眞理子・外山みどり・池上知子・遠藤由美・北村英哉・宮本聡介(編) 社会的認知ハンドブック 北大路書房 p.178-179.

Teasdale, J. D., & Barnard, P. J. 1993 *Affect, cognition, and change*. Hove: Lawrence Erlbaum Association.

Tellegen, A. 1985 Structures of mood and personality and their relevance to assessing anxiety, with an emphasis on self-report. In A. H. Tuma & J. D. Master(Eds.), *Anxiety and the anxiety disorders*. Hillsdale, NJ: Erlbaum. Pp.681-706.

戸田正直 1992 感情 東京大学出版会

Whittlesea, B. W. A. 1987 Preservation of specific experiences in the representation of general knowledge. *Journal of Experimental Psychology: Learning, Memory, & Cognition*, **13**, 3-17.

Whittlesea, B. W. A. 1993 Illusions of familiarity. *Journal of Experimental Psychology: Learning, Memory, & Cognition*, **19**, 1235-1253.

Wundt, W. 1896 *Grundriss der Psychologie*. Leipzig: Wilhelm Engelmann.

Wundt, W. 1910 *Grundzüge der physiologischen Psychologie, 6th ed.* Leipzig: Wilhelm Engelmann.

Zajonc, R. B. 1980 Feeling and Thinking: Preferences need no inferences. *American Psychologist*, **35**, 151-175.

Zajonc, R. B. 1984 On the Primacy of Affect. *American Psychologist*, **39**, 117-123.

Zajonc, R. B. 1985 Emotion and facial efference: A theory reclaimed. *Science*, **228**, 15-21.

Zajonc, R. B., Pietromonaco, P., & Bargh, J. 1982 Independence and interaction of affect and cognition. In M. S. Clark & S. T. Fiske(Eds.), *Affect and cognition: The Seventeenth Annual Carnegie Symposium on Cognition*. Hillsdale, NJ: Erlbaum. Pp.211-227.

5 章

Alba, J. W., & Hasher, L. 1983 Is memory schematic? *Psychological Bulletin*, **93**, 203-231.

Anderson, S. J., Cohen, G., & Taylor, S. 2000 Rewriting the past: Some factors affecting the variability of personal memories. *Applied Cognitive Psychology*, **14**, 435-454.

Belli, R. F. 1998 The structure of autobiographical memory and the event history calendar: Potential improvements in the quality of retrospective reports in surveys. *Memory*, **6**, 383-406.

Berntsen, D. 1996 Involuntary autobiographical memories. *Applied Cognitive Psychology*, **10**, 435-454.

Blaney, P. H. 1986 Affect and memory: A review. *Psychological Bulletin*, **99**, 229-246.

Bluck, S., & Li, K. Z. H. 2001 Predicting memory completeness and accuracy: Emotion and exposure in repeated autobiographical recall. *Applied Cognitive Psychology*, **15**, 145-158.

Bohannon, J. N., & Symons, V. L. 1992 Flashbulb memories: Confidence, consistency, and quantity. In E. Winograd & U. Neisser(Eds.), *Affect and accuracy in recall: Studies of "flashbulb" memories*. Cambridge: Cambridge University Press. Pp.65-91.

Bornstein, B. H., Liebel, L. M., & Scarberry, N. C. 1998 Repeated testing in eyewitness memory: A means to improve recall of a negative emotional event. *Applied Cognitive Psychology*, **12**, 119-131.

Bower, G. H. 1981 Mood and memory. *American Psychologist*, **36**, 129-148.

Bower, G. H. 1992 How might emotions affect learning? In S.-Å. Christianson(Ed.), *The handbook of emotion and memory: Reseach and theory*. Hillsdale, N. J.: Lawrence Erlbaum. Pp.3-31.

Bower, G. H., Gilligan, S. G., & Monteiro, K. P. 1981 Selectivity of learing caused by affective states.

文　献

Journal of Experimental Psychology: General, **110**, 451-473.
Bradley, B., & Mathews, A.　1983　Negative self-schemata in clinical depression. *British Journal of Clinical Psychology*, **22**, 173-181.
Bradley, B., & Mathews, A.　1988　Memory bias in recovered clinical depressives. *Cognition and Emotion*, **2**, 235-245.
Brewer, W. F.　1986　What is autobiographical memory? In D. C. Rubin(Ed.), *Autobiographical memory*. Cambridge: Cambridge University Press. Pp.25-49.
Brewer, W. F.　1988　Memory for randomly sampled autobiographical events. In U. Neisser & E.Winograd(Eds.), *Remembering reconsidered: Ecological and traditional approaches to the study of memory*. Cambridge: Cambridge University Press. Pp.21-90.
Brown, R., & Kulik, J.　1977　Flashbulb memories. *Cognition*, **5**, 73-99.
Burke, M., & Mathews, A.　1992　Autobiographical memory and clinical anxiety. *Cognition and Emotion*, **6**, 23-35.
Burt, C. D. B., Kemp, S., & Conway, M.　2001　What happens if you retest autobiographical memory 10 years on? *Memory and Cognition*, **29**, 127-136.
Cahill, L., Prins, B., Weber, M., & McGaugh, J. L.　1994　β-Adrenergic activation and memory for emotional events. *Nature*, **371**(No.6499), 702-704.
Christianson, S. -Å.　1992　Emotional stress and eyewitness memory: A critical review. *Psychological Bulletin*, **112**, 284-309.
Christianson, S. -Å., & Loftus, E. F.　1987　Memory for traumatic events. *Applied Cognitive Psychology*, **1**, 225-239.
Christianson, S. -Å., & Loftus, E. F.　1991　Remembering emotional events: The fate of detailed information. *Cognition and Emotion*, **5**, 81-108.
Christianson, S. -Å., Loftus, E. F., Hoffman, H., & Loftus, G. R.　1991　Eye fixations and memory for emotional events. *Journal of Experimental Psychology: Learing, Memory, and Cognition*, **17**, 693-701.
Clark, D. M., & Teasdale, J. D.　1982　Diurnal variation in clinical depression and accessibility of memories of positive and negative experiences. *Journal of Abnormal Psychology*, **91**, 87-95.
Clifford, B. R., & Scott, J.　1978　Individual and situational factors in eyewitness testimony. *Journal of Applied Psychology*, **63**, 352-359.
Cohen, G., Kiss, G., & Le Voi, M.　1993　*Memory: Current issues*. 2nd ed. Buckingham: Open University Press.
Conway, M. A., Anderson, S. J., Larsen, S. F., Donnelly, C. M., McDaniel, M. A., McClelland, A. G. R., Rawles, R. E., & Logie, R. H.　1994　The formation of flashbulb memories. *Memory and Cognition*, **22**, 326-343.
Conway, M. A., & Pleydell-Pearce, C. W.　2000　The construction of autobiographical memories in the self-memory system. *Psychological Review*, **107**, 261-288.
Conway, M .A., & Rubin, D. C.　1993　The structure of autobiographical memory. In A. F. Collins, S. E. Gathercole, M. A. Conway, & P. E. Morris(Eds.), *Theories of memory*. Hove: Lawrence Erlbaum. Pp.103-137.
Davis, P. J.　1987　Repression and the inaccessibility of affective memories. *Journal of Personality and Social Psychology*, **53**, 585-593.
Eich, J. E.　1980　The cue-dependent nature of state-dependent retrieval. *Memory and Cognition*, **8**, 157-173.
Eich, E., Macaulay, D., & Ryan, L.　1994　Mood dependent memory for events of the personal past.

Journal of Experimental Psychology: General, **123**, 201-215.
Ellis, H. C. & Ashbrook, P. W.　1988　Resource allocation model of the effects of depressed mood states on memory. In K. Fiedler & J. Forgas(Eds.), *Affect, cognition and Social Behavior.* Toronto: Hogrefe. Pp.25-43.
Finkenauer, C., Luminet, O., Gisle, L., El-Ahmadi, A., Linden, M., & Philippot, P.　1998　Flashbulb memories and the undrlying mechanisms of their formation: Toward an emotional-integrative model. *Memory and Cognition*, **26**, 516-531.
Friedman, W. J., & deWinstanley, P. A.　1998　Changes in the subjective properties of autobiographical memories with the passage of time. *Memory*, **6**, 367-381.
Gold, P. E.　1992　A proposed neurobiological basis for regulating memory storage for significant events. In E. Winograd & U. Neisser(Eds.), *Affect and accuracy in recall: Studies of "flashbulb" memories.* Cambridge: Cambridge University Press. Pp.141-161.
Hastie, R.　1984　Causes and effects of causal attribution. *Journal of Personality and Social Psychology*, **46**, 44-56.
Holmes, D. S.　1970　Differential change in affective intensity and the forgetting of unpleasant personal experinces. *Journal of Personality and Social Psychology*, **15**, 234-239.
堀内　孝　1998　自己知識と記銘材料の特質が自己関連づけ効果に及ぼす効果　実験社会心理学研究, **38**, 164-171.
神谷俊次　1996　記憶と感情―快・不快刺激の忘却―　(南山大学紀要アカデミア人文・社会科学編), **63**, 217-247.
神谷俊次　1997a　自伝的記憶の感情特性と再想起可能性　(南山大学紀要アカデミア自然科学・保健体育編), **6**, 1-11.
神谷俊次　1997b　レストルフ現象の感情喚起による解釈　感情心理学研究, **5**, 24-35.
神谷俊次　1998　会話内容の記憶に及ぼす感情喚起の効果　心理学研究, **69**, 376-383.
神谷俊次　2002a　自伝的記憶の保持に関する追跡的研究　アカデミア (南山大学紀要　人文・社会科学編), **74**, 269-290.
神谷俊次　2002b　感情的出来事に関するスキーマ依存的処理　感情心理学研究, **8**, 60-74.
神谷俊次　2002c　自伝的記憶の想起に及ぼす感情の影響　アカデミア (南山大学紀要　自然科学・保健体育編), **10**, 1-15.
川瀬隆千　1992　日常的記憶の検索に及ぼす感情の効果―検索手がかりの自己関係性について―　心理学研究, **63**, 85-91.
川瀬隆千　1996　感情と記憶　土井昭司・竹村和久(編)　感情と行動・認知・生理―感情の社会心理学　誠信書房　203-227.
Kenealy, P. M.　1997　Mood-state-dependent retrieval: The effects of induced mood on memory reconsidered. *Quarterly Journal of Experimental Psychology: Human Experimental Psychology*, **50A**, 290-317.
Kramer, T. H., Buckhout, R., & Eugenio, P.　1990　Wepon focus, arousal, and eyewitness memory: Attention must be paid. *Law and Human Behavior*, **14**, 167-184.
Kramer, T. H., Buckhout, R., Fox, P., Widman, E., & Tusche, B.　1991　Effects of stress on recall. *Applied Cognitive Psychology*, **5**, 483-488.
Kuyken, W., & Dalgleish, T.　1995　Autobiographical memory and depression. *British Journal of Clinical Psychology*, **34**, 89-92.
Levine, L. J., Prohaska, V., Burgess, S. L., Rice, J. A., & Laulhere, T. M.　2001　Remembering past emotions: The role of current appraisals. *Cognition and Emotion*, **15**, 393-417.

文　献

Linton, M.　1982 Transformation of memory in everyday life. In U. Neisser(Ed.), *Memory observed: Remembering in natural contexts*. San Francisco: Freeman. Pp.77-91.　富田達彦(訳)　1988　観察された記憶：自然場面での想起　誠信書房
Loftus, E. F. & Burns, T. E.　1982　Mental shock can produce retrograde amnesia. *Memory and Cognition*, **10**, 318-323.
Loftus, E. F., Loftus, G. R., & Messo, J.　1987　Some facts about "weapon focus." *Law and Human Behavior*, **11**, 55-62.
Lyubomirsky, S., Caldwell, N. D., & Nolen-Hoeksema, S.　1998　Effects of ruminative and distracting responses to depressed mood on retrieval of autobiographical memories. *Journal of Personality and Social Psychology*, **75**, 166-177.
MacLeod, A. K., Tata, P., Kentish, J., & Jacobsen, H.　1997　Retrospective and prospective cognitions in anxiety and depression. *Cognition and Emotion*, **11**, 467-479.
Mathews, A., & MacLeod, C.　1994　Cognitive approaches to emotion and emotional disorders. *Annual Review of Psychology*, **45**, 25-50.
McCloskey, M., Wible, C. G., & Cohen, N. J.　1988　Is there a special flashbulb-memory mechanism? *Journal of Experimental Psychology: General*, **117**, 171-181.
Meltzer, H.　1930　Individual differences in forgetting pleasant and unplesant experiences. *Journal of Educational Psychology*, **21**, 399-409.
Migueles, M., & Garcia-Bajos, E.　1999　Recall, recognition, and confidence patterns in eyewitness testimony. *Applied Cognitive Psychology*, **13**, 257-268.
Natale, M., & Hantas, M.　1982　Effect of temporary mood states on selective memory about the self. *Joural of Personality and Social Psychology*, **42**, 927-934.
Neisser, U.　1978　Memory: What are the important questions? In M. M. Gruneberg, P. E. Morris, & R. N. Skykes(Eds.), *Practical aspects of memory*. New York: Academic Press. Pp.3-24.　富田達彦(訳)　1988　観察された記憶：自然場面での想起　誠信書房
Neisser, U.　1982　Snapshots or benchmarks? In U. Neisser(Ed.), *Memory observed: Remembering in natural contexts*. San Francisco: Freeman. Pp.43-48.　富田達彦(訳)　1988　観察された記憶：自然場面での想起　誠信書房
Neisser, U., & Harsch, N.　1992　Phantom flashbulbs: False recollections of hearing the news about Challenger. In E. Winograd & U. Neisser(Eds.), *Affect and accuracy in recall: Studies of "flashbulb" memories*. Cambridge: Cambridge University Press. Pp.9-31.
越智啓太　1997　目撃者によるストレスフルイベントの記憶—仮説の統合をめざして—　犯罪心理学研究, **35**, 49-65.
太田信夫　1988　エピソード記憶　太田信夫(編)エピソード記憶論　誠信書房　Pp.1-25.
大橋靖史　1996　地震前兆現象を想起する：阪神淡路大震災の場合　佐々木正人(編)　想起のフィールド　新曜社　Pp.69-103.
Parrott, W. G., & Sabini, J.　1990　Mood and memory under natural conditions: Evidence for mood incongruent recall. *Journal of Personality and Socail Psychology*, **59**, 321-336.
Pyszczynski, T., Hamilton, J. C., Herring, F. H., & Greenberg, J.　1989　Depression, self-focused attention, and the negative memory bias. *Journal of Personality and Social Psychology*, **57**, 351-357.
Rapaport, D.　1942　*Emotions and memory*. Baltimore: Williams & Wilkins. (Republished without modification in 1950)
Richards, A., & Whittaker, T. M.　1990　Effects of anxiety and mood manipulation in autobiographical memory. *British Journal of Clinical Psychology*, **29**, 145-153.

Robinson, J. A. 1980 Affect and retrieval of personal memories. *Motivation and Emotion*, **4**, 149-174.

Salovey, P., & Singer, J. A. 1989 Mood congruency effects in recall of childhood versus recent memories. In D. Kuiken(Ed.), *Mood and memory: Theory, research and applications*. Newbury Park: Sage. Pp.99-120.

佐藤浩一 1998 「自伝的記憶」研究に求められる視点 群馬大学教育学部紀要（人文・社会科学編），**47**, 599-618.

Smith, S. M., & Petty, R. E. 1995 Personality moderators of mood congruency effects on cognition: The role of self-esteem and negative mood regulation. *Journal of Personality and Social Psychology*, **68**, 1092-1107.

Steckle, L. C. 1945 Again — affect and recall. *Journal of Social Psychology*, **22**, 103-106.

Swales, M. A., Williams, J. M. G., & Wood, P. 2001 Specificity of autobiographical memory and mood disturbance in adolescents. *Cognition and Emotion*, **15**, 321-331.

多田美香里 1998 過去経験の日常的想起における気分の影響 感情心理学研究, **5**, 61-69.

高木光太郎 1990 何のための記憶か—フラッシュバルブメモリーの機能論— 佐伯胖・佐々木正人（編） アクティブ・マインド—人間は動きの中で考える 東京大学出版会 Pp.141-170.

高橋雅延 1997 悲しみの認知心理学—気分と記憶の関係 松井 豊（編） 悲嘆の心理 サイエンス社 Pp.52-82.

谷口高士 1991 認知における気分一致効果と気分状態依存効果 心理学評論, **34**, 319-344.

Teasdale, J. D., & Fogarty, S. J. 1979 Differential effects of induced mood on retrieval of pleasant and unpleasant events from episodic memory. *Journal of Abnormal Psychology*, **88**, 248-257.

Thompson, C. P. 1985 Meomry for unique personl events: Effect of pleasantness. *Motivation and Emotion*, **9**, 277-289.

富山尚子 1999 文作成時の気分の影響—気分一致効果と気分不一致効果— 心理学研究, **69**, 441-448.

筒井美加 1997 自己関連語における気分一致効果 心理学研究, **68**, 25-32.

Turner, R. H., & Barlow, J. A. 1951 Memory for pleasant and unpleasant experiences: Some methodological considerations. *Journal of Experimental Psychology*, **42**, 189-196.

Wagenaar, W. A. 1986 My memory: A study of autobiographical memory over six years. *Cognitive Psychology*, **18**, 225-252.

Wagenaar, W. A. 1994 Is memory self-serving? In U. Neisser & R. Fivush(Eds.), *The remembering self: Construction and accuracy in the self-narrative*. Cambridge: Cambridge University Press. Pp.191-204.

若林明雄 1999 自伝的記憶の構造と特徴に関する基礎的検討—自伝的記憶の個人差アプローチへの序論— 上越教育大学研究紀要, **18**, 827-851.

Waldfogel, S. 1948 The frequency and affective character of childhood memories. *Psychological Monographs*, **62**, Whole No.291.

Walker, W. R., Vogl, R. J., & Thompson, C. P. 1997 Autobiographical memory: Unpleasantness fades faster than pleasantness over time. *Applied Cognitive Psychology*, **11**, 399-413.

Waters, R. H., & Leeper, R. 1936 The relation of affective tone to the retention of experiences of daily life. *Journal of Experimental Psychology*, **19**, 203-215.

Williams, J. M. G., & Broadbent, K. 1986 Autobiographical memory in suicide attempters. *Journal of Abnormal Psychology*, **95**, 144-149.

Wright, D. B., Gaskell, G. D., & O'Muircheartaigh, C. A. 1998 Flashbulb memory assumptions: Using national surveys to explore cognitive phenomena. *British Journal of Psychology*, **89**, 103-121.

Yuille, J. C., & Cutshall, J. L. 1986 A case study of eyewitness memory of a crime. *Journal of Applied Psychology*, **71**, 291-301.

文　献

6 章

Bever, T. G., & Chiarello, R. J.　1974　Cerebral dominance in musicians and nonmusicians. *Science*, **185**, 137-139.
Bradshaw, J. L., & Sherlock, D.　1983　Bugs and faces in the two visual fields: the analytic / holistic processing dichotomy and task sequencing. *Cortex*, **18**, 211-226.
Bryden, M. P., Ley, R. G., & Sugarman, J. H.　1982　A left-ear advantage for identifying the emotional quality of tonal sequences. *Neuropsychologia*, **20**, 83-87.
Burton, A., Morton, N., & Abbess, S.　1989　Mode of processing and hemisphere differences in the judgement of musical stimuli. *British Journal of Psychology*, **80**, 169-180.
Clark, D. M., & Teasdale, J. D.　1985　Constraints on the effects of mood on memory. *Journal of Personality and Social Psychology*, **48**, 1595-1608.
Clark, D. M., Teasdale, J. D., Broadbent, D. E., & Martin, M.　1983　Effect of mood on lexical decisions. *Bulletin of the Psychonomic Society*, **21**, 175-178.
Cohen, G.　1973　Hemispheric differences in serial versus parallel processing. *Journal of Experimental Psychology*, **94**, 139-142.
Davidson, R. J. & Fox, N. A.　1982　Asymmetrical brain activity discriminates between positive versus negative affective stimuli in human infants. *Science*, **218**, 1235-1237.
Davidson, R. J. & Schwartz, G. E.　1977　The influence of musical training on patterns of EEG asymmetry during musical and non-musical self-generation tasks. *Psychophysiology*, **14**, 58-63.
Eich, E., & Metcalfe, J.　1989　Mood dependent memory for internal versus external events. *Journal of Experimental Psychology: Learning, Memory, and Cognition*, **15**, 443-455.
Bonny, H. L.　1993　The role of taped music programs in the GIM process. Bonny Foundation.　師井和子（訳）1998　GIMにおける音楽プログラムの役割　音楽之友社
Gainotti, G.　1972　Emotional behavior and hemispheric side of lesion. *Cortex*, **8**, 41-55.
堀　哲郎　1991　脳と情動――感情のメカニズム　共立出版
稲田雅美　2000　音楽療法　谷口高士（編）　音は心の中で音楽になる　北大路書房
岩城達也・林　光緒・堀　忠雄　1994　音楽の覚醒調整効果に関する精神生理学的検討　広島大学総合科学部紀要IV理系編, **20**, 197-206.
岩城達也・塚本真紀・岩永　誠　1998　音楽の反復聴取が覚醒水準に及ぼす影響　音楽知覚認知研究, **4**, 1-9.
菊池　聡　1989　情報処理様式モデルの観点からみた大脳半球優位性と個人差の検討　京都大学教育学部修士論文（未公刊）
Kimura, D.　1964　Left-right differences in the perception of melodies. *Quarterly Journal of Experimental Psychology*, **14**, 355-358.
Kolb, B. & Whishaw, I.　1990　*I. Q. fundamentals of human neuropsychology*, 3rd ed.　New York: W. H. Freeman.
Lee, V.　1932　*Music and its Lovers*.　Swanwick, K.　1992　Music, mind, and education. Routledge.より引用
三雲真理子・梅本堯夫　1991　大脳半球機能差に及ぼす音楽的熟練度の効果　―メロディ及び和音を刺激として―　発達研究, **7**, 167-179.
Milner, B.　1962　Laterality effects in audition. In V. B. Mountcastle(Ed.), *Interhemispheric relations and cerebral dominance*. Bertimore: Johns Hopkins. Pp.177-195.
村井靖児　1995　音楽療法の基礎　音楽之友社

武者利光　1998　ゆらぎの発想〜1/fゆらぎの謎にせまる　日本放送出版協会
Peretz, I., & Babai, M　1992　The role of contour and intervals in the recognition of melody parts: Evidence from cerebral asymmetries in musicians. *Neuropsychologia*, **30**, 277-292.
Peretz, I.　1990　Processing of Local and Global Musical Information by Unilateral Brain-damaged Patients. *Brain*, **113**, 1185-1205.
Peretz, I.　1993　Auditory atonalia for melodies. *Cognitive Neuropsychology*, **10**, 21-56.
Petsche, H., Richter, P., & Filz, O.　1995　EEG in music psychological studies. In R. Steinberg(Ed.), *Music and the mind machine*. Springer-Verlag. Pp.205-214.
Sperry, R. W., Gazzaniga, M. S., & Bogen, J. E.　1969　Interhemispheric relationships; the neocortical commissures; syndromes of hemisphere disconnections. In P. S. Vilden, & G. W. Bryn(Eds.), *Handbook of clinical neurology*, 4. North Holland Publishng Company.
Springer, S. P. & Deutsch, G.　1989　*Left brain, right brain, 3rd ed.* New York:W. H. Freeman.
Strauss. E, & Moscovitch, M.　1981　*Brain and Language*, **13**, 308-332.
谷口高士　1991a　音楽の理解と大脳半球機能差　京都大学教育学部紀要, **37**, 268-278.
谷口高士　1991b　言語課題遂行時の音楽による気分一致効果について　心理学研究, **62**, 88-95.
谷口高士　1995　音楽聴取によって生じる気分と絵画の印象評価　大阪学院大学人文自然論叢, **31**, 61-67.
谷口高士(編著)　2000　音は心の中で音楽になる　音楽心理学への招待　北大路書房
Zack, M.　1951　The effect of music on drawing. Unpublished Manuscript. cited from Gaston, E. T.(Ed.) 1968　*Music in therapy*. New York: Macmillan.
Zatorre, R. J.　1979　Recognition of dichotic melodies by musicians and non-musicians. *Neuropsychologia*, **17**, 607-617.
Zatorre, R. J. & Halpern, A. R.　1993　Effect of unilateral temporal-lobe excision on perception and imagery of songs. *Neuropsychologia*, **31**, 221-232.

7 章

Andersen, S. M. & Baum, A.　1994　Transference in interpersonal relations: Inferences and affect based on significant-others. *Journal of Personality*, **62**, 459-497.
Andersen, S. M. & Glassman, N. S.　1996　Responding to significant others when they are not there: Effects on interpersonal inference, motivation, and affect. In R. M. Sorrentino & E. T. Higgins(Eds.), *Handbook of motivation and cognition*. Volume3. New York: Guilford Press. Pp.262-321.
Andersen, S. M., Reznik, I., & Manzella, L. M.　1996　Eliciting facial affect, motivation, and expectancies in transference: Significant-other representations in social relations. *Journal of Personality and Social Psychology*, **71**, 1108-1129.
Anderson, N. H.　1974　Information integration: A brief survey. In D. H. Krantz, R. C. Atkinson, R. D. Luce, & P. Suppes(Eds.), *Contemporary developments in mathematical psychology*. Vol.2. San Francisco: W. H. Freeman. Pp.236-305.
Anderson, N. H.　1981　*Foundations of information integration theory*. New York: Academic Press.
Baldwin, M. W.　1992　Relational schema and the processing of social information. *Psychological Bulletin*, **112**, 461-484.
Baldwin, M. W., Keelan, J. P. R., Fehr, B., Enns, V., & Koth-Rangarajoo, E.　1996　Social cognitive conceptualization of attachment working models: Availability and accessibility effects. *Journal of Personality and Social Psychology*, **71**, 94-104.

文　　献

Bargh, J. A.　1990　Auto-motives: Preconscious determinants of social interaction. In E. T. Higgins & R. M. Sorrentino(Eds.), *Handbook of motivation and cognition: Foundations of social behavior.* Volume2. New York: Guilford Press. Pp.93-130.

Bargh, J. A., & Barndollar, K.　1996　Automaticity in action: The unconscious as repository of chronic goals and motives. In P. M. Gollwitzer, & J. A. Bargh(Eds.), *The psychology of action: Linking cognition and motivation to behavior.* New York: Guilford Press. Pp.457-481.

Bargh, J. A., & Gollwitzer, P. M.　1994　Environmental control of goal-directed action: Automatic and strategic contingencies between situations and behavior. In W. D. Spaulding(Ed.), *Integrative views of motivation, cognition, and emotion: Volume 41 of the Nebraska symposium on motivation.* University of Nebraska Press. Pp.71-124.

Bargh, J. A., Raymond, P., Pryor, J. B., & Strack, F.　1995　Attractiveness of the underling: An automatic power → sex association and its consequences for sexual harassment and aggression. *Journal of Personality and Social Psychology,* **68**, 768-781.

Birnbaum, M. H., & Mellers, B. A.　1979　Stimulus recognition may mediate exposure effects. *Journal of Personality and Social Psychology,* **37**, 391-394.

Bornstein, R. F.　1989　Exposure and affect: Overview and meta-analysis of research, 1968-1987. *Psychological Bulletin,* **106**, 265-289.

Bornstein, R. F., & D'Agostino, P. R.　1992　Stimulus recognition and the mere exposure effect. *Journal of Personality and Social Psychology,* **63**, 545-552.

Bornstein, R. F., & D'Agostino, P. R.　1994　The attribution and discounting of perceptual fluency: Preliminary tests of a perceptual fluency/attributional model of the mere exposure effect. *Social Cognition,* **12**, 103-128.

Bornstein, R. F., Leone, D. R., & Galley, D. J.　1987　The generalizability of subliminal mere exposure effects: Influence of stimuli perceived without awareness on social behavior. *Journal of Personality and Social Psychology,* **53**, 1070-1079.

Bowlby, J.　1969　*Attachment and loss,Vol.1.* Attachment. The Hogarth Press.　黒田実郎・大羽　秦・岡田洋子(訳)　1976　母子関係の理論Ⅰ：愛着行動　岩崎学術出版社

Clore, G. L., Schwarz, N., & Conway, M.　1994　Affective causes and consequences of social information processing. In R. S. Wyer, Jr. & T. K. Srull(Eds.), *Handbook of social cognition,* Volume 1: Basic Processes. Hillsdale, N. J: Erlbaum. Pp.323-417.

Dutton, D. G. & Aron, A. P.　1974　Some evidence for heightened sexual attraction under conditions of high anxiety. *Journal of Personality and Social Psychology,* **30**, 510-517.

Fazio, R. H.　1995　Attitudes as object-evaluation associations: Determinants,consequences,and correlates of attitude accessibility. In R. E. Petty & J. A. Krosnick(Eds.), *Attitude strength: Antecedents and consequences.* Hillsdale, N. J.: Erlbaum. Pp.247-282.

Fazio, R. H., Jackson, J. R., Dunton, B. C., & Williams, C. J.　1995　Variability in automatic activation as an obtrusive measure of racial attitudes: A bona fide pipeline? *Journal of Personality and Social Psychology,* **69**, 1013-1027.

Fazio, R. H., Sanbonmatsu, D. M., Powell, M. C., & Kardes, F. R.　1986　On the automatic activation of attitudes. *Journal of Personality and Social Psychology,* **50**, 229-238.

Ferguson, T. J., Rule, B. G., & Carlston, D.　1983　Memory for personally relevant information. *Journal of Personality and Social Psychology,* **44**, 251-246.

Fiske, S. T.　1982　Schema-triggered affect: Applications to social perception. In M. S. Clark & S. T. Fiske(Eds.), *Affect and cognition: The 17th Annual Carnegie Symposium on Cognition.* Hillsdale, N. J.:

Erlbaum. Pp.55-78.

Fiske, S. T., & Pavelchak, M. A. 1986 Category-based versus piecemeal-based affective responses: Developments in schema-triggered affect. In R. M. Sorrentino, & E. T. Higgins(Eds.), *Handbook of motivation and cognition:Foundations of social behavior*. New York: Guilford Press. Pp.167-203.

Fiske, S. T., Milberg, S. J., Destefano, T, T., & Maffet, S. 1980 *Schema and affect in political person perception*. Unpublished manuscript, Carnegie-Mellon University. (Cited in Fiske, 1982).

Frijda, N. H. 1988 The laws of emotion. *American Psychologist*, **43**, 349-358.

Hazan, C. & Shaver, P. R. 1987 Romantic love conceptualized as an attachment process. *Journal of Personality and Social Psychology*, **52**, 511-524.

Hinkley, K. & Andersen, S. M. 1996 The working self-concept in transference: Significant-other activation and self change. *Journal of Personality and Social Psychology*, **71**, 1279-1295.

Ikegami, T. 1986 The role of affect in person memory: The influence of positive and negative affect upon recognition memory. *Japanese Psychological Research*, **28**, 154-159.

Ikegami, T. 1989 The organizing process of information and the role of affect in person memory. *Japanese Psychological Research*, **31**, 69-79.

池上知子 1991 対人好悪の感情が情報の体制化に及ぼす影響 愛知教育大学研究報告第40輯(教育科学), 155-169.

池上知子 1996a 対人記憶に及ぼす期待効果の非対称性 愛知教育大学研究報告第45輯(教育科学), 73-79.

池上知子 1996b 対人認知の心的機構―ポスト認知モデルへの提言― 風間書房

池上知子 1999 社会的適応システムとしての潜在記憶―社会心理学的アプローチによる潜在記憶研究― 心理学評論, **42**, 243-256.

池上知子 2000 感情の自動性と表情 心理学評論, **43**, 320-330.

池上知子・遠藤由美 1998 グラフィック社会心理学 サイエンス社

Jacoby, L. L., & Kelly, C. M. 1987 Unconscious influences of memory for a prior event. *Personality and Social Psychology Bulletin*, **13**, 314-336.

Karasawa, K. 1995 Cognitive antecedents of emotions: Findings and future directions. *Japanese Psychological Research*, **37**, 40-55.

唐澤かおり 1996 認知的感情理論―感情生起に関わる認知的評価次元について― 土田昭司・竹村和久(編) 感情と行動・認知・生理 誠信書房 Pp.55-78.

Keenan, J. M., & Baillet, S. D. 1980 Memory for personally and socially significant events. In R. S. Nickerson(Ed.), *Attention and performance. VII*. Hillsdale, N. J.: Elrbaum. Pp.651-669.

北山 忍 1998 自己と感情―文化心理学による問いかけ― 共立出版

北山 忍・唐澤真弓 1996 感情の文化心理学 佐々木正美・湯川隆子・橋口英俊・内田伸子・稲垣佳世子・高橋惠子(編) 児童心理学の進歩 Vol.35 金子書房 Pp.271-301.

Kitayama, S., Markus, H. R., & Matsumoto, H. 1995 Culture, self, and emotion: A cultural perspective on "self-conscious" emotions. In J. P. Tangney, & Fischer, K. W.(Eds.), *Self-conscious emotions: The psychology of shame, guilt, embarrassment, and pride*. New York: Guilford Press. Pp.439-464.

Klein, S. B., Loftus, J., & Burton, H. A. 1989 Two self-reference effects: The importance of distinguishing between self-descriptiveness judgments and autobiographical retrieval in self-referent encoding. *Journal of Personality and Social Psychology*, **56**, 853-865.

Kunst-Wilson, W. R., & Zajonc, R. B. 1980 Affective discrimination of stimuli that cannot be recognized. *Science*, **207**, 557-558.

Lewicki, P. L. 1985 Nonconscious biasing effects of single instances on subsequent judgments.

文　献

Journal of Personality and Social Psychology, **48**, 563-574.

Macrae, C. N., Bodenhausen, G. V., Milne, A. B., & Jetten, J.　1994　Out of mind but back in sight: Stereotypes on the rebound. *Journal of Personality and Social Psychology*, **67**, 808-817.

Matlin, M. & Stang, D.　1978　*Pollyanna principle: Selectivity in language, memory, and thought*. Schenkman publishing company.

Miller, A. D., & Bieri, J.　1965　Cognitive complexity as a function of the stimulus objects being judged. *Psychological Report*, **16**, 1203-1204.

Moreland, R. L. & Beach, S. R.　1992　Exposure effects in the classroom: The development of affinity among students. *Journal of Experimental Social Psychology*, **28**, 255-276.

Moreland, R. L., & Zajonc, R. B.　1977　Is stimulus recognition a necessary condition for the occurrence of exposure effects? *Journal of Personality and Social Psychology*, **35**, 191-199.

Moreland, R. L., & Zajonc, R. B.　1979　Exposure effects may not depend on stimulus recognition. *Journal of Personality and Social Psychology*, **37**, 1085-1089.

中村雅彦　1996　対人関係と魅力　大坊郁夫・奥田秀宇（編）　親密な対人関係の科学　誠信書房　Pp.23-57.

Pennebaker, J. W.　1997　*Opening up: The healing Power of expressing emotions*. New York: Guilford Press.　余語真夫（監訳）　2000　オープニングアップ―秘密の告白と心身の健康―　北大路書房

Perlman, D. & Oskamp, S.　1971　The effects of picture content and exposure frequency on evaluations of negros and whites. *Journal of Experimental Social Psychology*, **7**, 503-514.

大淵憲一　1993　人を傷つける心―攻撃性の社会心理学―　サイエンス社

Ortony, A., Clore, G, L., & Collins, A.　1988　*The cognitive structure of emotions*. New York: Cambridge University Press.

Reisenzein, R., & Hofmann, T.　1990 An investigation of dimensions of cognitive appraisal in emotion using the Repertory Grid Technique. *Motivation and Emotion*, **14**, 1-26.

Rogers, T. B., Kuiper, N. A., & Kirker, W. S.　1977　Self-reference and the encoding of personal information. *Journal of Personality and Social Psychology*, **35**, 677-688.

Roseman, I. J.　1984　Cognitive determinants of emotion: A structural theory. In P. Shaver(Ed.), *Review of personality and social psychology, Vol.5*. Emotion, relationships and health. Newbury Park, C. A.: Sage. Pp.11-36.

Roseman, I. J.　1991　Appraisal determinants of discrete emotions. *Cognition and Emotion*, **5**, 161-200.

Rudman, L., & Borgida, E.　1995　The afterglow of construct accessibility: The behavioral consequences of priming men to view women as sexual objects. *Journal of Experimental Social Psychology*, **31**, 493-517.

Saegert, S., Swap, W, & Zajonc, R. B.　1973　Exposure, context, and interpersonal attraction. *Journal of Personality and Social Psychology*, **25**, 234-242.

Schacter, D. L.　1987　Implicit memory: History and current status. *Journal of Experimental Psychology: Learning, Memory, and Cognition*, **13**, 501-518.

Sharpsteen, D. J. & Kirkpatrick, L. A.　1997　Romantic jealousy and adult romantic attachment. *Journal of Personality and Social Psychology*, **72**, 627-640.

Taylor, S. E. & Brown, J. D.　1988　Illusions and well-being: A social psychological perspective on mental health. *Psychological Bulletin*, **103**. 193-210.

Tedeschi, J. T., & Nelson, M.　1993　Grievances: Development and reactions. In R. B. Felson & J. T. Tedeschi(Eds.), *Aggression and violence: A social interactionist perspective*. Washington, D.C.: American Psychological Association.

Wegner, D. M. 1992 You can't always think what you want: Problems in the suppression of unwanted thoughts. In M. P. Zanna(Ed.), *Advances in experimental social psychology*. Vol.25. San Diego, C.A.: Academic Press. Pp.193-225.

Wegner, D. M. 1994 Ironic processes of mental control. *Psychological Review*, **101**, 34-52.

Wegner, D. M., & Gold, D. B. 1995 Fanning old flames:Emotional and cognitive effects of suppressing thoughts of a past relationship. *Journal of Personality and Social Psychology*, **68**, 782-792.

Weiner, B. 1980 A cognitive (attributional) - emotion - action model of motivated behavior: An analysis of judgments of helping-giving. *Journal of Personality and Social Psychology*, **39**, 186-200.

Weiner, B. 1986 *An attributional theory of motivation and emotion*. New York: Springer-Verlag.

White, G. L., Fishbein, S., & Rustein, J. 1981 Passionate love and the misattribution of arousal. *Journal of Personality and Social Psychology*, **41**, 56-62.

Zajonc, R. B. 1968 Attitudinal effects of mere exposure. *Journal of Personality and Social Psychology Monograph Supplement*, Part.2, 1-29.

8 章

Aderman, D. & Berkowitz, L. 1970 Observational set, empathy,and helping. *Journal of Personality and Social Psychology*, **14**, 141-148.

Apsler, R. 1975 Effect of embarrassment on behavior toward others. *Journal of Personality and Social Psychology*, **32**(1), 145-153.

Archer, R. L., Davis-Loving, R., Gollwitzer, P. M., Davis, M. H. & Foushee, H. C. 1981 The role of dispositional empathy and social evaluation in the empathic mediation of helping. *Journal of Personality and Social Psychology*, **40**, 786-796.

Aronfreed, J. 1970 The socialization of altruistic and sympathetic behavior: Some theoretical and experimental analyses. In J. Macaulay, & L. Berkowitz(Eds.), *Altruism and helping behavior*. New York: Academic Press.

Batson, C. D. 1987 Prosocial motivation: Is it ever truly altruistic? *Advances in Experimental Social Psychology*, **20**, 65-122.

Batson, C. D., Batson, J. G., Griffit, C. A., Barrientos, S., Brandt, J. R., Sprengelmeyer, P. & Bayly, M. J. 1989 Negative-state relief and the empathy-altruism hypothesis. *Journal of Personality and Socail Psychology*, **56**(6), 922-933.

Batson, C. D., Coke, J. S., Pych, V. 1983 Limits on the two-stage model of empathic mediation of helping: A reply to Archer, Diaz-Loving, Gollwitzer, Davis, and Foushee. *Journal of Personality and Social Psychology*, **45**(4), 895-898.

Batson, C. D., Duncan, B. D., Ackerman, P., Buckley, T. & Birch, k. 1981 Is empathic emotion a source of altruistic motivation? *Journal of Personality and Social Psychology*, **40**, 290-302.

Batson, C. D., Dyck, J. L., Brandt, R., Batosn, J. G., Powell, A. L., McMaster, M. R., & Griffitt, C. 1988 Five studies testing two new egoistic alternatives to the empathy-altruism hypothsis. *Journal of Personality and Social Psychology*, **55**(1), 52-77.

Batson, C. D., O'Quin, K., Fultz, J., Vanderplus, M., & Isen, A. M. 1983 Influence of self-reported distress and empathy on egoistic versus altruistic motivation to help. *Journal of Personality and Social Psychology*, **45**, 706-718.

Batson, C. D. & Shaw, L. L. 1991 Evidence for Altruism: Toward a pluralism of prosocial motives. *Psychological Inquiry*, **2**(2), 107-122.

文　献

Batson, C. D. & Weeks, J. L.　1996　Mood effects of unsuccessful helping: Another test of the Empathy-altruism hypothesisi. *Personality and Social Psychology Bulletin*, **22**(2), 148-157.

Baumann, D. J., Cialdini, R. B., & Kenrick, D. T.　1981　Altruism as hedonisim: Helping and self-gratification as equivalent responses. *Journal of Personality and Social Psychology*, **44**(6), 1039-1046.

Berkowitz, L.　1987　Mood, selfawareness, and willingness to help. *Journal of Personality and Social Psychology*, **52**(4), 721-729.

Berkowitz, L. & Connor, W. H.　1966　Success, failure and social responsibility. *Journal of Personality and Social Psychology*, **4**, 664-669.

Buckley, N., Siegel, L. S., Ness, S.　1979　Egocentrism, empathy, and altruistic behavior in young childlren. *Developmental Psychology*, **3**, 329-330.

Chlopan, B. E., McCain, M. L., Carbonell, J. L. & Hagen, R. L.　1985　Empathy: Review of available measure. *Journal of Personality and Social Psychology*, **48**, 635-653.

Cialdini, R. B., Darby, B. L, & Vincent, J. E.　1973　Transgression and altruism: A care for hedonism. *Journal of Experimental Social Psychology*, **9**, 502-516.

Ciliadini, R. B. & Kenrick, D. T.　1976　Altruism as hedonism: A social development perspective on the relationship of negative mood state and helping. *Journal of Personality and Social Psychology*, **34**, 907-914.

Cialdini, R. B., Schaller, M., Houlihan, D., Arps, K. & Fultz, J.　1987　Emapthy-based helping: Is it selflessly or selfishly motivated? *Journal of Personality and Social Psychology*, **52**(4), 749-758.

Coke, J., Batson, C. D., & McDavis, K.　1978　Empathic mediation of helping: A two-stage model. *Journal of Personality and Social Psychology*, **36**, 752-7

Dagner, D.　1998　Care staff responses to people with learning disabilities and challenging behavior: A cognitive-emotional analysis. *British Journal of Clinical Psychology*, **37**, 59-68.

Davis, M. H.　1983　Mesuring individual differences in empathy: Evidence for a multidimentional approach. *Journal of Personality and Social Psychology*, **44**, 113-126.

Dymond, R. F.　1948　Measuring individual differences in empathy: Evidence for a multidimensional approach. *Journal of Personality and Social Psychology*, **44**, 113-236.

Eisenberg, N. & Miller, P. A.　1987　The relation of empathy to prosocial and related behaviors. *Psychological Bulletin*, **101**, 91-119.

Eisenberg-berg, N. & Lennon, R.　1980　altruism and assessment of empathy in the preschool years. *Child Development*, **51**, 552-557.

Fisher, J. D., Nadler, A., & Whitcher-Alagna, S.　1982　Recipient reactions to aid: A conceptual review. *Psychological Bulletin*, **91**, 27-54.

Fultz, J., Batson, C. D., Fortenbach, V. A., McCarthy, P. M., & Varney, L. L.　1986　Social evaluation and the empathy-altruism hypothesis. *Journal of Personality and Social Psychology*, **50**(4), 761-769.

Gruen, R. L. & Mendelsohn, G.　1986　Emotional responses to affective displays in others: The distinction between empathy and sympathy. *Journal of Personality and Social Psychology*, **51**(3), 609-614.

箱井英寿　1990　共感性と援助規範意識との関連について――正準判別分析法を用いて――　大阪薫英女子短期大学研究報告, **25**, 39-47.

箱井英寿・高木　修　1987　援助規範意識の性別，年代，及び世代間の比較　社会心理学研究, **3**(1), 39-47.

Harada, J.　1983　The effects of positive and negative experiences on helping behavior. *Japanese Psychological Research*, **25**, 47-51.

文　献

原田純治　1990　援助行動と動機・性格との関連　実験社会心理学研究, 30(2), 109-121.
Harris, M. B.　1977　Effect of altruism on mood. *Journal of Social Psychology*, 102, 197-208.
Harris, M. B. & Huang, L.C.　1973　Heiping and the attribution process. *Journal of Social Psychology*, 89, 291-297.
Hoffman, M. L.　1982　The measurement of empathy. In Izard, C. E.(Ed.), *Measuring emotions in infants and children*. Cambridge studies in social emotional development. Cambridge University Press. Pp.276-296.
Ickes, W. I. & Kidd, R. F.　1976　An attributional analysis of helping behavior. In J. H. Harvey, W. J. Ickes, & R. F. Kidd(Eds.), *New Directions in Attribution Research Vol.1*. New Jersey : Erlbaum.
稲葉昭英　1998　メタ分析へのブール代数の応用　鹿又伸夫（研究代表）ブール代数アプローチによる質的比較　平成8年度～平成9年度科学研究費補助金（基盤研究(B)(1)）研究成果報告書, 43-59.
Isen, A. M.　1970　Success, failure, attention and reactions to others:The warm glow of success. *Journal of Personality and Social Psychology*, 15, 294-301.
Isen, A. M. & Levin, P. F.　1972　The effect of feeling good on helping: Cookies and kindness. *Journal of Personality and Social Psychology*, 21, 384-388.
Isen, A. M., Shalker, T. E., Clark, M. & Karp, L.　1978　Affect, accessibility of material in memory, and behavior: A cognitive loop? *Journal of Personality and Social Psychology*, 36, 1-12.
伊東秀章　1996　援助行動の質—援助の質の高さと関連する性格特性とジェンダー—　実験社会心理学研究, 36(2), 261-272.
岩立京子　1995　幼児・児童における向社会的行動の動機づけ　風間書房
加藤隆勝・高木秀明　1980　青年期における情動的共感性の特質　筑波大学心理学研究, 2, 33-42.
小嶋正敏　1983　援助行動の生起機制に関する帰属理論的分析　——原因帰属, 感情, 親交度の効果——　早稲田大学心理学年報, 15, 31-42.
Krebs, D. L.　1970　Altruism—An examination of the concept and a review of the literature. *Psychologycal Bulletin*, 73, 258-302.
松崎　学　1984　子供の向社会的行動とネガティブムードの問題　別府大学短期大学部紀要, 3, 85-95.
Midlarsky, E. & Midlarsky, J. M.　1973　Some determinants of aiding experimentally-induced stress. *Journal of Personality and Social Psychology*, 41, 305-327.
Marka, B., Howard, J. A., King, L. M. & Dino, G. A.　1981　Helping behavior and transfer of empathy. *Journal of Social Psychology*, 115, 125-132.
松井　豊　1981　援助行動の構造分析　心理学研究, 52, 226-232.
松井　豊　1986　向社会的行動の個人内要因　対人行動学研究会（編）　対人行動の心理学　誠信書房 Pp.267-273.
松井　豊　1992　大学生の援助に関する規範意識の検討（その3）　日本心理学会第56回大会発表論文集, 196.
松井　豊　1998　援助の意思決定過程モデル　松井豊・浦光博（編著）　人を支える心の科学　誠信書房　Pp.79-113.
松井　豊・堀　洋道　1976　援助行動に及ぼす状況的要因の影響（その1）　日本社会心理学会第17回大会発表論文集, 173-175.
松井　豊・浦光　博　1998　援助とソーシャルサポートの研究概略　松井　豊・浦光　博（編著）　人を支える心の科学　誠信書房　Pp.1-17.
松沢正子　1996　1～2歳児における自他意識の発達と共感行動　性格心理学研究, 4(1), 47-60.
Mehrabian, A. & Epstein, N.　1972　A measure of emotional empathy. *Jounal of Personality*, 40, 525-543.

文　献

Meyer, J. R. & Mulherin, A.　1980　From attribution on to helping: An analysis of the mediating effects of affect and expectancy.　*Journal of Personality and Social Psychology*, **39**, 201-210.
水野　治・石隈利紀　1999　被援助志向性，被援助行動に関する研究の動向　教育心理学研究，**47**, 530-539.
Moore, B. S., Underwood, B. & Rosenhan,D.L.　1973　Affect and altruism.　*Developmental Psychology*, **8**, 99-104.
森下正康　1990　向社会的行動と共感性・価値観・性格特性との関連　日本心理学会第54回大会発表論文集，71.
森下正康・仲野　綾　1996　児童の共感性の認知的因子と情動的因子が向社会的行動に及ぼす影響　和歌山大学教育学部紀要─教育科学─　第46集　57-71.
無藤　隆　1974　援助行動への依存度　成功・失敗の効果　日本教育心理学会第16回総会発表論文集，302-303.
中村陽吉　1988　「援助行動」における「自己」の機能　学習院大学文学部研究年報，**35**, 175-193.
西川正之　1986　返礼義務感に及ぼす援助意図性，助成果，及び援助出費の効果　心理学研究，**57**, 214-219.
西川正之・高木　修　1989　援助要請の原因帰属と親密性が援助行動に及ぼす影響　実験社会心理学研究，**28**(2), 105-113.
西川正之・高木　修　1990　援助がもたらす自尊心への脅威が被援助者の反応に及ぼす効果　社会心理学研究，**30**(2), 123-132.
Piliavin, J. A., Dovidio, J. F., Gaertner, S. L., & Clark, R. D.　1982　Responsive bystanders: The process of intervention. In V. J. Derlega & J. Grzelak(Eds.), *Cooperation and Helping Behavior Theories and Research*. New York: Academic Press.
Piliavin, J. A. & Piliavin, I. M.　1972　Effectof blood on reactions to a victim.　*Journal of Personality and Social Psychology*, **23**(3), 353-361.
Piliavin, I. M., Rodin, J., & Piliavin, J. A.　1969　Good samaritanism an underground phenomenon?　*Journal of Personality and Social Psychology*, **13**, 289-299.
Reisenzein, R.　1986　A structural equation analysis of Weiner's attribution-affect model of helping behavior.　*Journal of Personality and Social Psychology*, **6**, 1123-1133.
Rosenhan, D. L., Salovey, P., Karylowski, J. & Hargis, K.　1981　*Emotion and altruism*. in Rushton, J. P. & Sorrentino, R. M. Altruism and Helping Behavior. LEA, 233-248.
佐久間　勲　2000　質問紙実験のテクニック　村田光二・山田一成（編）　シリーズ・心理学の技法　社会心理学の技法　福村出版　Pp.107-124.
桜井茂男　1986　児童における共感と向社会的行動の関係　教育心理学研究，**34**, 342-346.
桜井茂男　1988　大学生における共感と援助行動の関係─多次元共感性尺度を用いて─　奈良教育大学紀要，**37**(1)（人文・社会），149-154.
Schaller, M. & Childini, R. B.　1988　The economics of empathic helping: Support for a mood management motive. *Journal of Experimental Social Psychology*, **24**, 163-181.
Schroeder, D. A., Dovidio, J. F., Sibicky, M. E., Matthews, L. L., & Allen, J. L.　1988　Emapthic concern and helping behavior: Egoism or altruism? *Journal of Experimental Social Psychology*, **24**, 333-353.
Schwartz, S. H. & Howard, J. A.　1981　A normative decision-making model of altruism. In J. P. Rushton & R. M. Sorrentino(Eds.), *Altruism and helping behavior*. New Jersey: Lawrence Erlbaum Associates. Pp.189-212.
島田　泉・高木　修　1994　援助要請を抑制する要因の研究Ⅰ──状況要因と個人特性の効果について──　社会心理学研究，**10**(1), 35-43.

文　献

清水　裕　1993　ネガティブ・ムードが援助行動に及ぼす影響——実験状況に関するメタ分析——　社会心理学研究, **9**(1), 33-47.

清水　裕　1994　失敗経験と援助行動意図との関係について—低下した自尊感情回復のための認知された援助の道具性—　実験社会心理学研究, **34**(1), 21-32.

清水　裕　1995　失敗経験と援助行動意図との関係(Ⅲ)——失敗経験時と援助時における援助者の匿名性の影響について——　学苑(昭和女子大学近代文化研究所), **666**, 66-74.

首藤敏元　1994　幼児・児童の愛他行動を規定する共感と感情予期の役割　風間書房

Smithson, M., Amato, P. R. & Pearce, P. R.　1983　*Dimensions of helping behavior*. Oxford: Pergamon Press.

Stotland, E.　1969　Exploratory investigations of empathy. In L. Berkowitz(Ed.), *Advances in experimental social psychology. Vol.4*. New York: Academic Press. Pp.271-314.

杉森伸吉　1996　共感性と向社会的行動　日本児童研究所(編)　児童心理学の進歩, **35**, 158-192.

鈴木隆子　1992　向社会的行動に影響する諸要因—共感性・社会的スキル・外向性—　実験社会心理学研究, **32**(1), 71-84.

高木秀明　1976　情動的共感性と援助行動の関連に関する研究　日本教育心理学会第18回総会発表論文集, 448-449.

高木　修　1982　順社会的行動のクラスターと行動特性　年報社会心理学, **23**, 137-156.

高山典子　1989　援助行動におけるラベリングの効果　実験社会心理学研究, **28**(2), 123-130.

竹村和久　1989　肯定的感情が社会的行動における情報処理に及ぼす影響について　光華女子短期大学研究紀要, **27**, 23-38.

竹村和久　1996　ポジティブな感情と社会的行動　土田昭司・竹村和久(編)　他人行動学研究シリーズ4　感情と行動・認知・生理　誠信書房　Pp.151-177.

竹村和久　1998　共感, 利他性, 援助行動　松井　豊・浦光　博(編著)　人を支える心の科学　誠信書房　Pp.22-47.

手塚大輔　1994　援助規範の違いが援助行動場面における感情に及ぼす影響　追手門学院大学心理学論集, **2**, 41-50.

Thompson, W. C., Cowan, L. C. & Rosenhan, D. L.　1980　Focus of mediates the impact of negative affect on altruism. *Journal of Perosnality and Social Psychology*, **38**(2), 291-300.

Toi, M. & Batson, C. D.　1982　More evidence that empathy is a source of altruitic motivation. *Journal of Personality and Social Psychology*, **43**, 281-292.

土田昭司・竹村和久(編)　1996　対人行動学研究シリーズ4　感情と行動・認知・生理——感情の社会心理学　誠信書房.

Underwood, B. & Moore, B.　1982　Perspective-taking and altruism. *Psychological Bulletin*, **91**(1), 143-173.

Weiner, B.　1980　A cognitive (attribution) -emotion- action model of motivated behavior: An analysis of judgements of help-giving. *Journal of Personality and Social Psychology*, **39**(2), 186-200.

Weyant, J. M.　1978　Effects of mood states, cost, and benefits on helping. *Journal of Personality and Social Psychology*, **36**, 1169-1176.

Wispe, L.　1986　The distinction between sympathy and empathy: to call forth a concept, a word is needed. *Journal of Personality and Social Psychology*, **50**(2), 314-321.

Wispe, L. & Kiecolt, J.　1980　Victim attractiveness as a function of helping and nonhelping. *Journal of Social Psychology*, **112**, 67-73.

Williamson, G. M., Clarh, M. S., Pegalis, L. J., & Behan, A.　1996　Affective consequences of refusing to help in communal and exchange relationships. *Personality and Social Psychology Bulletin*, **22**(1), 34-

47.
山口裕幸　1988　成功・失敗経験による注意の方向性の違いが援助行動生起に及ぼす効果　実験社会心理学研究, **27**(2), 113-120.
柳井晴夫・柏木繁男・国生理枝子　1987　プロマックス回転法による新性格検査の作成について(Ⅰ)　心理学研究, **58**, 158-165.
能見義博・米澤俊治・杉山憲司・松井　洋・佐藤千津子　1989　愛他行動の観察学習に及ぼす視点と観察者特性の効果　心理学研究, **60**(2), 98-104.
Zahn-Waxler, C., Radke-Yarrow, & King, R. A.　1979　Child earing and children's prosocial initiationa toward victims of disteress. *Child Development*, **50**, 319-330.

9 章

濱野清志　1988　個体と集合──ユングにおける神秘的融即　河合隼雄教授還暦記念論文集　臨床的知の探求(下)　創元社　Pp.83-102.
Hillman, J.　1960,(preface 1992)　*Emotion —a comprehensive phenomenology of theories and their meanings for therapy.* Northwestern University Press.
Jung, C. G./小川捷之(訳)　1976　分析心理学　みすず書房
Jung, C. G.　1976　*The Vision Seminars.* Spring Publications.

人名索引 (ABC順)

A

Ader, R. 63
Andersen, A. M. 141, 146
Andersen, S. M. 145
Archer, R. L. 184
Arnold, M. B. 87
Aron, A.P. 66, 154
Averill, J. R. 83

B

Babai, M. 126
Baillet, S. D. 162
Bargh, J. A. 157
Barnard, P. 97
Batson, C. D. 185, 186
Baum, A. 146
Baumann, D. J. 184
Beach, S. R. 155
Beauregard, M. 58
Bechara, A. 46
Beck, A. T. 68
Berkowitz, L. 172
Bever, T. G. 126
Blaney, P. H. 66
Bonny, H. L. 137
Borgida, E. 157
Bornstein, R. F. 154, 155, 156
Bower, G. H. 95, 116
Bowlby, J. 33
Bradley, M. M. 54, 56
Bradshaw, J. L. 126
Brown, R. 103, 104
Bryden, M. P. 56, 128
Buchanan, T. W. 62
Burns, D. D. 68
Burton, A. 126

C

Cacioppo, J. T. 41
Cahill, L. 120

Camden, C. T. 85
Campos, J. 13
Cannon, W. B. 86
Castaneda, A. 70
Cattell, R. B. 83
Chiarello, R. J. 126
Christianson, S. A. 109, 110, 116
Cialdini, R. B. 174, 184, 186
Clark, D. M. 113, 131
Clark, L. A. 68
Cohen, G. 126
Coke, J. 183, 184
Cole, P. M. 27
Cornelius, R. 94
Critchley, H. D. 46
Crites, S. L. Jr. 48
Cunningham, M. R. 66

D

Damasio, A. R. 3, 38, 46
Danion, J. 49
Darley, J. M. 169
Darwin, C. 82
Daubman, K. A. 66
Davidson, R. J. 128
Davis, M. H. 179
Dawson, M. E. 44
Deutsch, G. 126
Dimberg, U. 43
Donchin, E. 47
Duffy, E. 84
Dutton, D. G. 66, 154

E

Eich, E. 131
Eidelson, R. J. 68
Eisenberg-berg, N. 178
Ekman, P. 41, 82, 84, 85
Ellis, H. C. 116
遠藤利彦 83

人名索引

Engen, T.　86

F

Fabiani, M.　47
Fazio, R. H.　152
Fehr, B.　85
Ferguson, T. J.　162
Feshbach, S.　66
Fiske, S. T.　141
Fowles, D. C.　45
Fraiberg, S.　39
Fridlund, A. J.　38, 85
Friesen, W. V.　41, 85
Frijda, N. H.　161

G

Gainotti, G.　128
Gendolla, G. H. E.　45
Gerrards-Hesse, A.　67
Gilligan, S. G.　95
Gottman, J. M.　37
Green, J. D.　97

H

Halpern, A. R.　126
濱野清志　201
Hanson, E. K.　62
Harré, R.　83
Harris, M. B.　169, 175
Hasher, L.　66
畑山俊輝　79
Haviland, J.　22
Haxby, J. V.　61
Hiatt, S.　12
Higgins, E. T.　64
Hillman, J.　202
Hoffman, M. L.　22
Hofmann, T.　148
Holmes, D. S.　107, 108
堀　哲郎　128
Hornik, R.　24
Huang, L. C.　169
Hucklebridge, F.　64

I

池田謙一　66
池上知子　162
稲田雅美　138
Isabella, R. A.　34
Isen, A. M.　66
岩城達也　129
Izard, C.　82, 84

J

James, W.　86
Janis, I. L.　66
Jemmott, J. B.　63
John, O. P.　29
Johnson, M. H.　66
Jones, S. S.　26
Jonson-Laird, P. N.　2
Jung, C. G.　198

K

神谷俊次　105, 106, 107, 109, 110, 112, 120
唐澤かおり　147
Katon, W.　68
Keenan, J. M.　162
菊池　聡　126
Kimura, D.　125
北山　忍　150
秋山　学　66
Kolb, B.　126
Krusken, J.　45
Kunst-Wilson, W. R.　92, 154

L

Lane, R. D.　57
Lang, P. L.　44, 54
Latane, B.　169
Lazarus, R. S.　5, 6, 7, 9, 20, 38, 87
LeDoux, J. E.　38, 58, 87
Lee, V.　123
Leiphart, J.　49
Lelwicka, M.　22
Lennon, R.　178

Levin, P. F.　66
Levy, N.　86
Lewicki, P. L.　144
Lewis, M.　10, 14, 15, 16, 17, 38, 39
Ley, R. G.　56
Lindsley, D.　84
Linton, M.　101, 119
Loftus, E. F.　108, 109, 110, 116
Lundqvist, L. O.　43

M

Macrae, C. N.　159
Magai, C.　30,40
Magaro, P. A.　66
Maglore, K.　63
Malatesta, C. Z.　27, 33, 34
Maratos, E. J.　49
Marshall, G.　89
Martin, M.　67
Maslach, C.　89
McNair, D. M.　78
Metcalfe, J.　131
三雲真理子　126
Milner, B.　125
Mogg, K.　66
Monteiro, K. P.　95
Moore, B. S.　170
Moreland, R. L.　92, 155
Moscovitch, M.　128
Motley, M. T.　85
Murphy, S. T.　52
武者利光　134

N

Nadel, L.　57
Neisser, U.　100, 104
Nolen-Hoeksema, S.　62
Nowlis, V.　77

O

O'Sullivan, M.　85
Oatley, K.　2
小川時洋　78

大橋靖史　104
大平英樹　43
Ohman, A.　44
Opton, E.　91
Ortony, A.　149
Oskamp, S.　143

P

Papez, J. W.　87
Parrott, W. G.　113
Patterson, G. R.　36
Pavelchak, M. A.　141
Peretz, I.　126
Perlman, D.　143
Petterson, M.　43
Piliavin, J. A.　169
Plutchik, R.　82, 84
Pyszczynski, T.　67

R

Radloff, L. S.　69
Reisenzein, R.　148
Richards, R.　66
Richter, P.　68
Ring, C.　63
Robinson, J. A.　101, 107
Robinson, J. D.　55
Roseman, I. J.　148
Rosenhan, D. L.　171, 174
Roy-Byrne, P. P.　68
Rubin, R. C.　49
Rudman, L.　157
Rugg, M. D.　49
Russell, J. A.　85, 86

S

Saarni, C.　21
Saegert, S.　143
Sagi, A.　22
Salovey, P.　112
Schachter, S.　87
Schaller, M.　184
Scheier, I. H.　83

243

Schlosberg, H. 86
Sedikides, C. 97
Sherlock, D. 126
Singer, J. E. 89
Smyth, J. 62
Soares, J. J. F. 44
Spencer, H. 85
Sperry, R. W. 125
Spielberger, C. D. 70, 83
Springer, S. P. 126
Stern, J. A. 50
Stone, A. A. 63
Strauss. E 128
Swanwick, K. 123

T

田多英興 50
竹村和久 66
谷口高士 130
Tassinary, L. G. 43
Taylor, J. A. 70
Teasdale, J. D. 97, 131
Tellegen, A. 86
寺崎正治 77
Thayer, R. E. 78
戸田正直 83
Toi, M. 184
Tranel, D. 45, 46, 46

U

梅本堯夫 126

V

van den Hout, M. A. 45
Vrana, S. R. 55

W

Wagenaar, W. A. 101, 105, 107
Waldfogel, S. 101, 105
Walker, W. R. 107, 108
Waters, R. H. 107
Watson, D. 68, 78
Weeks, J. L. 186

Wegner, D. M. 159
Weiner, B. 148, 187
Whishaw, I. 126
Willemsen, G. 63
Williamson, G. M. 185
Wilson, A. 33, 34
Winkielman, P. 52
Wundt, W. 85

Y

Young, E. A. 62
Yuille, J. C. 103

Z

Zack, M. 130
Zajonc, R. B. 5, 6, 7, 8, 38, 52, 88, 143
Zatorre, R. J. 126
Zimbardo, P. G. 89
Zung, W. W. K 69

事項索引 (50音順)

あ

アージ・システム　83
愛他的行動　31, 168
愛他的動機　181
愛着　32, 36
アミタール法　128
アラウザルチェックリスト　79
α波　133
安定　33
安定型　34
アンビバレント　33
アンビバレント型　34

い

怒り　11, 12, 13, 14, 34, 36, 39, 40
閾下感情プライミング　52
閾下単純接触効果　154
一次的情動　14, 15
一次的評価　90
一般感情尺度　78
遺伝　40
移動能力　13
移動能力の発達　12, 14
因果関係の理解　19

う

ヴェルテン法　72

え

エピソード想起法　101, 106, 107
1/fゆらぎ　133
援助行動　168

お

オーガナイザー　29, 30, 35, 37
奥行き知覚　13
恐れ　11, 12, 13, 14, 15, 33, 40
驚き　11, 14
オフライン的処理　39
音楽　73

音楽療法　129
オンライン的処理　39

か

快　10
回避　20, 33
回避型　33, 34, 40
覚醒水準　128
覚醒損得モデル　169
価値　199, 201
活性・弛緩形容詞チェック表　78
カットオフポイント　71
家庭全体の情緒的雰囲気　35
カテゴリー引き金感情　141
悲しみ　10, 11, 14, 34
簡易気分内省尺度　74
喚起記憶　19
関係の意味　91
感情閾値　84
感情一致記憶　102, 112, 113, 114, 115, 117
感情混入モデル　97
感情状態依存記憶　102, 110, 111, 112, 115, 117
感情先行処理説　90
感情的　192
感情的計算処理回路　38
感情2要因説　89
感情−認知構造　38
感情ネットワーク　115, 117, 119
感情ネットワークモデル　97
感情反応　94
感情プライミング　96
顔面フィードバック理論　8

き

気質　32, 40
機能的各磁気共鳴断層撮影　57
気分　7, 79
気分一致効果　97, 131
気分形容詞チェック表　77

245

事項索引

気分状態依存効果　132
気分プロフィール検査　78
基本感情理論　82
基本情動理論　38
驚愕性瞬目反射　54
強化理論　140
共感　15, 16, 16, 24, 27, 176
共感愛他仮説　183
共感性　27
凶器注目　102
鏡像認知　14, 15
驕慢　39
興味　11, 12, 13, 14
興味・関心　10
共鳴動作　22

く

悔い　39
苦痛　10, 11, 19

け

警戒仮説　164
原因帰属　39, 186
嫌悪　11, 14
言語　20, 21
言語的操作法　72
顕在記憶　95
顕在性不安尺度　70
原初的共感性　22

こ

後期陽性成分　48
向社会的行動　32, 168
コーピング　90
誤帰属　94
個人的苦痛　181
個性化　201
個体性　192
好み　94
個別的評価要素　90
コルチゾール　61
混合感情　82
コンピュータ・サイエンス　4

困惑　39

さ

再評価　20

し

GIM　137
シーショア音楽テスト　125
C2タイプ（受動型）　34
C1タイプ（抵抗型）　34
視覚的断崖　13
自己意識　14, 14, 15, 16, 39
自己イメージの回復説　174
志向的　6
自己関連づけ効果　162
自己言及的言語　14
自己効力感　34
自己評価　16, 39
自己不一致理論　64
事象関連的デザイン　58
事象関連電位　47
事象の新奇性　10
事象の多様化　9, 10
視床－扁桃神経回路　38
執行機能仮説　38
自伝の記憶　100, 104, 105, 106, 108, 111, 112, 113, 114, 117, 118, 119, 120
自動動機モデル　159
自発性瞬目　50
自閉症　38
シミュレーション　3
社会的構築主義　83
社会的参照　23, 24
社会的情動　14
社会的微笑　27
社会的表示規則　27
社会的報酬　34
社交の交換理論　140
集合性　192
重要他者　145
熟知感　95
受動的音楽療法　137

246

瞬目率の時間分布　51
状況適合認知　89
状態　34, 66
状態・特性不安検査　70
状態不安　70, 84
情動　79, 198
情動語　25
情動制御　18, 19, 28
情動的共感性尺度　179
情動的コンピテンス　17, 18, 28, 39
情動的スクリプト　36, 37
情動の知性　17, 18
情動伝染　14, 22
情動に焦点化した対処様式　20
情動の行為喚起機能　32
情動の主観性　24, 25
情動の情報付与機能　32
情動の知覚・認知主体におけるバイアス　32
情動の発動主体における知覚・
認知のバイアス　31
情動表出の調節　18, 26, 28
情動"らしき"表出　7, 9
情動理解　18, 20, 25, 28
情報統合理論　141
神経イメージング　57
身体　199
心拍数　13
神秘的融即　200
心理臨床　192

す

随伴性探索　11
スキーマ　115, 118, 119
ストレス　61

せ

成功・失敗経験パラダイム　171
精神神経免疫学　63
生態学的妥当性　80
性的嫌がらせ　156
生理的覚醒　89
生理的微笑　10
潜在記憶　94, 156

前頭葉　3
羨望　15, 16, 16

そ

相互依存的自己観　151
相互独立的自己観　151
ソマティック・マーカー仮説　46

た

対処・制御様式　20
大脳皮質　87
大脳辺縁系　87, 127
多面的感情状態尺度　77
単純接触効果　92, 143

ち

知覚的流暢性　156
知覚的流動性　94
知覚・認知のバイアス　31
注意説と感情マッチング説　55
注意の焦点説　173
中心的関係テーマ　91
中枢起源説　87
聴者　123
聴衆効果　26, 38
聴取態度　122

つ

罪　16

て

敵対的行動　31
てれ　14, 15, 16, 39
転移　145

と

トイレット・トレーニング　16
統合的認知サブシステム　97
動作の模倣　22
同質性原理　138
当惑　39
特性　34, 66
特性不安　70, 84

事項索引

な
内省 14
内的作業モデル 164

に
二次的な情動 14
二次的評価 90
二重経路説 88
二重プロセス 127
日誌法 101, 105, 106
認知感情独立説 92
認知次元 85
認知的均衡 140
認知的計算処理回路 38
認知的評価 90
認知的評価理論 147
認知・動機づけ・関係説 91

ね
ネガティブ感情 68, 128
熱情 2

の
能動的音楽療法 137
脳内血液温 6

は
パーソナリティ 29, 30, 32, 33, 35, 36, 37, 40
恥 16, 39
Papezループ 87

ひ
P300 47
非言語的気分誘導 131
非言語的操作法 72
皮質—扁桃神経回路 38
微笑 10, 23
ビッグ・ファイブ仮説 30
ピッチ（高さ） 126
否定的状態解消 174
人見知り 11
皮膚電気活動 43

評価 5, 6, 9, 10, 11, 12, 14, 38
評価システム 6, 7, 9
評価の多次元化 9, 10
表示規則 84
表象 11, 19
表情筋筋電図 41
非臨床群 66

ふ
不安 66
Phineas Gage 3
夫婦関係 35
不快 19
浮動性の情動 7
フラッシュバルブメモリ 102, 103, 104
プランニング 3, 4, 26, 38
ブロック・デザイン 58
文化的自己観 151
分泌型免疫グロブリンA 63
分離試行パラダイム 50, 51
分離情動理論 38

へ
ベック抑うつ尺度 68
扁桃体 88, 127

ほ
ポーカーフェース 39
誇り 14, 16, 39
ポジティブ感情 128
ポジティブ幻想 163
ポジティブ・ネガティブ感情一覧 77
ポリアンナ原則 163

ま
マスキング 39, 123
末梢起源説 87

み
ミネソタ多面式人格テスト 70

む
無秩序・無方向 33

248

め

メタ情動構造　37
メンタル・モデル　2

も

モデリング　14
モデル　174
聞者　123
問題に焦点化した対処様式　20

よ

要求特性　75
陽電子放射断層撮影　57
抑うつ　66
喜び　10, 12, 14, 14

り

利己的動機　181
理性　2
リソース配分　116
リバウンド効果　159
両耳分離聴法　125
臨床群　66

れ

REM睡眠　8

【編者紹介】

高橋　雅延（たかはし・まさのぶ）

　1958年　新潟県に生まれる
　1986年　京都大学大学院教育学研究科博士後期課程単位取得満了
　現　在　聖心女子大学教授（教育学博士）
〈主著・論文〉
　視覚シンボルによるコミュニケーション：日本版ＰＩＣ（共著）　ブレーン出版　1995年
　記憶における符号化方略の研究（単著）　北大路書房　1997年
　悲嘆の心理（共著）　サイエンス社　1997年
　記憶の社会的側面―協同想起をめぐって（共著）　現代の認知研究―21世紀へ向けて―　培風館　1999年
　感性のことばを研究する―擬音語・擬態語に読む心のありか（共著）　新曜社　1999年
　記憶研究の最前線（共著）　北大路書房　2000年
　日常認知の心理学（共著）　北大路書房　2002年

谷口　高士（たにぐち・たかし）

　1964年　山形県に生まれる
　1992年　京都大学大学院教育学研究科博士後期課程単位取得満了
　現　在　大阪学院大学教授（教育学博士）
〈主著・論文〉
　不思議現象 なぜ信じるのか（編著）　北大路書房　1995年
　音楽心理学の研究（共著）　ナカニシヤ出版　1996年
　脳と教育 心理学的アプローチ（共著）　朝倉書店　1997年
　「温かい認知」の心理学（共著）　金子書房　1997年
　音楽と感情（単著）　北大路書房　1998年
　音は心の中で音楽になる―音楽心理学への招待―（編著）　北大路書房　2000年
　日常認知の心理学（共著）　北大路書房　2002年

感情と心理学
―発達・生理・認知・社会・臨床の接点と新展開―

2002年4月30日　初版第1刷発行
2017年3月20日　初版第4刷発行

定価はカバーに表示してあります。

編著者　高　橋　雅　延
　　　　谷　口　高　士
発行所　㈱北大路書房

〒603-8303　京都市北区紫野十二坊町12-8
電　話　(075) 431-0361(代)
ＦＡＸ　(075) 431-9393
振　替　01050-4-2083

ⓒ2002　制作　ラインアート日向・華洲屋　印刷／製本　創栄図書印刷㈱
検印省略　落丁・乱丁本はお取り替えいたします。

ISBN978-4-7628-2248-3　　　　Printed in Japan